Salziger Kaffee

Salziger Kaffee
Unerzählte Geschichten jüdischer Frauen

Zusammengestellt, bearbeitet und mit einem Vorwort versehen
von
Katalin Pécsi

Aus dem Ungarischen und Englischen übersetzt
von
Krisztina Kovács unter Mitarbeit von Andreas Korpás

●NoVeLLA

Die Originalausgabe erschien 2007 unter dem Titel *Sós kávé* bei
Novella Kiadó Kft., Budapest

Copyright © 2007 Katalin Pécsi

Copyright © der deutschsprachigen Ausgabe bei Katalin Pécsi
und der Gedenkstätte Deutscher Widerstand, Berlin 2009

Herausgegeben von der Gedenkstätte Deutscher Widerstand, Berlin in Kooperation
mit dem Internationalen Auschwitz Komitee und dem Holocaust Gedenkzentrum
Budapest

Zusammenstellung und Bearbeitung
Katalin Pécsi

Übersetzung aus dem Ungarischen und Englischen
Krisztina Kovács unter Mitarbeit von Andreas Korpás

Redaktion der deutschen Ausgabe
Ute Stiepani

ISBN 978-3-926082-39-8

Novella Kiadó Kft.
Umschlaggestaltung und Layout: Dió Stúdió
www.novellakiado.hu

Alle Rechte der Verbreitung, auch durch Funk, Fernsehen, fotomechanische
Wiedergabe, Tonträger jeder Art und auszugsweisen Nachdruck, sind vorbehalten.

Der Band erscheint in der Reihe «Esther's Books».

Gedenkstätte
Deutscher Widerstand
www.gdw-berlin.de

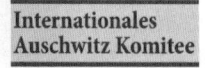

HOLOKAUSZT EMLÉKKÖZPONT
www.hdke.hu

www.hdke.hu

Internationales
Auschwitz Komitee
www.auschwitz.info

Beauftragter der Bundesregierung
für Kultur und Medien

Gefördert vom Beauftragten der Bundesregierung
für Kultur und Medien aufgrund eines Beschlusses
des Deutschen Bundestages

www.bundesregierung.de

Inhalt

Katalin Pécsi	Weibliche Erfahrung, weibliche Stimme Vorwort zur deutschen Ausgabe	7
Irene Reti	Die Spitzendeckchen	13
Ibolya Scheer	«Tsdoke tatsl mimoves» oder «Wohltätigkeit rettet vor dem Tod»	16
Ibolya Scheer	Chanukka-Kerzen im Fenster	20
Ibolya Scheer	Die sechzehnte Gefangene	28
Judit Fenákel	Du sollst nicht stehlen!	36
Magda Sommer	Stationen	39
Edit Kemény	Der «gute Pfeilkreuzler»	48
Márta Kaiser	Aus dem Kaffeehaus Hadik in die Goldberger Fabrik	53
Éva Rácz	Als ich 12 war …	62
Magda Kun	Wege der Menschlichkeit	65
Zsuzsa Gábor	Romeo 1944	71
Olga Sólyom	Russische Kohlsuppe	76
Judit Patak	«Das Leben ist schön, soll ich es Dir erklären?»	83
Júlia Gonda	Ein unbrauchbares Kind im Lager	87
Anna Lázár	Ein doppeltes Partisanenmärchen	98
Judy Weiszenberg Cohen	Ein unvergessliches Kol Nidre	102
Vera Szöllős	Wir haben es überlebt	105
Anna Kun	Die Heimkehr	124
Anna Szász	Variationen auf einen Vater	127
Vera Meisels	Salziger Kaffee	133
Miriam Ben-David	Ein bizarrer Traum	138
Anna Aczél	Der gefundene Brief	143
Mária Herczog	Die zwei Annas	152
Klári László	Auf der Fußbank sitzend	157
Júlia Vajda	Auf uns allein gestellt	164
Zsófia Bán	Küste, leer	174
Nicole Katz	Konvergenz	179
Katalin Katz	Mein erster Bewunderer	183
Anna Salát	Alija	187
Júlia Lángh	Ein feiner, vornehmer Antisemitismus	194
Anna Valachi	Das Bekenntnis einer «Seelenjüdin»	200
Zsuzsa Tamás	Bin ich eine Jüdin?	209
Anna Szász	Was bedeutet es, Jude zu sein?	218
Katalin G. Kállay	Nachwort – Unerzählte Geschichten jüdischer Frauen	229
	Anhang I – III	232

«Sagt einmal ein Jude, nur um zu diskutieren – denn Gott weiß, die Juden mögen gute Diskussionen sehr: ‹Frau sein und jüdisch sein, das sind zwei verschiedene Sachen.›
‹Wieso das denn?›, fragt der andere.
‹Das eine ist eine Last und das andere ein Fluch.›
‹Ach, das ist wohl wahr. Aber eines Tages wird aus der Frau und dem Jüdischen eine jüdische Frau.›
‹Na, und wann wäre das dann?›, fragt der andere ...»

Nicole Katz: Imaginary Jewish Tales

WEIBLICHE ERFAHRUNG, WEIBLICHE STIMME
Vorwort zur deutschen Ausgabe

Die Frau fehlt schmerzlich in der ungarisch-jüdischen Literatur. Wenn jüdische Frauen doch schreiben, fehlt es ihren Werken an der Deskription und Analyse ihres Bezugs zum Judentum. Über den Holocaust konnte man bisher ebenfalls fast nur aus männlicher Perspektive lesen. Oral-History-ForscherInnen des Holocaust wissen jedoch, dass Frauen anders erzählen und sich anders erinnern. In ihren Memoiren kommt ein anderer Standpunkt, eine andere Stimme, zur Geltung als in jenen der Männer. Das macht unser Wissen über den Holocaust, das nie umfassend sein kann, nur reicher und vollständiger. Trotzdem sind die Geschichten der Mütter, der Großmütter, ihre Werke über die Suche nach Wegen, über die Identitätskrisen der Überlebenden, und die Schriften der Kinder des Holocaust, das heißt der zweiten Generation der Überlebenden, in Ungarn nicht präsent.

Um dieses Defizit, soweit dies möglich ist, zu mindern, starteten wir – meine jüdische Frauengruppe und ich – ein unmöglich anmutendes Unternehmen und begannen, bis jetzt «nicht erzählte Frauengeschichten» zu sammeln. Wir wollten nicht nur etwas *über* den Holocaust, wir wollten *subjektive* Geschichten lesen, die auf persönlichen Erlebnissen basieren und Details über unterschiedlichste Aspekte des jüdischen Lebens (Kindheit, Schule, Liebe, Ehe, Exil, Alija, «heimliches» Judentum, Assimilation, Wiederaufleben des Judentums nach der Wende usw.) herausstellen. Es sieht so aus, als wären wir auf etwas gestoßen, das schon längst reif war. Vielleicht haben wir dem Fluss auch nur eine Schleuse geöffnet. Die Geschichten begannen zu strömen, und es kamen viele Texte zustande. Bevor der Band erschien, fanden fünf Lesungen vor vollem Haus statt. Dann, 2007, als das Buch auf Ungarisch und Englisch vorlag, führten wir vier ungarischsprachige und zwei englischsprachige Präsentationen in verschiedenen Kaffeehäusern und Galerien in Budapest durch. Auch bei diesen Veranstaltungen war das Interesse jedes Mal sehr groß. All das, obwohl EszterHáz, unsere jüdische Frauengruppe, eine kleine Organisation ist und wir die Werbung für unsere Veranstaltungen statt auf umfangreiche PR-Arbeit nur auf persönliche Kontakte und private E-Mails aufbauen konnten. Wir rollten einen Schneeball und er wuchs zu einer Lawine an.

Unter denen, die sich erinnern, die erzählen, gab es sowohl professionelle Schriftstellerinnen als auch «Laien», unter den Autorinnen waren drei Generationen vertreten.

Dass die meisten Geschichten Holocaust-Erinnerungen wachrufen, ist offenbar kein Zufall: In Ungarn ist es uns seit 65 Jahren nicht gelungen, das Trauma des Holocaust zu verarbeiten, indem öffentlich darüber gesprochen wird.

Es ist jedoch sehr schwer, über die Shoah zu schreiben, weil *«Auschwitz»* ein außerirdischer Ort ist. Er bestimmt die Grenzen der Menschheit und droht gleichzeitig mit ihrer Vernichtung.*

Viele, die den Holocaust überlebten, empfinden es als inneres Gebot, darüber Zeugnis abzulegen: «Wenn auch ein anderer für mich meine Geschichte hätte schreiben können, dann hätte ich es nicht tun müssen», schreibt Elie Wiesel. «Ich habe sie geschrieben, damit ich durch sie Zeugnis ablege.»** «Ihre Erinnerungen teilt die Memoirenautorin mit dem unbekannten Leser, weil sie so singuläre Momente erlebte, die man nicht vergessen darf und über die sie vor der Öffentlichkeit Zeugnis ablegen muss. Infolge dieser ihrer Verpflichtung erzählte die Zeugin nicht nur, was ihr passiert ist, sondern sie übernimmt auch Verantwortung der Geschichte und der Wahrheit gegenüber.»***

Über den Holocaust hörten wir lange Zeit nur aus der Sicht der Männer, mit ihrer Stimme erzählt. (Natürlich sind die meisten Autoren ge-

---

* Sidra Ezrahi: Auschwitz ábrázolásmódja [Die Art und Weise der Darstellung von Auschwitz], in: Múlt és Jövő, 2003/1.
** Zitiert aus: Shoshana Felman/Dori Laub: Testimony – Crises of Witnessing in Literature, Psychoanalysis, and History, Routledge, 1992, p. 204.
*** Ebenda.

schichtswissenschaftlicher Werke auch Männer). Saul Friedländer formulierte vor einigen Jahren, dass das «Meisternarrativ», das sich aus den vielen erzählten Holocaust-Geschichten entwickelt hat, bis jetzt den Standpunkt von Männern wiedergebe: Ihre Erfahrung und ihre Erinnerung wurden die «Norm». (Selbst das Erinnern gilt traditionell als ein Privileg der Männer: Im jüdischen Patriarchat existiert nur die Erinnerung des Mannes – da es sich um eine Gemeinschaft der Männer handelt, sind *sie es*, die sich erinnern und *an die* man sich erinnert. Das bestätigt selbst die Etymologie: Die Bezeichnung des jüdischen Mannes heißt auf Hebräisch *der Sich Erinnernde – Zakhar*. Im Gegensatz dazu steht die Bedeutung von *weiblich Nekeva*, das heißt das *Loch*, das nicht in der Lage ist, die Erinnerung zu behalten.)* Lange tauchte der Gedanke überhaupt nicht auf, dass Frauen über *das allgemein menschliche Leiden* hinaus auch über *spezielle Erfahrungen* Zeugnis ablegen könnten.

Die *Genderisierung* der Holocaust-Erfahrung und des Holocaust-Narrativs hätte vor einigen Jahren noch bei vielen Menschen heftige Reaktionen ausgelöst. Man glaubte, aus dieser Problemstellung herauszuhören, dass die GenderforscherInnen nahe legen wollen, die Frauen hätten womöglich *mehr gelitten* – und sich vielleicht sogar *besser benommen*. Darum geht es aber überhaupt nicht. Die genderbasierte Forschung hat nicht das Ziel, kleinlich abzumessen, wer mehr gelitten hat – die Mutter, die ihr Kind verlor, oder der Vater. Auch nicht jenes, die Opfer zu «teilen», wenn sie die Erfahrungen und Erinnerungen von Männern und von Frauen getrennt betrachtet.

Heute sehen wir auch «die Gruppe» selbst schon differenzierter und wissen genau, dass es nicht nur die Kategorien «Mann» und «Frau» gibt, sondern dass die Kategorie «Jude» an sich schon nicht homogen ist: Man kann über gläubige und säkularisierte, über zionistische und assimilierte Juden, über Juden auf dem Land und in der Stadt, über Sepharden und Aschkenasen, über reich und arm usw. reden – da alle diese kleineren Gruppen oder Kategorien verschiedene Lebenserfahrungen und Lebens-

---

* Ronit Lentin: Az anyanyelvét (mame losn) kétségbeesetten kereső jiddise máme [Die jiddische Máme, die ihre Muttersprache (mame losn) verzweifelt sucht], in: Múlt és Jövő, 1988/4.

formen bedingen. In den letzten Jahrzehnten erschienen in den Gesellschaftswissenschaften immer mehr Bücher, die uns auf die ausdrücklichen und spezifischen Erfahrungen von Frauen und Männern aufmerksam machen. Forschungen, die auf die biologischen, gesellschaftlichen und kulturellen Spezifika der Frau fokussieren, haben auch die Holocaust-Forschung befruchtet, weil sie ein «neues Licht» auf das Thema warfen. Nichts zeigt besser, dass die Frauenperspektive und die «Stimme» der Frau ein neuartiges Erlebnis schaffen können, als das erste «weibliche» Zeugnis des Holocaust, das Tagebuch der Anne Frank, das später zum Bestseller wurde. Anne Frank kann eben deshalb schon für zwei Generationen, die nach dem Holocaust geboren sind, nicht langweilig sein, weil die Autorin des Tagebuches anders erzählt, als wir es von Männern gewöhnt sind, die sonst «das allgemein Menschliche» verkörpern.

Durch die Werke von Frauen wurden zahlreiche Themen aufgegriffen, die bis jetzt nicht zum Kanon der Literatur gehörten: Neben den Themen des körperlichen und seelischen Ausgeliefertseins, der Angst vor Gewalt entstanden auch die Narrative des Zusammenhalts und der Freundschaft zwischen Frauen.

Die Frauen, die überlebten, schwiegen zumeist ihr ganzes Leben lang: Sie schwiegen über die Demütigungen, über die Vergewaltigung, über die Zwangsprostitution. Es gibt Erlebnisse, über die es kaum – oder gar keine – erzählbaren Geschichten gibt: Diese Traumata lassen sich kulturell nicht darstellen! Die Vergewaltigung passierte höchstens *anderen Frauen*, aber fast in jeder Rückerinnerung erscheint die Angst vor Männergewalt – vor SS-Männern, vor dem «Mädchentransport», der an die russische Front geschickt wurde, vor Soldaten der Befreierarmee. Während des Krieges wurden Tausende von Frauen vergewaltigt, aber niemand redet über sie. «Die Anne Franks, die die Gewalt überlebten, schreiben ihre Geschichte nicht auf ...», schreibt Judith Magyar Isaacson, eine ungarische Überlebende, in ihren schon in den USA aufgezeichneten Memoiren.*

Über die Thematisierung (oder eben das Verschweigen) bestimmter Ereignisse der besonderen Holocaust-Erfahrungen von Frauen hinaus

---

* Judith Magyar Isaacson: Seed of Sarah. Memoirs of a Survivor. University of Illinois Press, 1976.

entwickelte sich im Frauennarrativ auch eine eigene *weibliche Ausdrucksweise*. Das Spezifische im Frauennarrativ des Holocaust aber ist **der** *Frauencharakter*. Im Männerkanon sind Frauen hilflose Opfer oder die emblematischen Überreste der alten jüdischen Welt. In den von Frauen verfassten Holocaust-Schriften aber werden diese Frauen zu Hauptfiguren, verfügen über einen Charakter mit festen Konturen: Sie nehmen ihr Schicksal in die Hand, antworten auf die Unterdrückung, widerstehen, kämpfen.

Die Mehrheit der Geschichten beschäftigt sich mit dem Holocaust, doch unter den Verfasserinnen gibt es auch Jüngere, Vertreterinnen der Generation, die jetzt in ihren Dreißigern oder Vierzigern ist. In ihren Geschichten geht es um etwas anderes: vor allem darum, was die Traumata ihrer Mütter und Großmütter für sie bedeuten. Dieser innere Kampf ist auch charakteristisch für die nichtjüdischen Autorinnen des Buches, die ähnlich wie die jüdischen Verfasserinnen am meisten unter dem Verschweigen der Vergangenheit leiden.

In einem Satz zusammengefasst könnte ich sagen: «*Salziger Kaffee*» gewährt Einblick in das jüdische Frauenschicksal des 20. Jahrhunderts.

*

Ich möchte mich bei drei meiner Freundinnen für ihre liebe Aufnahme der «unerzählten Geschichten» in Berlin herzlichst bedanken. Den Anstoß zur Veröffentlichung von *«Salziger Kaffee»* in Deutschland gaben Lara Dämmig und Karen Margolis. Wir kennen uns schon seit Jahren von den Konferenzen der in Berlin gegründeten jüdischen Frauenorganisation Bet Debora. Ihre Vorsitzende, Lara, lud mich im Herbst 2008 nach Berlin ein, um dort bei der Bet Debora-Tagung über unser Buch und über das Spezifische der jüdischen Frauenstimme zu sprechen. Karen, die in Berlin lebende Schriftstellerin und gute Freundin, war nicht nur eine ausgezeichnete Moderatorin, sondern machte mich auch mit ihren Freunden und Freundinnen bekannt, die an diesem Abend teilnahmen: So lernte ich die Politikwissenschaftlerin Ute Stiepani, Stellvertretende Leiterin der Gedenkstätte Deutscher Widerstand, kennen. Auf ihre Einladung hin fand in der Gedenkstätte ein Jahr später eine weitere Veranstaltung zu den Holocaust-Erzählungen ungarischer Frauen statt. Karen übernahm wieder den Hauptanteil der Konzeption und Organisation. Während bei den Buchpräsentationen in Budapest die Überlebenden selbst ihre Erzählungen vorlasen, wurde Karen in Berlin die zutiefst authentische «englische Stimme» ihrer Geschichten: Karen's Leidenschaftlichkeit und ihr lieber Humor trugen maßgeblich zu unserem Erfolg bei. Es ist der Entschlossenheit und Ausdauer von Ute Stiepani zu verdanken, dass sie 2009 nicht nur eine zweiteilige Vortragsreihe zum Thema in Berlin und Budapest organisierte, sondern auch den Weg für dieses Buch unermüdlich ebnete. Ich möchte ihr und der Gedenkstätte Deutscher Widerstand meinen Dank aussprechen, das Erscheinen der deutschsprachigen Ausgabe von *Salziger Kaffee* ermöglicht und finanziell gefördert zu haben. Dem Internationalen Auschwitz Komitee danke ich für die vielfältige Unterstützung dieses Projekts. Mein Dank gilt ebenso Andreas Korpás für seine Mitarbeit an der Übersetzung und für die gründliche Durchsicht des Manuskripts. Zum Schluss möchte ich mich sehr herzlich bei unserer Übersetzerin Krisztina Kovács für ihre sorgfältige Arbeit und ihr großes persönliches Engagement bedanken, ohne die kein guter Text zustande kommen kann.

Der größte Schatz, der mir durch die Arbeit an diesem Buch, die Sammlung und Veröffentlichung der unerzählten Geschichten, zuteil wurde, sind die neuen zwischenmenschlichen Beziehungen, die während dieser Arbeit entstanden. Mit den AutorInnen und freiwilligen LektorInnen, ÜbersetzerInnen, ModeratorInnen der Buchpräsentationen, ForscherInnen und mit dem Verleger knüpften sich im Laufe der Jahre intensive, durch viele Fäden verbundene Freundschaften. Dafür gibt es nur eine einzige Erklärung: die nun endlich erzählten Geschichten von Frauen sind ein festes Band, das uns verbindet.

Katalin Pécsi
Dr. Katalin Pécsi ist Autorin und Literaturwissenschaftlerin. Ihre Arbeitsschwerpunkte liegen im Bereich der zeitgenössischen jüdischen Literatur und des Films, darüber hinaus beschäftigt sie sich mit zahlreichen Themen im Kontext der jüdischen Holocaust- und Frauenliteratur. Sie ist Leiterin der alternativpädagogischen und kulturellen Abteilung des Holocaust Gedenkzentrums Budapest und Gründerin und Vorsitzende des jüdischen feministischen Vereins EszterHáz (Esthers Haus).

Irene Reti

DIE SPITZENDECKCHEN

Meine Großmutter, Margit Grunbaum, wurde 1900 in Budapest geboren und starb vor vier Jahren mit 96. Danach erbte ich 25 feine Spitzendeckchen. In der Wohnung meiner Großmutter in Kalifornien waren die Lehnen aller Sessel, alle Tische, alle Vitrinen mit diesen Deckchen geschmückt. Sie sind kunstvoll gearbeitet und zeugen von einem großen Geschick mit der Häkelnadel. Obwohl die Deckchen Teil meines Erbes sind, sind meine Gefühle ihnen gegenüber gemischt. Die Deckchen häkelte meine rothaarige Urgroßmutter Regina, und für mich symbolisieren sie ihr eingeschränktes Leben als Frau.

Vor mir erscheint das Bild von Regina in ihrer Wohnung in Buda. Nervös häkeln ihre Finger an den Deckchen, sie schiebt die Traurigkeit und Beklemmung in ihre Hände, die stets Spitzen kreieren, Spitzen, die ich 100 Jahre später in meinen eigenen Händen halte, am anderen Ende der Welt. Sie wird von ihrem Ehemann Jakab verspottet und auf rüde Art kritisiert. Vielleicht ist gerade Sabbat. Vielleicht ist es Pessach. Sie bereitet das Abendessen zu, wie er es sich gewünscht hat, aber er findet wieder einmal etwas daran auszusetzen. Sie sitzt und zittert, während er wegen ihrer Nachlässigkeit herumschreit.

Jetzt sitzt sie versteift im Wohnzimmer, die Nadeln zucken vor und zurück. Sie möchte lesen, aber sie erinnert sich, wie er sie am Abend zuvor beschimpfte: «Du liest schon wieder! Mein elektrisches Licht kostet ein Vermögen.» Wir befinden uns am Anfang des 20. Jahrhunderts. Es gibt noch keine Ausdrücke wie blau und grün geschlagene Frauen, Gewalttätigkeit.

Aber sie fand trotzdem die Kraft zu rebellieren. Diese Rebellion nahm verschiedene Formen an. Sonntags schlich sie sich heimlich zur katholischen Basilika, wo sie sich, an einen Marmorpfeiler gelehnt, Gott näher fühlte. Als junges Mädchen begleitete sie meine Großmutter Margit auf diese rebellischen Ausflüge, die Regina ihre «zweite Religion» nannte. Sie lernte heimlich Französisch, heimlich, denn Jakab glaubte nicht daran, dass Frauen studieren sollten. Dann weigerte sie sich, ihrer Tochter Kochen und Putzen beizubringen. Sie dachte, auf diese Weise könnte sie Margit helfen, eine hoch qualifizierte Frau zu werden und ein Leben zu leben, das sie selbst nicht führen konnte. Als meine Großmutter noch ein junges Mädchen war, half sie Regina, mit dem Zug nach Sárospatak, ihrer Geburtsstadt, zu fliehen. Aber als sie Sárospatak erreichten, flehten die beiden Söhne – Margits Brüder – die Mutter an, nach Hause zurückzukommen. Sie sagten, sie könnten ohne sie nicht leben. So kehrte sie nach Hause zurück, wo sie sich die feinsten Kleider anzog und immer mehr und mehr Spitzendeckchen häkelte.

Jakab hieß Margits Entscheidung, eine medizinische Schule zu besuchen, nicht gut. Da während der Horthy-Ära (Horthy war der Reichsverweser von Ungarn) der Antisemitismus stärker wurde, war Margit gezwungen, Ungarn zu verlassen. Sie besuchte eine Schule in Prag. Als sie ihren Vater bat, ihr Geld für die Schulgebühr zu geben, sagte er: «Eine Frau soll ein Doktor werden!? Geh, wohin Du willst. Ich werde Dir keinen Pfennig schicken.» Sie ging dann auch ohne sein Geld nach Prag.

Etwas Hilfe bekam sie von ihrem Onkel, Erwin Moskowits aus Sárospatak, der selbst Arzt war. Sie war trotzdem sehr arm. Meine Großmutter erzählte mir oft, wie sie sich einen Apfel kaufte und einzelne Stückchen davon für jeden Tag einteilte. Sie hungerte im wahrsten Sinne des Wortes. Aber sie war entschlossen, Ärztin zu werden. Als sie nach Hause kam, um ihre Eltern zu besuchen, war sie ganz abgemagert. Diesmal schämte sie sich. Ihre Mutter päppelte sie auf und flüsterte ihr zu, ihr größter Wunsch sei, dass ihre Tochter einmal Ärztin wird. Diesen Wunsch schrieb sie auf ein Foto von sich, das über dem Bett meiner Großmutter hing.

Regina hustete ihre gesamten letzten Jahre hindurch und starb an Tuberkulose. Als Margit 1939 Ungarn verließ, vermisste sie Regina schrecklich. Der Krieg machte die Kommunikation schwierig, und meine Großmutter las die Nachricht von Reginas Tod in einer ungarischsprachigen Zeitung in der Türkei.

Meine Großmutter wurde Ärztin, zuerst in Budapest, dann, in den 1930er Jahren, in Russland. Der Holocaust vertrieb sie aus Ungarn, und sie lebte jahrelang als Flüchtling, zuerst in der Türkei und dann in Venezuela. Ihr Flüchtlingsstatus hinderte sie mehr als 20 Jahre daran, als Ärztin zu praktizieren. Aber als sie in die Vereinigten Staaten emigrierte, lernte meine Großmutter mit 60 für ihre Medizinprüfungen auf Englisch, mein Großvater fragte sie mit Leselernkarten ab. Sie wurde wieder Ärztin und praktizierte in den Vereinigten Staaten bis zu ihrem 75. Lebensjahr.

Jetzt schreiben wir das Jahr 2000. Ich bin zum ersten Mal zu Besuch in Budapest. Ich stehe an Reginas Grab. «Regina Moskowits: 1878–1941» ist auf dem Grabstein zu lesen. Ich stelle mir vor, dass wir unter dem Lichtkreis der elektrischen Lampe lernen. Ich umschließe den Marmor mit den Armen und stelle mir dabei vor, dass ich die Wärme meiner Urgroßmutter umarme. Ich erfahre ihren hebräischen Namen: Rivka. «Rivka», flüstere ich und entscheide mich, ihren hebräischen Namen anzunehmen. Zärtlich streiche ich über den Stein, mit Fingern, die nie Spitzendeckchen häkelten.

Irene Reti
Irene Reti beschäftigt sich mit Oral History. Sie ist Herausgeberin und Autorin und lebt in Santa Cruz, Kalifornien. Infolge des Traumas, das ihre ungarisch-jüdische Familie während des Holocaust erlitt, wurde ihre Identität bis zu ihrem siebzehnten Lebensjahr vor ihr geheim gehalten. Ihre Memoiren «The Keeper of Memory» erschienen 2001. Irene Reti leitete 2001 Oral-History-Workshops bei der Bet Debora-Konferenz. 2003 schrieb sie ihre Diplomarbeit über jüdische Frauen und die Erinnerungsarbeit im Europa der Post-Holocaust-Ära.

Ibolya Scheer

«TSDOKE TATSL MIMOVES» ODER «WOHLTÄTIGKEIT RETTET VOR DEM TOD»

Manche werden jetzt bestimmt sagen:
«Oje, diese Ibolya will uns schon wieder ein Märchen über ihre Kindheit erzählen!» Ich werde das nicht leugnen. Da wir alle einmal Kinder waren, so wissen auch alle, dass diese Erlebnisse uns immer begleiten und sich stets auf die Entwicklung unseres Charakters auswirken. Viele können oder wollen sich gar nicht erinnern. Ich kann es und ich will es. Es tut mir gut, wenn ich die Gelegenheit habe, zu erzählen. Hier ist die Geschichte:
    Im Jahr 1934 war ich acht Jahre alt. Ich war dünn und klein. Meine ganze Familie wohnte im 7. Bezirk. Mein Großvater, ein kluger, orthodoxer Jude mit weißem Bart, betrieb eine Gastwirtschaft in der Wesselényi utca 18. Er brachte mir bei, die hebräischen Buchstaben zu lesen, zeigte mir die Schönheit der jüdischen Religion und der jüdischen Weisheit, den Sinn der Zehn Gebote und die Rätsel und Mysterien der Thora. Mit dem täglichen Unterricht fing er immer nach der Nachmittagsruhe an. Sein Zimmer in der Gastwirtschaft war voll mit alten Büchern, aus denen Wissen und Weisheit atmeten. Mein chassidischer Großvater, der sich in den Geheimnissen von Rambam, Raschi, des Talmuds und der Kabbala gut auskannte, teilte stets sein Vesperbrot mit mir. Das war die Zeit des Fragens. Ich setzte mich glücklich an seinen Tisch. Ich aß von seinem Vesperbrot und trank seine klugen Worte.
    «Komm, Szorele», sagte er, «die Zeit des Lernens ist da!»
    Und er unterrichtete mich liebevoll, klug und mit Geduld. Einmal beklagte ich mich bei ihm, wie schwer es für mich oft sei, die 10 bis 12 Bündel, in die meine Großmutter Barches, Fleisch, Fisch, ein wenig Wein und Kuchen gepackt hatte, freitags zu den Armen in der Gegend zu bringen.
    «Szorele», sagte mein Großvater, «wenn es leicht wäre, wäre es keine so große Mizwe von Dir – Tsdoke tatsl mimoves. Wohltätigkeit rettet vor

dem Tod». Und er fuhr fort: «Für einen Juden ist die größte Mizwe die Wohltätigkeit. Den Bedürftigen zu helfen, ist eine gottgefällige Tat.» So lehrte mich mein Großvater die gar nicht leichten Gesetze, die Ethik des religiösen Lebens.

Er wurde oft gefragt: «Sagen Sie mal Onkel Weisz, warum unterrichten Sie gerade dieses kleine Mädchen? Unter ihren Enkelkindern gibt es doch auch 20 Jungen!» Er erwiderte darauf:

«Dieses kleine Mädchen konnte schon mit vier Jahren die hebräische Schrift lesen. Es ist Zeit, dass sie versteht, was sie liest.» Wir konnten gut zusammen lernen. Er hatte auch einen großartigen Sinn für Humor. Ich habe ihn heiß geliebt. Ich setzte mich in seinen Sessel, nahm die schweren Bücher auf den Schoß. Ich las, und er erklärte mir geduldig. Wenn ich einen Fehler machte, korrigierte er mich liebevoll. Und ich atmete mit Andacht den sonderbaren Duft der alten Bücher ein. Dieses ungestörte Lernen dauerte bis zu meinem zwölften Lebensjahr. Denn von da an hatte ich meine eigenen Schüler. Aber kehren wir zurück zum Jahr 1934.

Meine Mutter – sie war eine Weisz-Tochter – musste immer lachen, dass gerade ich, dieser kleine Dreikäsehoch, die Schülerin ihres Vaters bin. Sie selbst kannte nur die praktische Seite der Religion, die Gesetze der koscheren Ernährung, des Sabbats, der Riten und der Feste; aber das *Was* und das *Warum* ließen sie kalt. Mich interessierte gerade das. Ich bewunderte und liebte meine Mutter. Hingebungsvoll erzog sie ihre Kinder (vier Töchter und einen Sohn) und sorgte für sie. Ich verehrte sie für ihre Anständigkeit und Geschicklichkeit, ihren praktischen Sinn und dafür, wie hart sie arbeiten konnte. Unser Geschäft (koscheres Geflügel) hielt sie so sauber wie unser Zuhause. Sie war eine gute Hausfrau. Alle unsere Kleider hat sie selbst genäht.

Die Herbstfeste kamen näher. Mutter nähte für uns Mädchen vier gleiche Kleider. Sie bestellte für uns beim alten Herrn Müller in der Akácfa utca vier Paar Lackschuhe mit cremefarbenem Aufsatz für 12 Pengő. Das war damals der Preis für zwei dicke Gänse. Die Schuhe und die Kleider wurden gleichzeitig fertig. Vater beschloss, seine vier «wunderschönen» Töchter am nächsten Tag beim Photographen Sontag in der Király utca photographieren zu lassen. Im neuen Kleid und den neuen Schuhen, «wie die Orgelpfeifen», sagte er.

An einem Septembertag, ein paar Tage vor Rosch ha-Schana, kam ich aus der Grundschule nach Hause und fand meine Mutter unter schrecklichen Qualen wehklagend und in Schweiß gebadet vor. So große Schmerzen habe ich noch nie gesehen. Ich erschrak und stand wie versteinert da. Dann rannte ich weg und lief schreiend ins Geschäft, um meinen Vater zu holen. Ich konnte nur stotternd erzählen, was zu Hause passiert war. Vater rief sofort Dr. Appell an, schloss den Laden, und wir eilten nach Hause. Meine Mutter konnte kaum mehr reden. Der Arzt kam schnell und gab ihr eine Papaverin-Spritze.

«Sie haben einen Gallenkrampf», stellte er fest und gab die Anordnung: «Frau Scheer, Sie bleiben im Bett und erholen sich. Und wenn Sie eine Operation vermeiden wollen, arbeiten Sie nicht!» Ich war immer noch erschrocken und zitterte. Jetzt erst wurde deutlich, wie schrecklich ich mich aufgeregt hatte. Ich hatte Angst, dass meine Mutter sterben würde. Ach, mein Gott, was konnte ich nur tun?! Dann fiel mir die Lehre meines weisen Großvaters ein, an die ich ganz fest glaubte: «Wohltätigkeit rettet vor dem Tod.» Nun, dann werde ich meine Mutter vor dem Tod retten! Ich packte meine wunderschönen neuen Schuhe ein und ging auf den Klauzál tér hinunter. Ich wählte ein kleines Mädchen aus, das abgenutzte Sandalen anhatte und deren Kleid voller Flicken war. Ich gab ihr meine wunderschönen Schuhe und rannte weg. Leichten Herzens ging ich nach Hause. Tsdoke tatsl mimoves. Ich dachte, dass der gute Gott meine Mutter in der Zwischenzeit schon geheilt hat. Leider lag sie noch immer blass im Bett. Ich verstand das nicht, wie konnte das sein? Ich hatte doch schon das gottgefällige Tsdoke geleistet!

Dem Herrn scheint das noch nicht genug zu sein, dachte ich. Ich nahm also auch die Schuhe meiner sechsjährigen Schwester Magdi und ging zurück auf den Platz. Ich wählte wieder ein Mädchen in lumpigen Schuhen aus und gab auch diese Schuhe weg. Ich rannte nach Hause, wie der Wind. Was wird mich dort wohl erwarten? Mamachen ging es durch die krampflösenden Mittel besser. Wenn auch langsam, so konnte sie schon im Zimmer auf und ab gehen. Ich war grenzenlos glücklich, ich glaubte ja felsenfest, dass es ihr durch mein Tsdoke, das ein großes Opfer verlangt, besser geht. Gott sah endlich meine Tat und nahm sie an. Er vertrieb den Engel des Todes aus der Nähe meiner Mutter. Mein Vater starrte mich nur an, als ich stolz mit glücklich leuchtenden Augen erzählte, was ich für meine Mutter getan hatte, wie es den wunderschönen neuen Schuhen ergangen war. Meine Schwester weinte bitterlich, mein Vater verlor die Sprache. Er dachte, dass er nicht richtig hört. «Rózsi!», rief er meiner Mutter zu, «Rózsi, ist dieses Mädchen blöd?! Hat diese Ibolya den Verstand verloren? Ein Paar Schuhe hat doch 3 Pengő gekostet!» Er war über mich sehr in Zorn geraten. Ich weinte heiße Tränen, sperrte mich im Badezimmer ein und grämte mich dort. Versteht mich denn nicht einmal meine Mutter? Niemand versteht mich!

Am nächsten Tag wurden wir photographiert, meine Schwester Magdi und ich hatten weiße Leinenschuhe an. Éva und Edit trugen die neuen Schuhe. Auf meinem Gesicht sieht man die Traurigkeit. Das Photo blieb bis heute erhalten. Herr Müller, der Schuhmacher, konnte die zwei Paar «Tsdoke-Schuhe» erst zu Jom Kippur wieder anfertigen. So bin ich zu Hause «Ibolya, die Hochstaplerin» geworden. Nur am Gesicht meines geliebten Großvaters sah ich, er glaubte mir, dass meine Mutter mit Gottes Hilfe gesund geworden war, weil es mir gelungen ist, den Engel des Todes zu vertreiben.

Ich werde diese Geschichte nie vergessen. Jedes Jahr zu Rosch ha-Schana fällt sie mir ein, denn es ist wirklich eine wahre Geschichte. Glaubt mir! Ich habe auch das Foto noch. Lügen ist eine große Sünde – sagte Mendel Weisz, mein geliebter Großvater.

Ibolya Scheer

CHANUKKA-KERZEN IM FENSTER

Wie in jüdischen Familien Brauch, stellte mein Vater die Menora ins Wohnzimmerfenster zur Straße und zündete die Kerzen dort an. Um diese Zeit war schon die ganze Familie zu Hause, und beim festlichen Leuchten der Lichter sangen wir das Lied *Maos Zur* und spielten mit dem Dreidel. Im Laufe der vielen Jahrzehnte kam es jedoch dreimal vor, dass mein Vater die heilige Flamme im Küchenfenster entzündete. Alle drei Fälle haben eine Geschichte, nur der Anlass war immer ein anderer. Wenn Ihr sie hören wollt, erzähle ich sie – vielleicht findet Ihr die Geschichte der Chanukka-Kerzen interessant.

1.

Meine Eltern hatten einen kleinen Laden in der Wesselényi utca 23, wo sie koscheres Geflügel, Obst und Gemüse verkauften. Wir wohnten in der nahe gelegenen Nagydiófa utca 12. Es war ein großes Haus: ein großer Hof, kleine Wohnungen und sehr, sehr viele Kinder, Wasser aus einem gemeinsamen Brunnen, ein Abort für alle, aber vorne im Obergeschoss befand sich unsere Wohnung mit zwei Zimmern zur Straße, die einigermaßen komfortabel eingerichtet war. Die Kirche in der Kazinczy utca, die Schule und der Laden waren alle in der Nähe.

Mein Vater ging morgens zwischen drei und vier nach Csepel auf das Großmarktgelände, um für den Laden Obst und Gemüse einzukaufen. An einem Sommertag bot ein Packer meinem Vater an, ihm ein Dreirad für den Transport seiner Waren zu verkaufen. Da er es zu einem sehr günstigen Preis weggeben wollte, hat es mein Vater tatsächlich gekauft. So kamen die Waren jetzt viel leichter, schneller und ohne Lieferkosten in den Laden.

Der folgende Vorfall ereignete sich 1936. Wenn es keinen Unterricht gab, begleitete ich meinen Vater oft nach Csepel auf den Großmarkt. Ich liebte es, mir das bunte Treiben anzuschauen und den Duft der vielen Früchte einzuatmen. Ich genoss das vielfältige Gesicht des Marktes, und es machte mir auch nichts aus, früh aufstehen zu müssen. Ich saß stolz auf dem Dreirad und passte auf die gekauften Waren auf, während mein Vater noch im reichen Angebot der Stände herumsuchte. Um sieben Uhr waren wir mit den duftenden, frischen Waren – auf denen ich oben drauf saß, während mein Vater in die Pedale trat – schon im Laden. Ich half, das Schaufenster neu einzurichten, damit meine Mutter die ausgepackten Waren gleich verkaufen konnte.

Mein Vater nahm mich dann an der Hand und wir gingen nach Hause. Meine Schwester Éva bereitete das Frühstück zu, während sich Vater für das Gebet wusch. Er holte den Tallit (Gebetsmantel) und die Tefillin (Gebetsriemen) hervor und – gegen die Wand gewendet – betete er. Ich musste auch mein Morgengebet sprechen. Nachdem wir mit der Morgenandacht fertig waren, frühstückten wir ausgiebig. Ich ging dann spielen und er zurück in den Laden, um Mutter zu helfen. Sie kamen erst sehr spät am Abend, nach acht Uhr nach Hause. Die einzige richtige Erholung für sie war allein der Schabbes. Sie arbeiteten sehr viel, verkauften mit wenig Gewinn und viel auf Kredit.

Einmal waren wir gerade dabei, die Waren vom Dreirad abzuladen, als ein Mann auf uns zutrat und zu meinem Vater sagte:

«Dieses Dreirad gehört mir! Sie haben es mir gestohlen! Ich kann es wieder erkennen!»

Mein Vater war ganz überrascht und antwortete:

«Ich habe es nicht gestohlen, sondern von einem Packer gekauft.»

Er nannte ihm auch die Nummer, die die Packer damals auf ihrer Mütze trugen. So erstattete der Mann gegen ihn «nur» wegen Hehlerei Anzeige, das Dreirad ließ er beschlagnahmen. Vier Monate später kam es auch zur Verhandlung, die auf den achten Tag von Chanukka fiel. Ich bat meinen Vater, dass er mich mitnimmt. Ich war gespannt, wie so eine Verhandlung abläuft. Ich werde es nie vergessen. Bei der Verhandlung gestand der Packer, dass er das Dreirad gestohlen und meinem Vater verkauft hatte. Der Richter fragte meinen Vater:

«Sagen Sie doch, Herr Scheer, kam es Ihnen nicht verdächtig vor, dass das Dreirad deshalb so billig war, weil es gestohlen war?!»

«Aber sehr geehrter Herr Richter», sagte mein Vater, «ich habe es doch bei helllichtem Tag gekauft!»

Da brach im Raum Gelächter aus. Mein Vater schämte sich. Er war überzeugt, dass man solche Taten nur in der Nacht begehen könne. Er wurde zu 100 Pengő Strafe verurteilt, und das Dreirad wurde ihm auch genommen! Damals, 1936, waren 100 Pengő eine große Summe! Es wurde schon Abend, als wir zurück in den Laden kamen. Weder Geld noch Gut waren uns geblieben. Wir waren sehr traurig. Mein Vater schämte sich, dass er in einen so hässlichen Prozess geraten war, er, der hochanständige, gläubige Jude. So sollte er jetzt heimgehen und die heiligen Kerzen anzünden? Traurig stapften wir nach Hause.

Als wir einige Monate zuvor in diese Wohnung gezogen waren, hatte mein Vater nicht bemerkt, dass die vier Fenster der beiden Zimmer auf das Bordell der gegenüberliegenden Straßenseite zeigten. Tagsüber schliefen die Freudenmädchen, und die Kneipe unter unserer Wohnung war ausgerechnet das Stammlokal dieser lüsternen Damen. Als wir traurig nach Hause kamen, belästigten sie meinen Vater mit schmutzigen Worten. Er antwortete nicht, zog mich hinter sich her und eilte auf unser Tor zu. Im Treppenhaus ist er beinahe vor Ekel gestorben. Sollte er Chanukka jetzt in so einem Seelenzustand feiern?! Er hatte das Gefühl, es wäre entheiligt worden. Der hässliche Prozess, das Necken der Freudenmädchen waren zu viel für ihn. Er war auch nicht in der Lage, etwas zu Abend zu essen, obwohl meine Mutter für das Fest Chremslach und Kürbis zubereitet hatte.

Im Kreis seiner Familie beruhigte er sich und ging schließlich ins Zimmer, um die Menora vorzubereiten. Er steckte die acht farbigen Kerzen hinein, dann die neunte, die Diener-Kerze. Er war eben dabei, die Familie ins Zimmer zu holen, als er plötzlich aus der Kneipe das Gekreische der Dirnen vernahm. Er nahm die Menora, brachte sie in die geräumige Küche und stellte sie in das Küchenfenster, das auf den Hof ging. Er wollte nicht, dass die heiligen Flammen durch das betrunkene Gelächter der Freudenmädchen entweiht werden. So zündete er die Kerzen an, vom Küchenfenster aus beleuchteten sie die Nacht. Von hier aus erklang das Lied, das *Maos Zur*. Das war ein trauriges Chanukka-Fest. Viele dachten, dass bei den Scheers die festlichen Kerzen nicht angezündet wurden, weil das Zimmer dunkel blieb.

Im Frühling zogen wir dann weg, in die Wesselényi utca 11. Mein Vater kaufte ein neues Dreirad vom Velvárt, dem Fahrradkönig, und diesmal verlangte er freilich auch eine Rechnung.

2.

Die zweite Geschichte ist die Geschichte des ersten freien Chanukka-Festes im Jahr 1945. Drei von uns Mädchen sind aus den Lagern nach Hause zurückgekommen. Auschwitz, Bergen-Belsen und Ravensbrück konnten die Scheer-Mädels nicht unterkriegen. Meine jüngere Schwester kam ebenfalls nach Hause. Sie war mit gefälschten Papieren in Budapest untergetaucht. Große Ausdauer, Härte und ein fester Glaube waren dazu wahrlich nötig. Meine Eltern wussten schon, dass wir leben – wir hatten ihnen Nachrichten zukommen lassen. Aber wir wussten nicht, was uns in Budapest erwartet. Ich kam im Juli als erste an. Ich war von der Dob utca 27 weggebracht worden. Dorthin ging ich zurück, fand jedoch niemanden vor. Ich weinte. Eine Frau kam zu mir.

«Du bist doch ein Scheer-Mädchen, stimmt's?»

«Ja. Und meine Eltern?»

«Sie leben. Die Gastwirtschaft Deines Großvaters gibt es auch noch. Sie leben auch!»

«Danke!»

Ich rannte die Kazinczy utca runter und an der Ecke der Wesselényi utca, da war die *Orthodoxe Koschere Gastwirtschaft* von Mendel Weisz! Ich bin angekommen. In der Tür lief ich geradewegs in die Arme meines Vaters. Küsse, Umarmung, Tränen.

«Vater, wo wohnen wir jetzt?»

Mein Vater erzählte zuerst, wie sie im Ghetto die Shoah überlebten, mein kleiner Bruder mit 13 Jahren und meine Großeltern mit 85. Éva und Edit sind noch in einem Krankenhaus in Deutschland, aber sie leben! Eine glückliche Familie. Wir leben. Aber wo wohnen wir jetzt? Einer meiner guten Freunde, der meinen Eltern auch Lebensmittel ins Ghetto gebracht hatte, verschaffte ihnen noch im März ein Haus mit vier Zimmern. Meine Eltern zogen ein, damit wir irgendwo das Leben beginnen können, wenn wir angekommen sind. Ich wusste nicht einmal, wo die Beamtensiedlung war, der Stadtteil, in dem sich das Haus befand. Meine Mutter grub den verlassenen Garten um, pflanzte Gemüse und Blumen. Für meinen Vater war es sehr schwer, hier zu wohnen, weil die Synagoge viel zu weit von uns entfernt war. Wir wohnten schon fast in der Höhe der Simor utca, in der Hédervári utca 23, der verlassenen Wohnung eines Pfeilkreuzler-Abgeordneten. Das nächste Gebetshaus befand sich am Teleki tér, die Schächterei und die Mikwe waren auch sehr weit entfernt. Mein chassidischer Vater ging Freitag abends und Samstag morgens zu Fuß in die Synagoge in der Kazinczy utca, um zu beten.

«Das ist für einen orthodoxen Juden kein Ort zum Wohnen», sagte er oft, aber hier hatten seine Töchter ein eigenes Zimmer. Als wir dann im September und Oktober alle heirateten – die Jungs vom Arbeitsdienst hatten schon auf uns gewartet –, hatten wir bereits einen Platz zum Bleiben.

Und da kam im Dezember das Chanukka-Fest, wo endlich die ganze Familie beisammen war. Jetzt waren wir schon zu elft! Miklós, Karcsi, Jenő und Pista, die Jungs und wir – das sind 11 Leute. Eine schöne Familie.

Mein Vater versuchte in Pest Chanukka-Kerzen zu besorgen. 44 Stück hätten wir gebraucht, aber es gab nicht einmal Weihnachtsbaum-Kerzen. Er konnte nicht einmal ein paar Öllichter kaufen. Dann ging ich zu Herrn Barta, dem Krämer um die Ecke. Für Valuten besorgte er alles. Ich bat ihn, mir Kerzen zu besorgen.

«Nun... vielleicht könnte ich etwas tun. Für den Pfarrer am Rezső tér habe ich 20 Altarkerzen rangeschafft. Ich habe sie aus meinem Geburtsdorf, die sind noch aus alten Zeiten übrig geblieben. Passt das?»

«Freilich», sagte ich, aber ich wusste noch nicht, wie sie aussehen. Zwei Stück – ein Meter lang, zwei Zentimeter breit, richtige Kirchenkerzen brachte er aus dem Lager. Ich verriet ihm selbstverständlich nicht, wofür ich sie brauchte, und gab ihm 5 Dollar dafür. Mit der Beute ging ich nach Hause. Ich suchte Stickgarn. In der Waschküche wärmte ich in einem Topf die Kerzen auf und zog 44 Chanukka-Kerzen. Ich hing sie zum Trocknen auf eine Schnur. Mit Temperafarben malte ich sie bunt an. Mir haben sie gefallen. So wartete ich, dass mein Vater aus dem Laden nach Hause kam. Es war Winter, es wurde schnell Abend. Nach dem Abendessen holte ich meine Kerzen hervor und gab sie ihm:

«Schau, Vater, wir werden doch Kerzen anzünden. Die habe ich gemacht.»

Er kümmerte sich gar nicht groß darum, woher die Kerzen kamen. Für ihn war es selbstverständlich: Wenn Gott will, dass wir Kerzen anzünden, dann wird er sie uns auch geben. Das genügte.

Vater nahm die schöne, aus dem Ghetto gerettete Menora. Er steckte die Kerzen hinein. Allzu sehr gefielen sie ihm nicht, aber es gab nur diese. Ins Zimmer ging er nicht einmal hinein. Er stellte die Menora sofort ins Küchenfenster. Dann rief er die Familie zusammen, sprach die Broche, und wir sangen das *Maos Zur*. Zur ersten gemeinsamen Feier segnete uns Vater und sagte Gott Dank, dass wir gerettet wurden. Das Lied erklang auf den 11 Lippen so, dass wir weinten. Nur wenigen Familien ging es nach dem Holocaust so wie unserer. Nach der Andacht fragte ich Vater, warum er die Flammen nicht im Wohnzimmer angezündet hatte. Er antwortete, weil das hier eine fremde Gegend sei, nicht unsere Welt. Gott sehe das Licht auch in der Küche, höre das Gebet und das Lied, sonst ginge es niemanden etwas an.

Sie sind dann bald in die Wesselényi utca 18 gezogen. Dort konnte man auch im Wohnzimmer Kerzen anzünden, auch die Synagoge war viel näher, auch zu Fuß. Im Jahr 1950 wanderten meine Eltern und Großeltern nach Israel aus. Sie konnten hier nicht länger leben. Aber das ist schon eine andere Geschichte.

3.

Die dritte Geschichte ereignete sich später, 1970, in Israel. Wie ich schon erwähnte, übersiedelten meine Eltern 1950 dorthin. Mein Bruder ging damals schon dort zur Schule, mein Großvater war 90 und meine Großmutter 86 Jahre alt, als sie sich auf den großen Weg machten. Mein Onkel erwartete sie schon mit einem gemütlichen Zuhause. Sie sind 1958 gestorben. Sie lebten 80 Jahre in Ehe und in wahrer Liebe. Sie konnten ohne einander nicht leben. Mein Vater war 58 und meine Mutter 53 Jahre alt, als sie ein neues Leben begannen, und sie hatten die Kraft, sich eine Parnosse aufzubauen.

Ich konnte sie erst 1970 besuchen. Damals stand schon ihr Einfamilienhaus mit Garten auf dem Berg der Vorstadt von Tiberias. Eli, mein Bruder, war bereits verheiratet und bewohnte die Fünf-Zimmer-Wohnung im Obergeschoss. Mein Vater verkaufte auf dem Markt Eier und Geflügel. Sie konnten davon zu zweit gut leben. Eli und Riemonte zogen ihre fünf Töchter und zwei Söhne von ihrem Lehrergehalt auf. Meine Mutter passte auf ihre sieben kleinen Sabres auf und hatte auch mit dem Garten genug zu tun. Ich hatte den Eindruck, dass sie glücklich und zufrieden waren.

Mein Vater nahm abends vor seinen Büchern Platz und studierte den Talmud.

«Komm, Szorele!», rief er mich mit meinem jüdischen Namen. «Zeig mir, ob Du noch Hebräisch lesen kannst! Ob Du noch die Buchstaben kennst!»

Er legte das Perek vor mich hin und ich las: «Rabban Gabriel hu haja omer.» Vater traten Tränen in die Augen.

«Siehst Du, Ruhele», sagte er zu meiner Mutter, «dieses Mädchen hat die Schrift noch nicht vergessen.»

Es kam der Tag von Chanukka. Am Nachmittag nahm mein Vater das Sidderli und begann zu lesen. Ich setzte mich ihm gegenüber und in meiner einfältigen Dreistigkeit störte ich ihn in seiner Andacht.

«Sag mal Vater, was würdest Du dazu sagen, wenn ein Mann zu Dir käme und zu Dir dreimal am Tag sagen würde: Herr Scheer! Sie sind ein guter Mensch, ein anständiger und ehrlicher Mann. Was denkst Du? Warum schmeichelt er Dir dreimal am Tag?», fragte ich ihn.

«Nun, weil er etwas von mir will», sagte er.

«Und machst Du nicht dasselbe mit Gott? Dreimal am Tag? Was willst Du von ihm? Einen besseren Platz im Himmel oder ein besseres Leben hier auf der Erde?»

«Es ist nicht so, wie Du glaubst, meine Tochter!», schaute er mich mit seinen schönen, ehrlichen, blauen Augen an. «Gott muss man anbeten. Das gibt mir ein gutes Gefühl. In diesen Momenten unterhalte ich mich mit dem Herrn. Der Herr gibt den Menschen, ohne darum gebeten worden zu sein, was er nur kann, und er kann Vieles geben. Alles. Gutes und Schlechtes ebenso, jedem nach seinem Verdienst. Aber es gefällt ihm, wenn man zu ihm spricht, wenn man ihn nicht vergisst, wenn er mit dem Gebet begrüßt und gelobt wird. Es ist unschön, Dankbarkeit zu erwarten, unschöner als das ist nur die Undankbarkeit», bemerkte er lächelnd, weise und sanft.

«Vater», fing ich wieder mit der Neckerei an, «Du glaubst wirklich, dass Gott weiß, dass hier oben auf dem Tiberias ein alter Jude wohnt, der treu dreimal am Tag zu ihm betet? Du glaubst, dass Gott so viele Antennen hat, dass er sich alle Gebete anhören kann?»

«Ach, bist Du blöd, meine Tochter!», sah er mich mitleidig an. «Weißt Du denn nicht, dass Gott auch Engel hat, die nur zum Anhören der Gebete da sind?» Aber da war er über meine große Unwissenheit schon sehr verärgert.

«Schon gut, Vater», versuchte ich ihn zu beschwichtigen. «Bete doch weiter. Ich will ja Deinen Glauben nicht erschüttern!»

«Das könntest Du auch gar nicht! Das könntest Du nicht!», sagte er und betete schön weiter, still und voller Andacht.

Ich dachte: «Wenn ich bloß so einen festen Glauben hätte wie er!» Ich schämte mich sehr. Jetzt habe ich erst die Tiefe und Größe seiner Seele verstanden. Meine Mutter bereitete das festliche Abendessen zu. Mein Vater nahm die Menora und legte auch die Kerzen dazu. Er hatte sehr schöne Kerzen. Wie hätte er denn gerade hier in Israel keine haben sollen?

Seit Jahren habe ich kein so inniges, entspanntes Chanukka-Fest erlebt wie damals. Mein Vater nahm die Menora, brachte sie in die Küche und stellte sie auf das Fenstersims – weil das Küchenfenster zur Straße ging. Wir waren wieder zu elft. Der kleinste Junge war noch ein Baby. Deshalb nahm er an der Zeremonie nicht teil. Mein Vater zündete die Kerzen an, ihr Licht konnte man bis zum schneebedeckten Gipfel des Berges Hermon sehen.

Nein! Mein Vater stellte die Kerzen nicht deshalb in die Küche, weil ich mich am Nachmittag mit ihm gestritten hatte – daran dachte er schon nicht mehr –, sondern, damit das ganze Volk die Flammen der Glorie sieht. Weil dort ein großes Wunder geschehen ist, ein sehr großes Wunder! Israel war geboren. Der Traum war Wirklichkeit geworden.

Das sind meine drei wahren Geschichten. Die drei Chanukka-Feste meines Vaters. Der Wind weht noch immer über das Grab meines Vaters und meiner Mutter dort auf dem Hügel des Friedhofs von Tiberias.

Sie waren glücklich, weil sich ihre Wünsche erfüllt haben. Sie ruhen in heiliger Erde. Mit Gottes Hilfe fahre ich im Frühling nach Israel und lege einen Stein auf das Grab von Sraga und Rachel Scheer. Sie mögen in Frieden ruhen! Ein Mensch bleibt lebendig, solange sich jemand an ihn erinnert.

Ibolya Scheer

DIE SECHZEHNTE GEFANGENE

Motto: «Wer, wenn nicht Du?!
Wann, wenn nicht jetzt?!»

Es geschah vor langer, langer Zeit ... und doch ist es wahr. Anfang September 1944 begegnete ich Hanna Szenes. Wer sie war? Und was sie mir bedeutete? Das möchte ich jetzt berichten. Zuerst muss ich aber einiges über mich selbst erzählen. Nicht, um mich ins Rampenlicht zu stellen, sondern damit verständlich wird, woher sie kam und woher ich kam und wie unser Lebensweg etwa zwei Monate lang gemeinsam verlief.

Ich stamme aus einer orthodoxen jüdischen Familie mit fünf Kindern. Ich wurde am 21. April 1926 geboren. Wir wohnten in Budapest, in der Dob utca 27, zur Schule ging ich in die jüdisch-orthodoxe Hauptschule in der Dob utca 35. Als ich 13 Jahre alt war, wollten meine Eltern nach Israel auswandern, aber zu diesem Zeitpunkt war das mit fünf Kindern schon nicht mehr möglich. In jener Zeit begann ich, die Veranstaltungen der linken zionistischen Organisation Haschomer Hazair in der Vörösmarty utca zu besuchen, wo ich mich wohl fühlte. Meine Eltern meinten, ich hätte mich lieber der Mizrachi, der orthodoxen Sektion, anschließen sollen. Später wurden dann beide von den Faschisten verboten.

Nach der Hauptschule wollte ich weiter lernen, aber wir waren arm, und ich musste ein Handwerk wählen. Ich wurde Schneiderlehrling in einem angesehenen innerstädtischen Modesalon. Meine Mutter sorgte dafür, dass ich am Sabbat nicht hingehen musste. 30 bis 40 Frauen arbeiteten hier. Alle waren Mitglieder der Gewerkschaft. So war es offensichtlich, dass auch mich ein gerader Weg zur Mitgliedschaft führte. So kam ich in die Jugendorganisation der Schneidergewerkschaft.

Die Schneidergewerkschaft hatte ihren Sitz am Almássy tér. Ich habe bei ihnen sehr viel gelernt, meine empfängliche Seele sog vieles in sich auf: Sie zeigten mir die Bedeutung des Buches, der Musik und der Bildung. Hier konnte ich von der Pike auf lernen, wie wichtig Kameradschaft, gegenseitige Unterstützung und Zusammenhalt sind. Diese moralische Einstellung war für mich nichts Neues, denn meine religiöse jüdische Erziehung, die ich zu Hause vor allem von meinem chassidischen Großvater Mendel Weisz bekam, stand mit dem, was ich hier hörte – zumindest zu Beginn – im Einklang. Nur die atheistische Weltanschauung war mir fremd. Den guten Gott zu verleugnen, ist eine große «Neveire» (Sünde). Ich diskutierte viel, und nichts konnte meinen tiefen Glauben an Gott erschüttern.

«Es ist schon in Ordnung, Mädchen», sagte der Leiter der Junggewerkschafter. «Letztendlich ist das Deine Privatangelegenheit», und das Thema wurde nicht wieder erwähnt.

Der ungarische Faschismus nahm immer größeren Raum ein, immer neue Judengesetze wurden erlassen. Das machte mir klar, dass ich etwas dagegen unternehmen musste. Dazu ergab sich eine gute Gelegenheit bei der Jugendorganisation der Gewerkschaft. Ich wollte an der Demonstration am 15. März 1943 an der Petőfi-Statue teilnehmen. So kam es dann tatsächlich. In den Gewerkschaften der Metallarbeiter, der Lederwarenhersteller, der Schneider und in der so genannten Friedenspartei entwickelte sich eine sehr aktive antifaschistische Bewegung. Leider flogen viele auf.

Obwohl ich noch sehr jung war (siebzehneinhalb), nahm ich den Kontakt mit einigen Gruppen auf und bekam mehrere Aufträge, die ich mit ganzem Herzen ausführte. Der 19. März 1944, der Tag der Besetzung durch die Nazis, brachte die Wende in meinem Leben, denn ich musste in die Illegalität gehen. Ich entschloss mich, Dienstmädchen am Vigadó tér 2 zu werden. Hier bekam ich ein kleines Dienstmädchenzimmer. Von hier aus ging ich Flugblätter verteilen, besuchte illegale Treffen, bei denen ich weitere Aufträge für die nächsten Aktionen bekam. So besorgte ich für die aus Oberungarn geflüchteten Jeschiwa Bocher Soldbücher, abgestempelte Urlaubspässe, Lebensmittelmarken, und so konnte verhindert werden, dass sie zum Arbeitsdienst eingezogen wurden. Was aus ihnen geworden ist? Ich weiß es nicht.

Im April 1944 bekam ich von Mira Deutsch die Maschine der orthodoxen Gemeinde, mit der die Schabbes-Zettel vervielfältigt wurden. So konnten wir für den 1. Mai Flugblätter herstellen, auf denen stand: «Ungarischer Arbeiter, arbeite nicht für die deutschen Faschisten! Tod dem deutschen Besatzer!» Es war ein gutes Gefühl.

Aber es dauerte nicht lange. Am 3. Mai flog ich zusammen mit mehreren meiner Kameraden wegen eines Koordinationsfehlers auf. Ich wurde zum Verhör ins Hotel Mirabel, in die Gestapo-Zentrale auf den Schwabenberg gebracht. Selbst nach sechs Wochen Folter gestand ich nichts. Ich verriet niemanden. Ich spielte die Unschuldige, das unwissende kleine Mädchen. Unser Fall wurde abgeschlossen, ohne dass man mich für schuldig befand, und wir wurden zur so genannten Defensiv-Abteilung des militärischen Abwehrdienstes auf den Csillag-Berg in die Fő utca 6 überstellt. Hier saß die auserlesene Gesellschaft der von der Gendarmerie angestellten Schergen. Die begannen erneut, uns zu schlagen, mit Gummiknüppeln zu verprügeln usw. In diesem Gefängnis wurden um die 300 Leute unter unmenschlichen Bedingungen festgehalten. Aber auch hier konnten sie mich nicht brechen.

Nachdem die Akten geschlossen wurden, verurteilte mich das Militärgericht, das in der Schule auf dem Csillag-Berg zusammengetreten war, als dritte Angeklagte – allerdings völlig ordnungswidrig, denn wir hatten nicht einmal einen Pflichtverteidiger – zu vier Jahren Haft. Da ich inzwischen am 21. April 18 Jahre alt geworden war, betrachtete mich das Gericht als volljährig. Eine Woche später wurden diejenigen, die rechtskräftig verurteilt waren – unter ihnen auch ich –, ins Gefängnis in der Conti utca transportiert. Hier wurde ich in der Zelle II. 232 untergebracht. Ich kam in eine Gruppe von 14 einander vertrauten Frauen. Ich wurde die Fünfzehnte. Eine Pritsche war noch leer: die sechzehnte.

Diese Gruppe von 14 Frauen bestand aus ungarischen Kommunistinnen, serbischen, kroatischen und slowenischen Partisaninnen, Widerstandskämpferinnen aus der Batschka, russischen Fallschirmjägerinnen. An einige Namen kann ich mich noch erinnern. Die ungarischen Mädchen: Vera, Lici, Irén, Márta, Erzsi und ich. Die serbischen: Dragica, Milica, Dessanka, Jugovica, Sorka und Babasora. Mara war Kroatin und kam aus der Batschka. Sie wurde für uns alle zur Dolmetscherin. Die zwei sowjetischen Mädchen, Tamara und Mascha, sprachen vier Sprachen. Die 14 Frauen waren ein gutes Kollektiv. Ich konnte mich schnell einleben. Die Mädchen stellten in der Zelle eine Lerngruppe auf, in der ich auch mitmachen durfte. Sie wurde von Lici und Vera geleitet, die überaus gebildet waren.

Wir hielten große Sauberkeit in der Zelle: 15 Leute müssen schon sehr auf die Einhaltung der Ordnung achten. Diskussionen gab es, aber gestritten haben wir uns nie, obwohl angefangen von den alten serbischen Bäuerinnen bis zu den außerordentlich gebildeten ungarischen Kommunistinnen unter den 15 Frauen alle Schichten vertreten waren. Die Gefangenen verschiedener Nationen und unterschiedlicher Weltanschauung verband der Hass gegen den Nationalsozialismus, Faschismus und die Wut auf Grund der vielen Demütigungen.

Eine Pritsche war noch leer.

Eines schönen Tages Anfang September öffnete sich die Tür der schweren Zelle und es trat die sechzehnte Gefangene ein. Ein Mädchen. Plötzlich strömte Licht in die Zelle. Die Sonne schien durch das Gitter des Fensters herein. Sie strahlte auf eine solch seltsame Weise auf das Mädchen, dass die 15 Gefangenen verstummten. Die Zellentür fiel dröhnend hinter ihr zu. Sie stellte sich vor uns hin, schaute sich um, lächelte und strahlte. Dann sagte sie:

«Ich bin Hanna Szenes, englische Offizierin aus der freiwilligen palästinensischen Armee, und ich bin Jüdin.»

Wir umringten sie, stellten Fragen, aber mehr sagte sie nicht. Sie machte es sich auf dem Strohsack bequem, legte ihre khakifarbene Jacke ab, ihre wenigen Sachen, die sie aus einer kleinen Tasche hervorholte. Sie setzte sich. Wir sahen, wie sie mit ihren klugen Augen taxierte, wo sie hingekommen war.

Sie war keine ausgesprochene Schönheit. Aus ihrem runden Gesicht strahlten ihre zwei schönen und klugen Augen. Sie hatte eine griechisch anmutende Nase und einen markanten Unterkiefer. Ihre braunen Haare drehte sie auf griechische Art zusammen. Aber hübsch nach heutiger Vorstellung war sie nicht. Sie hatte etwas breite Hüften, die dicken Schnürstiefel machten sie auf keinen Fall weiblich – und sie strahlte trotzdem etwas aus. Man musste ihr zuhören. Binnen einer Stunde war sie schon der Mittelpunkt der Gruppe. Anfangs redete sie wenig, passte nur auf. Wenn sie etwas sagte, dann drückte sie sich sehr klug und überlegt aus. Sie lag auf der Pritsche neben mir, so konnte ich sie gut beobachten. Von Anfang an hatte sie eine gewinnende Art. Mit ihren klugen, zielgerichteten Fragen, ihrem interessierten Gesicht verstand sie schnell, mit wem sie es zu tun hatte. In zwei Tagen erreichte sie, dass sie von allen vollständig angenommen wurde. Sie passte sich an, nie verweigerte sie den Putzdienst. Sie führte jede Arbeit gern aus. Als sie sah, dass in der Zelle ein ernsthafter

Unterricht stattfand, bat sie uns, ihre Kenntnisse mit uns teilen zu dürfen. Sie verfügte über eine außerordentliche zivile und militärische Bildung. Außer Englisch sprach sie sechs bis sieben Sprachen, ihre Belesenheit und Geläufigkeit in der Weltliteratur waren überwältigend. Uns alle umgab sie mit Liebe. Sie war nicht herablassend. Sie half, wo sie gebraucht wurde. Sie unterrichtete Englisch und Kriegspraxis. Sie ließ uns das Granatenwerfen und Klettern üben und fertigte für uns eine Granate aus Holz an. Die serbischen und kroatischen Mädchen vergötterten sie. Sie sang mit ihnen serbische Partisanenlieder, die sie in den wenigen Monaten bis zu ihrem Fallschirmeinsatz von den Partisanen in den Bergen des Balkans gelernt hatte. Ihr Misstrauen verschwand endgültig, als sie erfuhr, dass von den sechs ungarischen Mädchen fünf jüdischer Abstammung waren. Lediglich Erzsi nicht. Sie war die Tochter eines Arbeiters aus Csepel und gesinnungstreue Kommunistin. So oder so, hier war Hanna von Menschen mit antifaschistischer Überzeugung umgeben.

Langsam löste sich ihre Verschlossenheit. Sie erzählte, dass ihr Vater, Béla Szenes, ein angesehener Journalist war. Er starb vor Hannas Alija. Nur ihre Mutter war noch am Leben. Sie sah die Arme zum letzten Mal im Gefängnis in der Gyorskocsi utca und machte sich große Sorgen um sie. Sie erzählte, wie sie nach Erez Israel gekommen war, in einen Kibbuz bei Cesaria, und viel vom Leben im Kibbuz, was den Mädchen sehr gut gefiel. Sie hatte dort viel gearbeitet und gelernt, beides hart, aber das fröhliche Singen und Tanzen am Lagerfeuer gab ihr stets neue Energie. Sie erhielt hier auch eine militärische Ausbildung, und so trat sie bei Ausbruch des Zweiten Weltkriegs freiwillig in die englische Armee ein. Als Offizierin führte sie verschiedene Aufträge durch. Auch für diese Aufgabe in Ungarn meldete sie sich, zusammen mit ihren drei Kameraden, freiwillig.

Ihre Aufgabe wäre gewesen, nach Ungarn zu kommen, zu den antifaschistischen Kräften Kontakt aufzunehmen und ihnen zu helfen, den Widerstand zu organisieren. Auf diese Weise hätte sie auch bei der Rettung der ungarischen Juden helfen können. Leider war ihr Absprung nicht erfolgreich. Sie landete, soviel ich weiß, in der Nähe von Pécs. Einer ihrer Kameraden verletzte sich dabei. Die Bewohner des Dorfes meldeten der Dorfgendarmerie, dass englische Spione ins Dorf gekommen seien. Das war im Jahr 1944 für Ungarn eine recht typische Geschichte. So geriet sie in Gefangenschaft.

Sie wurde von der Budapester Spionageabwehr verhört. Nicht als Kriegsgefangene, sondern als Spionin. Sie wurde stark gefoltert. Sie legte aber kein Geständnis ab. Sie wurde nicht zur Verräterin, obwohl die Schergen sie auch mit ihrer Mutter erpressten. Ihrem Gelübde blieb sie auch um den Preis ihres Lebens treu. All das habe ich von dem Schreiber gehört, der ihre Unterlagen gelesen hatte. Dieser Junge gab Nachrichten an uns weiter. Auch von der Machtübernahme Szálasis erfuhren wir von ihm. Und auch davon, dass die Russen sich bereits auf dem Anmarsch nach Budapest befanden.

Hanna trug uns ihre Gedichte, die schön und ausdrucksstark waren, auswendig vor. Das Gedicht mit dem Titel «*Die Kerze*» hörte ich dort. So erfuhren wir, dass Hanna eine Dichterin war. Sie schrieb auch Tagebücher. (Leider nahm sie diese am 6. November 1944 mit. Wer sie bloß gefunden haben mag?) Ihre Herzlichkeit, Klugheit und die Kraft ihres unerschütterlichen Glaubens waren beispielhaft. Sie hatte eine große Wirkung auf uns. Sie konnte so ausgezeichnet mit Menschen umgehen, wie ich es seither niemals wieder gesehen habe.

Abends, nachdem die Lampen ausgeschaltet wurden, unterhielten wir uns viel. Sie merkte, dass ich nichts vom Speck esse, den die serbischen Mädchen aus der Batschka geschickt bekamen. Auch sie aß kein Chazir (nicht koscheres, treifes, unreines Essen). Sie wurde mein Vorbild. Sie verstand mich sehr gut, und ich nahm sie als meine Schwester an. Auch die anderen schwärmten für sie. Ihr Ruf verbreitete sich im ganzen Gefängnis. Ihre Güte, ihr praktischer Sinn und ihr Verhalten waren beeindruckend. Mit ihrer Persönlichkeit und sanften Kraft gab sie uns Mut, so dass man es niemals beleidigend fand. In ihrer Einfachheit war sie einzigartig.

Mitte Oktober besuchten mich meine Eltern. Als Vater mich im Gefangenenanzug erblickte, sagte er zu mir:

«Oh, mein kind, bajnise lajlom! – Ach mein Kind, wenn Gott dieses Grauen sehen könnte!»

Meine Mutter mit dem gelben Stern weinte nur. Sie brachten mir, was sie konnten. So viel, dass es für 16 Personen genug war. Ich fragte die Mädchen, was meine Mutter das nächste Mal mitbringen soll. Hanna sagte lachend: «Schupfnudeln!» Ich gab meinem Vater unseren Wunsch ebenso lachend weiter, aber es sollten recht viele sein, wir waren immerhin zu sechzehnt. Mein Vater mit dem gelben Stern besuchte uns am 5. November. In der Hand hielt er einen Acht-Liter-Topf voll mit den noch warmen Schupfnudeln. Er sagte:

«Sag dem Mädchen aus Jerusalem, dass sie davon essen soll, ich habe es herzlich gern gebracht.» So war es auch. Das waren festliche Nudeln: Obwohl wir nicht wussten, dass es der letzte Tag sein würde, an dem wir noch heiter waren. Wir fanden es lustig, wie die Frauen in der Dob utca 27 die etwa acht Liter Schupfnudeln, reich mit Streuseln bestreut, für uns arme Gefangene rollten. Sie waren himmlisch lecker.

Am 6. November 1944, am Tag nach dem Abendessen mit den Schupfnudeln, öffnete sich die Zellentür. Die zwei Schlüssel knirschten Unheil verheißend. Zwei Gefängnisaufseher riefen Hanna Szenes. All ihre Sachen haben sie zusammengepackt. Ihre Hände legten sie in Handschellen. Wir erschraken. Was wird jetzt passieren?! Sie sagten, dass sie sie ins Gefängnis am Margit körút bringen würden. Dort würde ihre Verhandlung stattfinden. Ach, es herrschte doch Standrecht! Notgericht! Szálasi! O weh! Mein Herz krampfte sich zusammen! Hannachen! Meine Schwester! Wohin bringt man Dich? Wir umarmten sie. An ihren beiden Händen klirrten die Handschellen. Wir weinten. Wir küssten sie. Sie weinte nicht, aber ihre Augen waren voller Tränen. Als sie mich umarmte, sagte sie zu mir: «Sei mutig, Schwesterchen, und stark! Erzähl Deinen Kindern und Deinem Volk, was und wie es passiert ist!» Sie küsste mich auf die Stirn und ging weg. Die beiden Gefängniswächter nahmen sie in die Mitte. Ihre entschlossenen Schritte hallten noch lange in den Korridoren nach. Auch die Soldaten begegneten ihr mit großem Respekt.

Die 15 Mädchen schliefen die ganze Nacht nicht. Sie vermissten Hanna. Niemand erzählte wundersame Geschichten über die Kvuca und das Land der Kibbuzim.

Am nächsten Tag, dem 7. November, gab uns der Wächter durch das kleine Fenster das Frühstück rein. Er sagte nichts, obwohl er sonst immer so geschwätzig war. Als das Mittagessen verteilt wurde, hörten wir, dass Hanna Szenes, dieser strahlende Stern, vom Militärgericht zum Tode verurteilt und drei Stunden später hingerichtet worden war. Dort, auf dem Hof des Gefängnisses am Margit körút. Sie ließ nicht zu, dass man ihr die Augen verband. Sie stand ihnen mutig gegenüber. Sie lebte als Heldin, sie starb als Heldin.

Wir konnten nicht essen. Wir trauerten auf jüdische Art, auf dem Boden sitzend. Denn sie war ja unsere Schwester, unsere geliebte Schwester. Am 8. saßen wir den ganzen Tag über auf dem Boden der Zelle, und es kam kein Trost in unsere Herzen. Wir weinten. Am 9. November wurde das ganze Gefängnis innerhalb einer Stunde geleert und wir, ungefähr 200 politische Gefangene – nicht nur die Juden –, wurden nach Deutschland ins Konzentrationslager transportiert.

Darüber rede ich nicht. Das ist alles bekannt. Ich habe es überlebt, und das verdanke ich Hanna Szenes. Sie gab mir Kraft.

Am 3. Mai 1945 wurden wir befreit. Am 1. Juli kam ich nach Hause. Auch meine Familie überlebte das Grauen. Im September heiratete ich den wertvollsten Menschen der Welt. Im Jahr 1947 ist mein Sohn, 1949 meine Tochter geboren. Zur teuren Erinnerung an Hanna Szenes trägt meine Tochter den Namen Anna. Durch sie lebt sie weiter.

Seitdem zünde ich an jedem 7. November eine Kerze an. Dabei denke ich an sie und trauere. So wird es auch in diesem Jahr sein.

Ibolya Scheer, verheiratete Szász
Ibolya Scheer wuchs zusammen mit ihren drei Schwestern in einer chassidischen Familie auf. Sie besuchte eine orthodoxe Grundschule. Als Jugendliche schloss sie sich der linken zionistischen Bewegung Haschomer Hazair an. Danach wurde sie Kommunistin und bald nach der deutschen Besatzung verhaftet. Im Gefängnis war Hanna Szenes für kurze Zeit ihre Zellenkameradin. Nachdem sie aus dem Konzentrationslager nach Hause zurückgekehrt war, studierte sie Bildende Kunst. Weil sie ihre Familie versorgen musste, gab sie ihr Studium auf. Mit 40, als Mutter zweier erwachsener Kinder, legte sie das Abitur ab und absolvierte die Hochschule mit hervorragendem Abschluss. Als Rentnerin war sie aktives Mitglied des MAZSIKE und der jüdischen Frauenorganisation WIZO. Sie las ihre Texte ihren Schicksalsgefährten, aber auch jungen Leuten gleichermaßen gern vor. Ibolya Scheer starb 2006.

Judit Fenákel

DU SOLLST NICHT STEHLEN!

Du sollst nicht stehlen! So steht es schon in den Zehn Geboten. Bei uns wurden die Zehn Gebote wirklich sehr ernst genommen. In der katholischen Volksschule, in der ich schreiben und lesen lernte, kam es freilich vor, dass irgendein barfüßiges Kind Verlangen nach einem Radiergummi, einem Pausenbrot oder den Buntstiften seines Banknachbarn hatte. Aber immer, wenn es dabei erwischt wurde, schlug die Strenge der Moral zurück.

Im Haus meiner Großmutter, die eine dörflich-traditionelle Moral besaß, war das «Du sollst nicht stehlen!» eine Evidenz wie das «Du sollst nicht töten!». Und bis ins Jahr 1944 konnte ich mir keine Situation vorstellen, in der ich versucht hätte, das Eigentum eines anderen Menschen – sei es ein Bleistift, ein Marmeladenbrot oder die Frucht eines sich auf die Straße biegenden Zweiges – zu entwenden.

Aber '44 änderte sich alles, folglich auch die Zehn Gebote, denn das Haus, den Laden, den Schmuck, die Kaffeetasse anderer Leute zu stehlen, galt sogar unter anständigen, einfachen Menschen nicht mehr als Sünde. (Ich weiß jedoch nicht, wie sie diesen tagtäglichen Raub in der Beichte am Sonntag gerechtfertigt haben.) Allerdings verlor damals auch schon das «Du sollst nicht töten!» seine Gültigkeit. In einem Krieg zu töten, war jetzt eine lobenswerte Tat. Man wurde sogar dafür ausgezeichnet, aber insbesondere dafür, wehrlose Menschen niederzumetzeln, lebendig zu begraben, verhungern zu lassen oder zu vergasen. Die Zehn Gebote wurden also auf den Kopf gestellt, aus der Sünde wurde Tugend, aus der Tugend Landesverrat. Ich beneide die Beichtväter nicht, die das Maß der Buße der inbrünstigen Gläubigen in so einem Wirrwarr bestimmen sollten.

Die Relativierung der Moral ließ aber auch die Opfer nicht verschont. Zu stehlen galt in Konzentrationslagern in erster Linie nicht als Dreistigkeit, sondern es war eine Lebensnotwendigkeit. Wenn Du nämlich aus dem Versuchslabor keinen sterilen Verband stiehlst, infiziert sich innerhalb von wenigen Tagen Dein vom Auspeitschen mit Wunden bedeckter Rücken und dann ist die Todesursache Blutvergiftung. Wenn Du aber den Verband gestohlen und die Blutvergiftung vermieden hast, dann brauchst Du nur das Aufhängen, Verhungern, den Typhus, das Erfrieren, Angebundenwerden, Auspeitschen, Erschießen, den Gewaltmarsch, ärztliche Experimente, Minen, das Gas ... – hier höre ich mit der Aufzählung auf – zu fürchten. Kurz: Stehlen musste man. Selbst in unserem gemäßigteren Arbeitslager, wo es weder das Gas noch den Gewaltmarsch gab. Hinzu kam, dass es bei uns etwas zu stehlen gab. In der Gutswirtschaft des Bierbrauereibesitzers Dreher wurden hauptsächlich Zuckerrüben angebaut. Deshalb war unser Hauptnahrungsmittel, außer den offiziell zugeteilten gelben Erbsen, die Zuckerrübe. Wir haben sie gebraten, als Melasse gegessen oder – als wäre es Kastanienpüree – zum Dessert.

Die Erwachsenen stahlen abends nach der Arbeit, im Ledermantel von Tante Juliska. Tante Juliska war die Freundin meiner Mutter. Sie hielten im Guten wie im Schlechten zusammen, so auch beim Stehlen, das heißt, dass sie den Ledermantel abwechselnd benutzten. Aber Tante Juliska lieh ihn auch Fremden (das heißt Leuten, die nicht aus Endrőd waren). Der Mantel unterschied sich von allen anderen Mänteln dadurch, dass er unzählige riesige Taschen hatte, die man mit Zuckerrüben vollstopfen konnte, ohne dass das gestohlene Gut aufgefallen wäre. Unbemerkt bleiben und dabei möglichst viele Zuckerrüben nehmen – das war eine Kunst, und die geschicktesten Diebe wurden von den Lagerbewohnern beneidet und verehrt. Wir Kinder versuchten, ihrem Beispiel zu folgen, freilich ohne den Ledermantel. Das Kleidungsstück eines Erwachsenen konnte uns keinen Schutz geben, es hätte nur Aufsehen erregt. Aber auch unter uns gab es Geschicktere, die mit unschuldigem Gesicht und vollen Taschen an dem gefürchteten Gutsverwalter vorbeigehen konnten. Ich gehörte leider nicht zu ihnen. Jedes Mal, wenn ich etwas stahl, quälten mich Schuldgefühle und die Angst, entdeckt zu werden. Das geringe Ergebnis hat mich für die Ängste nicht entschädigt.

An dem Tag, an dem sich diese Geschichte ereignete, stahlen wir Tomaten. Tomaten waren seltene Leckerbissen, sie leuchteten rot im abgezäunten Küchengarten. Den Küchengarten zu bestehlen, war keine alltägliche Kriegstat, aber uns ist es gelungen. Wir stopften unsere Taschen voll – die,

die welche hatten; ich sammelte die seltene Beute in meinem Rock, dessen Saum ich aufgeschlagen und zusammengeknotet in der Hand hielt. Dann aber nichts wie weg! Wir fünf Kinder rannten in Richtung der Stallungen, vier erreichten unsere Unterkunft ohne Probleme. Ich stolperte aber ausgerechnet vor dem Hauptgebäude des Guts, ließ meinen aufgeschlagenen, zusammengehaltenen Rocksaum los, und die vielen kleinen, festen Tomaten rollten vor den Augen des Holländers und des Kuhknechtes auseinander. Der Holländer war ein hellblonder schlacksiger Mann. Ich weiß nicht, welchen Posten er bei den Drehers hatte, aber wir sahen in ihm eine Art stellvertretenden Gutsverwalter. Ich muss noch erwähnen, dass ich bis heute die schlechte Angewohnheit habe, wenn ich erschrocken bin, nicht wegzulaufen wie die meisten normalen Menschen, sondern erstarrt und wie gelähmt stehen zu bleiben. Ich kann mich dann nicht mehr bewegen. So war es auch in diesem Moment. Ich stand unbewegt inmitten des Kranzes aus Tomaten und wagte nicht einmal, Luft zu holen. Der Magen schnürte sich mir vor Angst zu: Jetzt ist es aus mit mir! Für diese Tat erwarten mich Prügel, Haft und Tod. All die Möglichkeiten kamen mir gleich wahrscheinlich vor. Ich hatte bereits gelernt, dass man uns alles antun durfte.

Der Holländer aber, dieser Athlet mit schallendem Lachen und blond wie die Sieger, nahm weder von mir noch von den auseinander rollenden Tomaten Kenntnis. Zerstreut drehte er sich um, unterhielt sich weiter mit dem Kuhknecht, unterbrach nicht einmal den Satz, und ich schlich mit leerem Rock und hängendem Kopf heim. Denn so etwas war auch möglich. Deshalb bin ich jetzt hier.

Judit Fenákel
Judit Fenákel ist 1936 in Budapest geboren und absolvierte die Hochschule für Grundschullehrer in Szeged. Sie unterrichtete einige Zeit in einer Grundschule, bevor sie Publizistin wurde. Ihr erstes Buch erschien 1960. Seitdem veröffentlicht sie regelmäßig Erzählungen und Romane. Zu ihren letzten Büchern gehören: «A fénykép hátoldala» [Die Rückseite des Photos] (Novella, 2002); gemeinsam mit Ágnes Gergely: «Hajtogatós» [Falzspiel] (Novella, 2004); «A kékezüst hölgy» [Die blausilberne Dame] (Novella, 2005).

Magda Sommer

STATIONEN
(Auszüge)

Ich verbrachte die Jahre meiner glücklichen Kindheit in Gyönk, einem Dorf im Komitat Tolna. Es war ein wunderschönes Leben voller Heiterkeit und Frohsinn. Ich war zehn Jahre alt, als mein Cousin Gyuri Engelmann aus Brünn nach Hause kam.

Wie jeden Tag, so war auch an diesem Abend die große Familie beisammen. Außer meinen Eltern waren die Schwester meiner Mutter, Tante Olga, ihr Mann Onkel Vilmos, ihre Kinder Nelly und Gyurka dabei. Die beiden Familien trennte nur ein Haus voneinander. Bei Tante Olga hatte ich ein ebenso herzliches Zuhause wie bei meinen Eltern, ich war sogar mehr bei ihr als daheim. Ich hatte keine Geschwister, so liebte ich Nelly und Gyurka wie Schwester und Bruder, und wegen des großen Altersunterschieds lebte ich unter ihnen wie ein verwöhntes Kind.

Als Gyuri eintraf, wurde die Familie sehr traurig, und die übliche Rommépartie fiel auch aus. Ich verkroch mich im Schoß meines Vaters und lauschte den Erwachsenen. Ich hörte so etwas wie: «Anschluss! ... Deshalb musste Gyuri sein Studium unterbrechen? ... » Ich verstand nichts. «Warum studiert Gyuri nicht zu Hause, an der Budapester Universität? Warum musste Gyuri aus Brünn nach Hause kommen?», fragte ich meinen Vater. Durch seine Worte, traurigen Augen und Erklärungen gerieten die Dinge und Ereignisse auch auf Grund meiner Gefühle nur noch mehr durcheinander, da ich nicht begreifen konnte, warum es einen Numerus clausus gibt und was das eigentlich bedeutet. Warum muss ich mich anders fühlen und mich von allen anderen in Ungarn lebenden Menschen unterscheiden? Meine Eltern brachten mir doch bei, dass ich nach meinem Abendgebet «Müde bin ich, geh zur Ruh» auch die Zeilen «Ich glaube an einen Gott, ich glaube an ein Vaterland» bete. Und jetzt kann Gyurka trotzdem nicht an einer ungarischen Universität studieren, weil er ein

Jude und deshalb ein Ausgestoßener ist. Deshalb beschloss der Familienrat, dass Gyuri sein Studium an der Fakultät für Technische Chemie der Universität von Toulouse fortsetzen sollte. So ging er im Januar tatsächlich nach Frankreich. Im Jahr 1939 brach der Weltkrieg aus. Die Ereignisse wechselten in schneller Folge, die Lage wurde immer angespannter und verbreitete immer größere Schrecken. Die Judengesetze wurden erlassen, und parallel dazu begann die Zeit der Angst, der Furcht, der Existenzunsicherheit, die jede einzelne jüdische Familie sehr tief getroffen haben.

Im Jahr 1941 schlug ein Bediensteter meinen geliebten Onkel Vilmos aus Rache auf brutale Art mit sechs Axtschlägen zu Tode. Ich sah und hörte als erste in den frühen Mittagsstunden dieses schrecklichen Sonntags den blutigen Mörder, als er wie wahnsinnig weglief und lauthals schrie: «Es geschieht ihm recht, diesem stinkenden Juden …!» Erschrocken, besinnungslos stürzte ich davon, um meinen Vater zu holen, der meinen unheilvollen, verzweifelten Schreien nicht glauben wollte, dass er sich beeilen soll, weil Onkel Vilmos getötet wurde …

Schreckliche Tage, Wochen, Monate kamen. Ein Jahr später, 1942, erschütterte eine neue Tragödie die Familie. Der Mann von Nelly, der Tochter von Onkel Vilmos, fiel dem Massaker in der Batschka zum Opfer. Nelly hielt sich mit Péterke, ihrem fünfjährigen Sohn, gerade in Budapest in einem Lungensanatorium auf, als ihr Mann nach Novy Sad zurückkehrte. Das war der letzte Zug, der noch in den Bahnhof von Novy Sad einfahren durfte. Am nächsten Morgen überfielen die Bluthunde Onkel Ernő, während er sich rasierte, und sie suchten auch nach den anderen Mitgliedern der Familie. Den kleinen Sohn von Nelly, den acht Monate alten Tomika, versteckte das Kindermädchen unter der Bettdecke, so blieb er unbemerkt. Zahlreiche serbische und jüdische Familien mussten damals durch die teuflische Schneidigkeit von Zöldi und seinen Kumpanen, den ihre Macht überschreitenden Generalstabschefs der Ungarischen Armee, großes Leid erdulden. Sie wurden auf der zugefrorenen Donau hingerichtet, unter ihnen auch Onkel Ernő.

Lange Zeit konnten wir nichts Bestimmtes über ihn und Tomika erfahren. Wir ahnten nur und fürchteten zu hören, was die Wirklichkeit war. Monate vergingen ohne eine Nachricht, als auf einmal Darinka, das Kindermädchen, mit Tomika eintraf. Jetzt erst sahen wir uns mit der schrecklichen Realität konfrontiert. Nellys tiefe Trauer konnte nicht einmal die gütige Fürsorge ihrer Mutter, bei der sie nun mit ihren zwei kleinen Kindern ein Zuhause fand, mildern. Ich kann mich nur erinnern, dass sie für die beiden Waisenkinderchen wunderschöne Pullover und Hosen gestrickt hat, damit sie nicht jede Minute ihren unauslöschbaren Schmerz fühlte.

Kurze Zeit später musste Nelly nach Budapest ziehen, um einen Beruf zu erlernen, damit sie für ihre Familie Geld verdienen konnte. Deshalb übernahmen meine Eltern und Tante Olga die Erziehung der kleinen Brüder.

Statt Tageszeitungen zu lesen, abonnierte mein Vater die Hefte der Jüdischen Zionistenbewegung, weil er in der Zwischenzeit Zionist geworden war. Er sagte immer wieder:

«Wer diese Gräuel aller Gräuel irgendwann überlebt hat, der soll nach Ungarn zurück kommen, hier sollen wir uns treffen, wir, die noch am Leben geblieben sind, aber dann sollen wir endgültig nach Palästina übersiedeln, damit wir endlich auch ein Zuhause haben.»

*

Im Sommer 1943 konnte ich Klári Popper näher kennen lernen, mit der mich dann später eine schwesterliche Beziehung verband. Sie wohnte in Kölesd, einem Dorf in der Nähe, wo entfernte Verwandte von meinem Vater wohnten. Da wir dort mehrmals zu Besuch waren, kannte ich Klári schon flüchtig. In meinem Leben begann eine neue Periode, die uns durch unsere schönen und schrecklichen Jahre begleitete. Wir weinten, lachten zusammen, und als echte Schwestern liebten wir einander. Diese Zeilen schreibe ich jetzt, im Sommer 1996, gerade bei ihr zu Hause, in Kanada.

*

Im Sommer 1943 – während Klári angestrengt für eine Prüfung lernte, um im Reformierten Gymnasium von Gyönk die Schule fortsetzen zu können – genoss ich die sorglosen, schönen Ferien bei Klári's Familie in Kölesd. Das Lernen trug Früchte, und so kam meine Freundin von der Szekszárder Realschule nach Gyönk. Zu meiner größten Freude wohnte sie bei uns. So empfing ich sie schon damals, als wäre sie meine Schwester, während ich von den Gräueln, die wir gemeinsam überleben würden, noch nichts ahnte. Gemeinsam waren wir dann den antisemitischen Äußerungen, die ab 1943 auch im Gyönker Gymnasium vorkamen, ausgesetzt.

Einmal ließ mich Géza Domokos, unser Mathematiklehrer, in demütigender Weise nicht am Umzug zum 15. März teilnehmen, und als im Klassenzimmer die Hymne gesungen wurde, forderte er mich auf, sitzen zu bleiben, denn als Jüdin durfte ich sie nicht singen. An dieser Stelle muss ich aber auch bemerken, dass Herr Pintér, der uns Deutsch lehrte, mit Hilfsbereitschaft, Humanismus und betonter Aufmerksamkeit versuchte, meine demütigende Situation gegenüber meinen Mitschülerinnen zu kompensieren.

*

Der 19. März, der Tag an dem die Deutschen das Land besetzten, war ein Sonntag. Ihr Vater brachte Klári heim. Nelly, die in Budapest lernte und bei meinem Onkel, Dr. Jenő Engelmann, wohnte, wurde durch meinen Vater telefonisch nach Hause bestellt. Dieser erinnerungsschwere Tag bedeutete für jede jüdische Familie die Tragödie, in unserem Fall durch einen weiteren Schlag ergänzt: Die SS-Soldaten ließen Nelly aus dem Zug aussteigen, deshalb konnte sie nicht mehr nach Hause kommen.

Von diesem Zeitpunkt an sollte jede «jüdischstämmige Person» den gelben Davidstern tragen, ohne ihn durfte niemand das Haus verlassen.

*

Jetzt begann auch der wahre Freund meines Vaters, der Amtsarzt Dr. Irnák Damokos, etwas zu unternehmen. Auf einen Antrag, unterzeichnet von den Bewohnern der Stadt und des Kreises Gyönk, hin sowie mit der Hilfe des Obergespans von Szekszárd, Dr. Feőrdős, und durch Telefonate hin und her traf ein Dokument mit dem Stempel und der Unterschrift des Wirtschaftsministers Imrédy ein, aufgrund dessen mein Vater seinen Arbeitsdienst als Kreisarzt in Gyönk leisten durfte. So mussten wir nicht zusammen mit unseren Religionsbrüdern und -schwestern ins Ghetto gehen. Wir flehten Tante Olga an, dass sie die beiden Kleinen bei uns lässt, aber sie ließ nicht locker. Sie bestand darauf, dass sie und kein anderer für die Kinder verantwortlich sei. Hier trennten wir uns zum ersten Mal, mit einem Schmerz, der uns den Hals zuschnürte.

Einen Monat später kam der Bescheid. Der Oberstleutnant der Gendarmerie teilte uns die unabwendbare Tatsache mit, dass meine Mutter und ich ins Ghetto gehen müssten. Mein Vater hätte bleiben können, aber er blieb felsenfest in seiner Entscheidung und ging mit uns. Denn wie hätte man es sich anders vorstellen können, als dass die Familie zusammen bleibt.

Die wahren Freunde besuchten meinen Vater. Sie boten sich in dieser Notsituation an, uns unter großen persönlichen Opfern zu helfen. Eine Familie schlug uns vor, dass sie uns im Keller ihres Weingartens verstecken könnte. Obwohl mein Vater schon wusste, dass die Deutschen den Krieg verlieren würden, weil wir im Juni 1944 die Nachricht über die Landung in der Normandie gehört hatten, war der Zeitpunkt, an dem der Krieg zu Ende geht, noch unsicher. Mein Vater wagte es nicht, das Leben seiner guten Freunde aufs Spiel zu setzen, denn damals war das Netz von Spitzeln und Spionen überall aktiv. An allen Ecken und Enden verkündeten Unmengen von Plakaten, dass diejenigen «Arier», die den Juden helfen und ihnen eine barmherzige Hand reichen, ebenfalls das Schicksal der Juden teilen würden.

Am Tag vor der Deportation standen die Patienten meines Vaters vom Anfang der Straße bis zu unserem Haus in langen Reihen, um sich von ihm zu verabschieden. Mein Vater, der Arme, war kaum mehr in der Lage, die Abschiednehmenden zu empfangen. Er war um Jahrzehnte gealtert. Während dieser Zeit packten wir, meine Mutter und ich, die Kisten. Am Abend wurde auch schon der Strom in unserem Haus abgeschaltet, und so saßen wir nach dem leichten Abendessen bei Kerzenlicht zu dritt um den runden Tisch. Mein Vater und meine Mutter saßen einander gegenüber und ich zwischen ihnen.

In der Mitte des Tisches mit seiner volkstümlich gemusterten Tischdecke lag in einem sauberen Aschenbecher eine Spritze. Die atemlose Grabesstille verkündete Unheil. Mein Vater blickte zu meiner Mutter und diese zurück zu meinem Vater. Dann fing mein Vater an, leise, schleppend die Worte vorzutragen, die er uns mitteilen wollte. Daran, wie er es begann, kann ich mich nicht mehr genau erinnern, denn mein ganzer Körper wurde von einem ungewohnten Zittern ergriffen. Mein Hirn vernahm nur das Wort «Verhängnis», und wenn ich meine Zustimmung zur Spritze geben würde, dann würden wir alle einschlafen und zusammen bleiben und uns würde keine unsichere Hoffnungslosigkeit erwarten. Ich antwortete aber energisch, fünfzehnjährig, wie ich nun mal war, mit aller Kraft des Wunsches zu leben, mit «Nein». Daraufhin sagte mein Vater:

«Wenn Du leben möchtest, dann müssen auch wir weiter leben, wir können Dich ja nicht alleine auf Dich selbst gestellt lassen.»

*

Nach diesem Vorfall schlich sich der Oberstleutnant der Gendarmerie, der im Nachbarhaus wohnte, zu uns herüber, um uns mitzuteilen, dass sie nicht in der Lage wären, uns in Begleitung der Gendarmerie nach Hőgyész zu bringen. Eine Kutsche würde uns Punkt halb sieben vor unserem Haus erwarten und bei Kalaznó noch vor Hőgyész vom Weg abweichen. Er versprach meinem Vater regelrecht, dass er bereit sei, uns freies Geleit zu gewähren. Mein Vater stand trotzdem zu unserem gemeinsamen Schicksal mit dem Judentum.

In unserer letzten Nacht, bei stürmischem Regen, fuhren wir aus den Qualen der Angst durch ein Klopfen am Fenster hoch. Es war Onkel Irnák, der Amtsarzt, der uns allen drei Regenmäntel brachte als Ausrede, um uns noch einmal zu sehen und von uns Abschied nehmen zu können. Es kann aber auch möglich sein, dass er sich überzeugen wollte, ob wir noch am Leben waren.

*

Bevor wir in die Waggons verfrachtet wurden, verbrachten wir einen Tag und eine Nacht in Kaposvár unter freiem Himmel. In der Zwischenzeit tranken der Arzt von Hőgyész und seine Frau Sublimat. Ich hatte es bemerkt, weil ich gerade in der Nähe war. Ich rannte, um meinen Vater zu holen. Erschrocken bat ich ihn zu helfen, und er half vielleicht nur meinetwegen. Zu zweit führten wir eine Magenspülung durch, aber es war nichts mehr zu machen, denn Tante Ilonka ist sofort gestorben und bei Onkel Lajos trat eine Niereninsuffizienz auf. Er ist noch in derselben Nacht verschieden. Am nächsten Tag wurden wir einwaggoniert.

Mit 80 anderen, von Unsicherheit zermürbten Menschen kamen wir in einen Waggon. Unter ihnen waren Tante Olga und die Kleinen. Mein

Vater war als Arzt mit dem Armband des Roten Kreuzes im Waggon. Er brachte vorsorglich viele Zitrone-Tabletten mit, um den Durst zu lindern. Das Armband hatte er aber vergeblich um, weil er einer Frau in den Wehen nicht helfen konnte. Denn ohne Wasser war es ihm unmöglich, die Entbindung durchzuführen. Sie sind beide gestorben, und so fuhren wir zusammen mit den Toten eingesperrt weiter. Onkel Imre Fried, der Lederfabrikbesitzer von Simontornya, ist unter der Wirkung der Ereignisse dem Wahnsinn verfallen. Dazu kam noch eine weitere traurige Geschichte. Ich kämmte gerade meine langen Haare, als mich ein Soldat durch ein kleines Waggonfenster eines Militärzuges auf dem Schienenpaar gegenüber erblickte. Er kann vielleicht ein Rumäne oder Türke gewesen sein, ich weiß es nicht, weil er mich in einer fremden Sprache fragte, wo wir hingebracht würden. Ich legte meinen Finger auf den Mund und sagte kein Wort, aber in dem Moment haben wir schon gehört, dass der Soldat aus dem Zug geholt wurde. Seinem Wehgeschrei nach müssen die SS-Männer begonnen haben, ihn zu schlagen. Danach öffneten sie auch bei uns die abgeriegelte Waggontür und forderten die Leute auf, mich auszuliefern. Ich wurde schnell auf den Boden gedrückt und verkroch mich unter dem Gepäck. Die 80 Leute schwiegen «komplizenhaft» und verrieten mich nicht. Deshalb bekam der ganze Waggon eine Woche lang kein Wasser, nur einen Eimer trockene Zwiebeln warfen sie rein, damit wir größeren Durst bekämen.

Mein Vater verfolgte durch das Gitter die Strecke, auf der wir fuhren. Er beobachtete, wo der Zug abzweigte. Er sagte, wenn der Zug bei Krakau abzweige, würden wir vielleicht zur Arbeit nach Deutschland gebracht, aber wenn nicht, dann hätten wir ein größeres Unheil zu befürchten. Mein Vater brachte mir bei, dass ich immer sage: «*Ich will arbeiten*»*, denn solange ich arbeiten kann, lässt man mich am Leben. Das prägte ich mir gut ein. Mein Lebenswille und diese Losung – «*Ich will arbeiten*» – halfen mir in meinem kämpferischen Schicksal, das ich in den folgenden Monaten erlebte und das voller Gräuel war, aber bei dem ich auch Glück hatte.

*

* Deutsch im Original

Am 7. Juli 1944 hielt der Zug an. Man ließ uns stundenlang warten. Mein Vater erblickte aus dem kleinen vergitterten Fenster des Waggons den Schriftzug Auschwitz-Birkenau:

«Wir sind verloren!», sagte er.

An einer anderen Tafel stand der Spruch: *«Arbeit macht frei!»* *. Nach dem Lärm von Hämmern gingen die Türen der stinkenden, stickigen Waggons auf. Wie die Herbstfliegen fielen wir hinaus, schnappten nach frischer Luft. Wir atmeten auf! Im Tumult und Gedränge fiel die Brille meines Vaters zu Boden. Es war unmöglich, sie zu suchen, weil uns die Lichtstrahlen der Scheinwerfer blendeten. Dann wurde über Lautsprecher mehrmals gebrüllt, dass wir unsere Gepäckstücke in den Waggons lassen sollen, weil sie uns später gebracht würden. Männer sollen aus dem Waggon links und Frauen und Kinder rechts aussteigen. Die Alten und die Kinder würden mit Autos abgeholt, dort sollten sie einsteigen. Ich hielt Péterke und Tomika fest an der Hand und wollte mitkommen. Da fuhr mich Mama an:

«Du willst ihnen doch den Platz nicht wegnehmen, wir können auch zu Fuß gehen.» Es hat mir auch diesmal den Hals zugeschnürt, als wir von Tante Olga und den beiden Kindern Abschied nehmen sollten. Es gab keine Zeit mehr, wehzuklagen oder zu weinen ... Im nächsten Moment schon musste ich den Zug ohne Vater verlassen. Als ich hinunter gesprungen war, bückte er sich zu mir und nahm mit folgenden Worten Abschied:

«Bleib immer meine kluge, folgsame, gute Tochter, und was auch immer geschieht, bleib immer bei Deiner Mutter, sie kann arbeiten.»

Das waren seine letzten Worte, und ich verlor ihn für immer. Sie klingen selbst nach 55 Jahren noch deutlich in mir nach.

*

In Fünferreihen zogen wir los. Auf einmal kamen wir vor einen deutschen Offizier, der mit gespreizten Beinen dastand und die Leute nach links oder rechts wies. Später haben wir erfahren, dass es Mengele war, der Herr über Leben und Tod. Mich und meine Mutter wies er nach rechts. Als wir den Weg nach rechts einschlugen, erblickten wir die verzweifelte Klári

* Deutsch im Original

Popper. Sie wurde zuvor von ihrer Mutter getrennt. Ihre Mutter musste nach links und sie nach rechts. So schloss sie sich uns an. Von dieser Minute an ließen wir unsere Hände nicht mehr voneinander los und blieben bis zum Schluss zusammen.

*

Wir mussten uns nackt ausziehen und die Kleider zurücklassen. Wir durften nur unsere Schuhe mitnehmen. Wir hatten nicht viel Zeit zum Nachdenken, aber während ich mich auszog, dachte ich, die Erwachsenen dürften sich doch nicht vor den Kindern ausziehen. Diese naiven Gedanken schossen mir durch den Kopf, während wir fast binnen eines Augenblicks in einen anderen Saal hinüber getrieben wurden. In dem Moment schloss sich das riesige eiserne Tor hinter uns. Jetzt überkam mich der Schrecken und mir wurde bewusst: ich werde meine Mutter nie mehr finden! Schreiend hämmerte ich gegen die Tür. Alles war vergeblich.

In diesem Moment wurde mir blitzartig klar: Wir sind verloren! Das hat auch mein Vater gesagt. Ich bin verloren. Als ich mich von der Tür wegwandte, sah ich Klári schon kahl geschoren neben mir stehen. Mich stellte eine polnische Gefangene an die Seite. Mit einem Haarscherer schor sie meine Kameradinnen kahl. Ich konnte niemanden wiedererkennen. Die Kahlheit machte die bekannten Gesichter unkenntlich. Die Polin nahm mich erst am Schluss an die Reihe, und als sie anfing, von der Stirn aus und in der Mitte beginnend meine dichten, hüftlangen Haare zu scheren, legte sie mir ihren Finger auf die Stirn, um mich zu warnen, dass ich vernünftig bleiben soll. Das war das erste und letzte mitfühlende Augenpaar, das ich während meiner Heimsuchung und Leidenszeit sah.

Magda Sommer
Magda Sommer kam nach der Befreiung zurück nach Gyönk. Sie legte das Abitur mit ausgezeichnetem Ergebnis ab und schrieb sich 1947/48 an der Medizinischen Universität in Pécs ein. Im Jahr 1949 gab sie ihr Studium auf und heiratete. Sie hat zwei Töchter, die beide Ärztinnen wurden, und vier Enkelkinder.

Edit Kemény

DER «GUTE PFEILKREUZLER»
(Auszug)

Gegen acht erscheint ein Pfeilkreuzler und wählt zehn Frauen für die Arbeit aus. Mit Tränen in den Augen bitte ich ihn, dass er auch mich mitnimmt – ich kann doch arbeiten, selbst wenn ich klein bin. Lachend mustert er mich von oben bis unten, aber dann willigt er ein. Ich bin auch darüber schon sehr glücklich, denn alles ist doch besser, als dieses untätige Warten. Wir gehen nicht weit, in das soeben geräumte Sternenhaus auf der anderen Seite des Platzes, wo im Tor und im Hof statt Pfeilkreuzlern Polizisten stehen. Wir werden auf Gruppen verteilt, unsere muss eine Wohnung aufräumen.

Ich stehe nur in der Tür, vor Entsetzen gelähmt: aufgerissene Schränke, zerbrochenes Porzellan, alles ist aufgewühlt und durcheinander geworfen. Auf dem Boden waten wir in den zerstreuten Unterlagen – Fotos und Kleinkram knöcheltief. Langsam sammle ich die zertretenen, zerknitterten Briefe und Bilder auf. Ein kleines Kind lacht mich mit unschuldigem Lächeln an. Familienfotos, lachende Jugendliche und altmodische Alte in einem bunten Durcheinander. Wer weiß, aus wie vielen Wohnungen das hier alles zusammengetragen wurde, von wie vielen vernichteten Familien das hier die privaten Erinnerungen sind. Sie braucht niemand mehr. Wohin sind diese Leute verschwunden, wo werden sie jetzt wohl sein? Voneinander getrennt leiden sie und plagen sich irgendwo oder sind vielleicht überhaupt nicht mehr am Leben. Aber wir müssen uns beeilen. Einer der Polizisten schaut immer wieder herein, nicht dass wir hier dem lieben Gott den Tag stehlen. Manche von ihnen sprechen uns auch an.

Das ermuntert die Mädchen. Sie fangen an, die Polizisten zu bitten, sie zu entlassen. Dieses und jenes von ihnen verschwindet. Wir glauben, dass sie es geschafft hätten, aber dann kommen sie doch verlegen, mit gesenktem Blick zurück. Ein Polizist kommt auch zu mir, und nach ein paar Worten sagt er, ich soll ihm oben ein Bad einlaufen lassen, dort auf ihn warten, danach würde er mich freilassen. Lange grüble ich: Soll ich gehen? Soll ich nicht gehen? Was er wohl mit mir vorhaben kann? Es wäre schön, wieder frei zu sein, aber zu welchem Preis? Es kann ja auch sein, dass ich nur so zurückkommen würde wie die anderen. Wer könnte sie zur Rechenschaft ziehen, wenn sie sich dann eins ins Fäustchen lachen und nicht mehr bereit sind, ihren Teil vom Handel einzuhalten.

So bleibe ich und arbeite weiter. Bis es Abend wird, glänzt alles schon. Die schönsten Sachen im Haus werden zusammengetragen. Wunderschöne Möbel, Gemälde, Perserteppiche tauchen auf. Wir haben für einen der Hauptbanditen ein richtig kuscheliges, warmes Nest gemacht, damit er dort nach Lust und Laune leben und alles Schöne und alle Wonne im Leben unter den zusammengetragenen Sachen genießen kann.

(...)

Endlich sind wir mit der Arbeit fertig. Das hochherrschaftliche Appartment steht bereit, man braucht nur noch einzuziehen. Wir bekommen auch den Lohn dafür, wir können uns etwas zu Essen kochen. Kartoffeln, Fett, Mehl finden wir in der Speisekammer, und die Suppe ist im Handumdrehen fertig. Als wir antreten, sind wir nicht mehr so hungrig. Unsere kleine Truppe wird gezählt, elf Frauen. Sie können gehen, los! Wir werden sogar von zwei Polizisten begleitet, nicht dass wir weglaufen.

(...)

Auf halbem Weg kommt uns ein kleiner, lächelnder, blonder, junger Pfeilkreuzler entgegen. Ich hole sie schon ab, ruft er schon von Weitem und schickt die beiden anderen zurück. Wir schreiten langsam, jede in die eigenen Gedanken versunken. Plötzlich tritt er neben mich und sagt zu mir:

«Mädchen, Sie sind doch noch nicht vierzehn?»

«Sie irren sich sehr», sage ich zu ihm, «ich bin viel älter.»

«Kein Problem, aber ich bitte Sie, sagen Sie doch, dass Sie erst so alt sind», flüstert er, damit die anderen es nicht hören können.

«Warum eigentlich?», gebe ich ihm zur Antwort, und dass ich keine Lust darauf hätte, mit ihm eine Konversation zu führen. Ich hasse sie ja so sehr. Er aber gibt nicht auf:

«Ich bitte Sie, glauben Sie mir, ich will nur Ihr Bestes. Haben Sie keine Angst vor mir Mädchen, ich will Sie retten.»

Wir kommen unterdessen zu dem Haus, und als er uns hoch begleitet, sagt er immer wieder: «Entschließen Sie sich doch endlich, solange es nicht zu spät ist, und kommen Sie mit!» Mein Gott! Was soll ich tun? Ich denke darüber nach, ob ich ihm denn vertrauen kann, er ist ja auch nur ein Pfeilkreuzler wie die anderen. Wer weiß, was er von mir will? Ich habe aber nicht viel Zeit zum Nachdenken. Die anderen verschwinden hinter den Türen, und ich stehe nur stumm da. Ich zögere.

Da nimmt er mich bei der Hand, ohne ein Wort zu sagen, und führt mich weiter die Etagen hoch, die Korridore entlang, und ich folge ihm unbewusst, wie im Traum. An einer Tür bleibt er endlich stehen, drückt mir die Hand und lächelt mir ermutigend zu. «Haben Sie keine Angst!», flüstert er mir zu, und schon bringt er mich hinein.

Durch den Flur kommen wir in eine geräumige Diele, und vor Überraschung kann ich kein Wort herausbringen. (…) In diesem verödeten, trostlosen Haus, wo Hunderte hinter verschlossenen Türen stöhnen und weinen, seufzen und wehklagen und darauf warten, dass sich ihr Schicksal erfüllt, hier also ist ein Ort, wo von all dem gar nichts zu spüren ist. Wo es nur Lächeln gibt und Geplapper, Spiel und Ruhe. Zwölf Kinder unterschiedlichen Alters sind hier, auch einige ganz kleine zusammen mit ihren Müttern. Alle schauen uns an. Mein Begleiter sagt zu ihnen: «Ich habe noch ein kleines Mädchen zu Euch gebracht, nehmt sie mit Liebe auf.»

Sie umschwirren mich, bieten mir etwas zu Essen an. Alle reden durcheinander, fragen mich nach meinem Namen und woher ich gekommen bin. Und sie erzählen fortwährend, dass ihnen niemand hier etwas antut. Die guten Onkel Pfeilkreuzler brächten ihnen Lebensmittel und Spielzeug. Bald würden sie vom Roten Kreuz abgeholt und von hier weggebracht.

(…)

Am nächsten Morgen weckt uns ein großes Rein und Raus. Türen werden zugeschlagen, Schreie, grobes Schimpfen, Gebrüll sind vom Korridor zu hören. Als würden alle entflohenen Teufel der Hölle da draußen herumrasen. Erschrocken und schweigend kuscheln wir uns aneinander. Wir wagen es nicht einmal, uns zu rühren. Die Minuten vergehen mit quälender Langsamkeit, der Krawall entfernt sich allmählich, und es wird leiser. Dann legt sich bald Stille auf das Haus. Später wagen wir uns hinaus, bestürzt laufen wir rauf und runter. Die Türen sind weit geöffnet, keine einzige Seele weit und breit, kein Wesen von denen, die eben noch hier wehklagten.

(…)

Auf diese Weise vergehen die Tage. Es ist schon länger als eine Woche vergangen, dass ich dort unter den Kindern bin, und niemand fragt mich, wie alt ich bin. Allerdings habe ich oft Angst, wenn fremde Soldaten, Pfeilkreuzler kommen. Sie mustern uns und werden wohl ihre Zweifel haben, aber ich scheine doch nicht älter auszusehen. Und tatsächlich, ich fühle mich wie ein Kind, ebenso wie die anderen. Und es ist so angenehm, nicht nachzudenken, zu grübeln, nur zu vertrauen und zu hoffen und an die Rettung zu glauben.

Zwischendurch wird das Haus mehrmals gefüllt und wieder geräumt, das höllische Schauspiel wiederholt sich immer wieder. Es kommt vor, dass die Spürhunde auch bei uns herein trampeln, schreien, das Gewehr auf uns gerichtet, mit mörderischen Blicken, betrunken von der eigenen Macht. Aber wir sagen dann unsere magischen Worte, dass wir, bitte schön, die Kinder des Roten Kreuzes sind, und dann scheren sie sich weg. Dann, wenn es wieder still wird, seufzen wir auf und fahren fort, womit wir eben aufgehört hatten.

Im Laufe der Zeit kommen immer mehr Kinder dazu. Fast jeden Tag sind wir ein Schicksalsgenosse mehr. Es wird zur Regel, dass unser «guter Onkel» und noch ein, zwei von den anständigeren Pfeilkreuzlern immer wieder ein Kind aus dem aktuellen Transport herausstehlen. Sie bringen sie schnell die Etagen hoch und drücken sie durch die Tür zu uns hinein. Es kommt vor, dass sie eine junge Frau mit Kind auf dem Arm aus der Gruppe herausgreifen und ihnen bei uns Zuflucht gewähren. Es gibt jetzt nichts mehr in Hülle und Fülle, alles wird knapp, auf einem Bettlager schlafen wir schon mal zu dritt, dennoch nehmen wir jeden Neuankömmling mit Liebe auf. Wir trösten ihn, wischen ihm die Tränen ab und teilen alles mit ihm.

(...)

So naht der 6. Dezember. Mit großer Aufregung erwarten die Kinder den Abend, weil ihnen versprochen wurde, dass der Nikolaus auch bei uns vorbeikommt. Den ganzen Tag haben wir geputzt, gewaschen, gebügelt. Wir bringen die Kleineren in Ordnung, ziehen sie schön an, kämmen sie. Die Mehrheit der Kinder besitzt, wie ich, nur das eine Kleid, das sie gerade tragen. Aber im Haus, das sich bis jetzt als eine unerschöpfliche Speisekammer erwiesen hat, finden wir auch jede Menge andere Sachen; Sachen, die weniger wertvoll sind, denn alle Dinge von Wert wurden schon längst weggetragen. Aber uns ist auch so alles sehr nützlich – ein Nachthemd oder irgendwelche andere Unterwäsche, ein kaputtes Handtuch, Decken und alte Kleider; all das können wir sehr gut gebrauchen.

Hübsch herausgeputzt und still wartet die kleine Kinderschar, und dann geht die Tür auf; im roten Mantel, mit einem langen weißen Bart erscheint der Nikolaus. Die Kleinen empfangen ihn mit großem Jubel. Wir Älteren erkennen sofort, dass es unser «guter Onkel» ist, aber die Kleinen ahnen freilich nichts. Sie tragen ihm ein paar kleinere Gedichte vor und singen. Dann verteilt der Nikolaus mit seinen Begleitern die Geschenke. Jedes Kind bekommt ein paar Bonbons und Kleingebäck. Wer weiß, wo sie das hernahmen, aber diese wenigen Männer haben bewiesen, dass unter ihrer Pfeilkreuzler-Uniform ein mitfühlendes menschliches Herz schlägt. Sie haben dieses kleine Fest initiiert und veranstaltet, um Freude und Trost zu bringen und ein Lächeln hervorzuzaubern. Wir sind wieder glückliche und sorglose Kinder, und für kurze Zeit können wir die schreckliche Tatsache vergessen, dass wir Waisen sind.

(…)

Es fängt an, wie so oft. Gerenne, Geschrei, Getrampel von Stiefeln, und wir warten in atemloser Stille. Plötzlich wird die Tür aufgerissen und vier, fünf Gewehrläufe richten sich auf uns …

Edit Kemény

Edit Kemény war Mutter von sechs Kindern. Ihr ganzes Leben lang übte sie physische Arbeiten aus. In den letzten Jahren schrieb sie Tag für Tag, dokumentierte, was ihr geschehen war. Um Zeugnis abzulegen, lernte sie – mit fast 80 Jahren –, wie man mit dem Computer umgeht. Ihre Lebensgeschichte veröffentlichte sie für ihre Familie und Freunde in einem Buch («Kemény évek» [Harte Jahre], (Papirusz Book Kiadó)). Sie starb 2006 mit 81 Jahren.

Márta Kaiser

AUS DEM KAFFEEHAUS HADIK IN DIE GOLDBERGER FABRIK

So viele Menschen es gibt, auf so unterschiedliche Art und Weise erleben sie denselben Moment der Geschichte – oft sogar, wenn sie in ein und demselben Haus wohnen. Wovon könnte wohl all das Erlebte abhängen? Zum Teil davon, in welcher Ecke des Raumes wir uns aufhalten, wenn «es oben im Himmel donnert». Oder vielleicht auch vom Charakter der Menschen, in deren Kreis wir aufwachsen, welche Leute im entscheidenden Moment mit uns zusammen waren und wie sie auf die erschütternden, aufeinander folgenden Schläge der Umgebung reagierten. Vor allem aber hängt es wohl davon ab, welche Leute es sind, die uns diese Schläge geben, und in welchem Alter und in welchem Zustand unserer Seele wir gezwungen sind, diese brutalen Schicksalsschläge zu ertragen. Unser Leben hängt darüber hinaus, vor allem im Krieg, vom Glück ab. Márta Kaiser hatte Glück: Sie musste nicht in ein Konzentrationslager und überlebte die Judenverfolgungen. Ihre Geschichte ist die Geschichte der Flucht und der Illegalität. Nach dem Krieg hieß es in der Beurteilung der deutschen Beamten, die ihr eine kleine Wiedergutmachung zusprachen, «sie nahm das Schicksal ihrer Religionsgenossen nicht auf sich ...» In den unvorhersehbaren Momenten des Sich-Entscheiden-Müssens weiß aber niemand, was man auf sich nimmt und was nicht ... Márta Kaiser's Lebenstrieb sagte ihr, dass sie den Nazis nicht trauen und dass sie sich ihnen nicht komplett ausliefern darf. Sie hatte gute Chancen, damit durchzukommen, weil ihre Erscheinung nichts über ihre jüdische Herkunft verriet: ihre Gesichtszüge entsprachen sogar dem «arischen» Schönheitsideal. Kurzum: sie war ein hübsches junges Geschöpf und verließ sich auf das Glück, das ihr treu blieb.

Mein Großvater väterlicherseits, Adolf Kaiser, wurde 1874 in Tótvázsony geboren. Um seine grobe Stiefmutter loszuwerden, floh er als heranwachsender Junge zu Fuß nach Budapest.

Der Junge hatte nichts in der Tasche als eine schöne Stimme und eine attraktive Erscheinung. Da er keine bessere Idee hatte, begann er, in den Höfen der Pawlatschenhäuser* zu singen. Als Gegenleistung für den «Kunstgenuss» warf ihm das dankbare Publikum in Zeitungspapier gewickeltes Kleingeld hinunter.

Sein Bruder Ede, der damals schon als Kellner in Budapest arbeitete, konnte das nicht mit ansehen und empfahl ihn in einem Restaurant. So fing die Laufbahn meiner Familie im Gaststättengewerbe an. Großvater war ein ungelernter, armer Mann. Aber er begann, sich für das Gaststättengewerbe zu interessieren, und mit Fleiß und unter großem Verzicht sparte er so viel Geld, dass er davon mit der Zeit eine Art Kaffeehaus-Garküche eröffnen konnte, irgendwo am äußeren Ende der Fehérvári út.

Es ist nicht bekannt, wo meine Großeltern sich kennenlernten. Jedenfalls konnten sie mit diesem kleinen Geschäft ein Familienleben auf ganz akzeptablem Niveau führen.

Sie hatten zwei Söhne. Der ältere, der 1901 geboren wurde, war mein Vater Sándor Kaiser, der schon das Abitur hatte und sogar einige Semester an der Universität in Wien in irgendeinem Wirtschaftsfach absolvierte. Der jüngere war mein Onkel Lajos, der Junggeselle blieb. Er und ich, wir mochten uns sehr.

Mein Vater hatte eine schöne Stimme und auch Ambitionen für die Schauspielerei. Aber er gründete früh eine Familie. Um den Lebensunterhalt zu sichern, musste er in das Geschäft meines Großvaters einsteigen.

Zu dieser Zeit konnte er an der Ecke der heutigen Bartók Béla út 36 einen Geschäftsraum in einem überaus vernachlässigten Zustand, aber in guter Lage erhalten, wo dann später, dank der Begabung meines Vaters, das legendäre Hadik-Kaffeehaus entstand. (Vermutlich wurde es nach der

---

* Typische Bauweise in Wien und Budapest um 1900. Bei einem Pawlatschenhaus erfolgt der Zugang zu den Wohnungen nicht über Türen im Treppenhaus, sondern über die Pawlatsche, einem von der Hofseite über das Treppenhaus aus begehbaren Korridor. [Anm. d. Übers.]

nahe gelegenen Hadik-Kaserne benannt. Heute zeigt eine Gedenktafel, wo es einst stand.) Es kamen vor allem Offiziere. Aber seine große Bekanntheit hat es den Schriftstellern zu verdanken, in erster Linie Frigyes Karinthy und seinem Freundeskreis, Zsigmond Móricz und anderen, die dort Stammgäste wurden. Sie verliehen dem Ort einen literarischen Rang. Karinthy und seine Freunde waren tägliche Besucher im Kaffeehaus. Sie wohnten beinahe schon dort.

Ich habe einen Brief von Karinthy, in dem er sich bei Großvater dafür bedankt, dass dieser in seinem Kaffeehaus einen Raum für einen Schachkreis zur Verfügung gestellt hat. Mein Großvater und er haben sich oft geneckt.

Einmal sagte Karinthy:

«Herr Kaiser, heute ist der Kaffee nicht so richtig.»

«Sie müssen zu Gebauer rüber, Herr Karinthy, dort bekommen Sie vielleicht einen besseren», antwortete Großvater (Gebauer war die Konkurrenz an der Stelle des heutigen Szeged Restaurants).

«Ich würde schon hingehen», antwortete Karinthy, «aber ich bin heute nicht so angezogen ...»

Mein Großvater, der eine aufbrausende Natur besaß, war von dieser Antwort erschüttert.

Meine Mutter hatte blaue Augen. Einmal, als sie ein blaues Kleid anhatte, schaute Karinthy sie an und fragte:

«Sagen Sie, Frau Kaiser, wählen Sie für jedes Kleid solch passende Augen?»

Ein anderes Mal kam es vor, dass Gábor Karinthy, der schöne, blond gelockte, begabte Dichter-Sohn des Schriftstellers aus erster Ehe, der sich auch im Kaffeehaus zu Hause fühlte, ruhelos zwischen den Tischen auf und ab ging. Die Kellner versuchten, ihn zu beruhigen, schlugen ihm vor, sich zu setzen und schön ruhig zu schreiben, wie er es sonst immer tat.

Gábor setzte sich dann zu Großvater und fragte ihn:

«Sagen Sie mal, Herr Kaiser, wie kann man leben, ohne das Meer zu sehen?»

«Schauen Sie, Herr Karinthy», antwortete Großvater, «ich habe das Meer noch nie in meinem Leben gesehen, aber Gott ist mein Zeuge, mir geht es dennoch gut ...»

Als ich noch klein war – so wird in der Familie erzählt –, bedeutete es für meine Eltern sogar ein Problem, ein Paar Schuhe besohlen zu lassen. Der bürgerliche Wohlstand der Familie begann, als mein Vater die ausgezeichnete Idee hatte, im Keller unter dem Kaffeehaus eine Bar einzurichten. Die Wände wurden mit Bast verkleidet, was eine angenehme Atmosphäre schuf. Am Tag vor der Eröffnung zeigte mein Vater Karinthy den Raum. Er schaute sich um und rief:

«Das ist ja wie eine Markttasche!»

Karinthys Geistesblitz war so treffend, dass diese Bezeichnung am Raum haften blieb. So wurde aus dem Lokal die Szatyorbar (Taschenbar). In Künstlerkreisen ist sie sehr beliebt geworden. János Ferencsik, Lili Muráti und andere Berühmtheiten der Zeit kamen gleich mal vorbei. Sie kamen wieder, und so blühte das Familienunternehmen auf. Vater, Mutter, Onkel, Großvater und noch etwa 20 Angestellte arbeiteten ohne Unterbrechung im Kaffeehaus. Im Rahmen der Entrechtung durch die Judengesetze wurden die Ausschankgenehmigungen für Juden eingezogen. Im letzten Moment gelang es, das gut eingeführte Geschäft zu verkaufen. Mein Vater sagte damals, dass wir ab jetzt den Gürtel erheblich enger schnallen müssten, und ich habe seitdem – bis heute – eine unterschwellige Angst, wir könnten jederzeit verhungern ... Um diese Zeit legte ich das Abitur ab.

Als ich geboren wurde, wohnten wir in der Verpeléti út – heute Karinthy Frigyes út – 24. Später zogen wir in die Bartók Béla út 36 in dasselbe Haus, in dem das Kaffeehaus und die Bar waren. Hier wohnte die Familie Kaiser in zwei Wohnungen: meine Großeltern und Onkel Lajos im Erdgeschoss und wir im dritten zusammen mit Großmutter Mezei, die Mutter meiner Mutter. Da sich meine arme Großmutter immer wie eine Alimentierte fühlte, wollte sie stets etwas Nützliches tun. So verfiel sie dem Sauberkeitsfimmel. Mein Vater konnte das schlecht vertragen, sie hatten deshalb oft Unstimmigkeiten.

Wir hatten ein seltsames Familienleben, da wir mal wegen des Kaffeehauses, mal wegen der Bar stets auf den Beinen waren. Mein Vater und mein Onkel teilten die Geschäftsführung unter sich auf. Auch meine Mutter leistete ihren Teil an der Arbeit. Jeden Vormittag verbrachte sie im Kaffeehaus. Bei uns zu Hause wurde nicht gekocht, das Essen holten wir aus dem Kaffeehaus. Aber da die Arbeit im Gaststättengewerbe eine ständige Bereitschaft erfordert, schlief mein Vater meistens tagsüber. Selten konnten wir uns zur selben Zeit an den Tisch setzen.

Ich habe einen vier Jahre jüngeren Bruder, wir lieben einander bis heute sehr. Schon als Kinder stellten wir fest, dass wir zwar unsere Eltern sehr lieben, aber einander noch viel mehr als sie.

Zur Grundschule ging ich in eine nahe gelegene jüdische Stiftungsschule, die ich sehr gern hatte. Mit meinem letzten Aufsatz, in dem ich schrieb: «Wir gehen hier weg wie die Zugvögel, die jedes Jahr zurückkommen», habe ich meinen Lehrer gerührt.

Leider ist nichts daraus geworden – das lag aber nicht nur an uns ...

Ich setzte die Schule im Veres-Pálné-Gymnasium fort, wohin mich Großvater jeden Tag begleitete. Ich war sein Ein und Alles, und selbst als ich sechzehn war, wollte er nicht darauf verzichten mitzukommen. Er war zutiefst beleidigt, als ich mich unter großen inneren Kämpfen schließlich dazu aufschwang und ihn bat, damit aufzuhören, weil ich mich vor meinen Mitschülerinnen und den Jungs schämte. Danach sprach er mehrere Tage nicht mehr mit mir, ich konnte ihn kaum versöhnen.

Zu dieser Zeit hatte ich eine große Liebe. Er wohnte im Haus gegenüber. Aber wie seine Familie war auch er ein Anhänger der Hungaristen. Das trennte uns voneinander. Die Sache hat mich ziemlich mitgenommen.

Mein Vater hätte es sehr gern gehabt, wenn ich studiert hätte. Er überredete mich, als Gaststudentin (Juden durften damals schon keine ordentlichen Studenten mehr sein) die Universität für Gartenbau zu besuchen. Mein Studienbuch hatte auch eine andere Farbe als das der anderen, und ein Abschluss war mir nicht möglich. Als ich es zum ersten Mal den Dozenten zum Unterschreiben gab, bekam ich es zurück. Auf mein Foto war ein großes «J» gestempelt.

Jetzt sah auch mein Vater ein, dass es keinen Sinn hatte, weiter dorthin zu gehen, und er willigte ein, dass ich Konditorlehrling wurde. In der Nähe, irgendwo in der Budafoki út, in einer sechzehnrangigen Konditorei, fing ich mit meiner Ausbildung an. Hier arbeitete ich bis 1943.

Später bezahlte mein Vater für mich, und so gelang es, eine Lehrstelle in der berühmten Konditorei Ruszwurm in der Burg zu finden. Hier machte ich auch meine Abschlussprüfung. Allerdings haben wir damals alles aus Ersatzzutaten zubereitet, ohne Butter, nur mit ein paar Eiern usw. Aber auch heute noch bewahre ich die gesammelten Originalrezepte, samt dem des Krémes, des berühmten Kuchens der Konditorei Ruszwurm, auf. Eine Weile bin ich auch mit dem gelben Stern zur Arbeit gegangen. Bald danach brach die Beziehung ab, weil es für sie unangenehm gewesen wäre, wenn sich jemand mit dieser «Auszeichnung» unter den Gästen bewegt hätte, und auch meinen Bewegungsspielraum haben die neuen Verordnungen immer mehr eingeschränkt.

Mein Vater und mein Onkel leisteten zu dieser Zeit – mit wenigen Monaten Unterbrechung – stets Arbeitsdienst.

Als die Deutschen einmarschierten, erkannte ich die eigentlichen Gefahren der Situation nicht. Ich dachte naiv, die Sache ist doch nicht so tragisch: wir sind gesund, wir werden vorübergehend bei den Deutschen arbeiten – der Krieg kann nicht mehr lange dauern …!

Wir lebten davon, dass meine Mutter eine Garküche am Múzeum körút unter dem Namen eines Christen leitete.

Bald trat die Verordnung in Kraft, aufgrund der alle Juden innerhalb kurzer Zeit in Häuser ziehen mussten, die mit einem gelben Stern gekennzeichnet waren. Obwohl in unserem Haus in der Bartók Béla út viele Juden wohnten, konnten es die anderen Bewohner so einrichten, dass das Haus keinen Stern bekam, sondern die jüdischen Familien dort ausziehen mussten.

Der Termin war bald abgelaufen, und wir hatten noch keine Ahnung, wo wir hingehen sollten. Wir hatten keine Männer mehr in der Familie, mein Bruder war noch ein Kind. Zu dieser Zeit versuchte meine Mutter, Selbstmord zu begehen. Sie wollte aus dem Fenster springen, ich habe sie zurückgezogen.

Durch einen besonderen und glücklichen Zufall ergab es sich im letzten Moment, dass eine befreundete Familie, die Haymanns, sich anboten: Sie teilten mit uns ihre Wohnung in einem Sternenhaus in der Visegrádi utca 38/b. (Wer konnte, suchte sich Bekannte als Mitbewohner, wenn er nicht wollte, dass Fremde bei ihm eingepfercht wurden.)

Zu sechst zogen wir hin: meine Mutter, die beiden Großmütter, eine zuckerkranke alte Tante, mein Bruder und ich. Das war eine Wohnung mit zwei Zimmern, Diele und einem Dienstmädchenzimmer. In dem einen Zimmer wohnte die dreiköpfige Familie Haymann, in dem anderen Zimmer meine Mutter, mein kleiner Bruder und ich und in der Diele die drei Alten.

Die einzige Möglichkeit, sich zurückzuziehen, stellte das Dienstmädchenzimmer dar. Hier lernte ich manchmal Englisch mit dem Sohn der Nachbarsfamilie, der Schüler der Rabbinerschule war. Wir haben uns ineinander verliebt, aber die Umstände haben uns dann getrennt.

Die neuesten Plakate erschienen, wer wohin und wann einrücken soll, nachdem all die erwachsenen Männer schon längst eingezogen worden waren. Ich kann mich heute noch erinnern, mit welch einer naiven Freude ich mich samt Rucksack im Spiegel des Badezimmers bewunderte. Ich strich noch einmal über mein Haar und freute mich, dass ich mich nun endlich aus diesem erzwungenen Eingesperrtsein befreien konnte. Ich würde in Deutschland gut arbeiten und dafür dann auch geschätzt. Ich wollte möglichst bald los.

Ich hatte übrigens viele Verehrer, die Jungs flogen auf mich. Minuten bevor ich losging, kam einer von ihnen, Dr. György Balázs, mit der Nachricht, dass diejenigen, deren Väter Arbeitsdienst leisteten, nicht einrücken müssten: Ich solle bloß nicht losgehen! So bin ich geblieben.

Ich bekam auch Arbeit, weil unser Gastgeber Imre Haymann, ein unentbehrlicher technischer Leiter in der Goldberger Fabrik – die für die Kriegsindustrie produzierte und deshalb eine Ausnahmesituation genoss –, mich dort als Weberin unterbrachte. Onkel Imre und ich gingen jeden Tag zu Fuß von der Visegrádi utca zum äußeren Ende der Budafoki út. Die Arbeit war schwer, besonders wegen des höllischen Lärms, aber die Arbeiterinnen nahmen mich gut auf. Nie bezeichneten sie mich als Jüdin ... Oft schliefen wir dort in einer Art Lager, weil wir wegen der Bombardements nicht immer nach Hause gehen konnten. Dafür bekamen wir Lebensmittelmarken extra, so dass ich meiner Familie auch etwas zukommen lassen konnte.

Während der Machtübernahme von Szálasi zeigten die antisemitischen Bewohner des gegenüberliegenden Hauses in der Visegrádi utca unser Haus unter irgendeinem Vorwand an, und es wurde von den Pfeilkreuzlern besetzt. Sie ließen uns alle das Gepäck packen, soviel wir mitnehmen konnten, und gaben das Kommando zum Antreten in den Luftschutzkeller. Dort führte eine Pfeilkreuzler-Hebamme in der Gesellschaft eines Rot-Kreuz-Ansteckers, eines notdürftigen Untersuchungstisches und einer Waschschüssel voll mit kaltem Wasser an den Frauen eine «gynäkologische Untersuchung» durch: Sie suchte nach Wertsachen, die diese in ihrem Körper versteckt haben könnten. Erschrocken bat ich sie, mich zu verschonen, weil ich noch ein Mädchen sei. Sie lachte mich harsch aus. Dann beschimpfte sie mich, dass ich in diesem Alter noch Jungfrau bin, aber sie ließ mich in Ruhe.

Nach diesem Vorfall wurden die alten Frauen ins Ghetto gebracht. Meine Mutter, meine Gastgeberin Frau Haymann und ich mussten eine Adresse angeben, wohin wir ziehen werden, weil wir das Haus zu verlassen hatten. Frau Haymann fiel eine Familie in der Lehel utca ein, wohin uns ein Pfeilkreuzler begleitete und wo wir zum Glück auch aufgenommen wurden.

Mein Verehrer György Balázs, der mir früher vom Einrücken abgeraten hatte, fand mich auch hier und bot uns Blanko-Ausweise an. Wir füllten sie dann auch unter den Namen Frau Sándorné Orbán, Márta Orbán und – ich weiß nicht mehr unter welchem Namen – einen für Tante Piri Haymann aus. Wir gaben uns als Flüchtlinge aus Siebenbürgen aus und auf eine Zeitungsannonce hin meldeten wir uns als Bettgeherinnen in die Ein-Zimmer-Küche-Wohnung einer alten Frau in der Szövetség utca 2. Anfangs gab uns die Hauswirtin auch zu essen, und aus diesem Grund wären wir von ihr beinahe entdeckt worden. Es gab nämlich Nudeln mit Weißkohl zu Mittag, und ich bat sie um etwas Zucker.

«Zucker?», fragte sie mit weit geöffneten Augen. «Mit Zucker essen es nur die Juden!», sagte sie. Wir redeten uns irgendwie raus, aber wir zitterten immer davor, dass sie Verdacht schöpfen könnte.

Wegen des Geschützfeuers und weil die Bombardements immer häufiger wurden, konnte man nicht mehr in der Wohnung bleiben. Wir wagten es nicht, darum zu bitten, dass auch wir in den gemeinsamen Keller gehen dürfen. So richteten wir uns in einem Verschlag im Kohlenkeller ein Lager ein. Vom Schmutz bekam ich allerlei Abszesse.

Wir waren sehr hungrig. Im Nachbarverschlag gab es eine kleine Speckschwarte. Es gelang uns, sie mit einer Stricknadel in unseren Kellerteil hinüberzuziehen. Der Speck war ein Schatz, und sein Besitzer hat ihn auch dementsprechend gesucht. Daraus entstand ein großer Wirbel, und wir hatten nur vor Augen, wie wir den Speck wieder loswerden konnten. Es hat uns viel Mühe gekostet, die Sache ins Reine zu bringen.

Im Januar marschierten die Russen ein. Die Großmütter überlebten die Hölle im Ghetto irgendwie, aber mein Vater und Onkel Lajos sind in Deutschland gestorben. Wir konnten nicht einmal ihre Spuren wiederfinden, obwohl wir sie durch das Rote Kreuz und auf allen möglichen Wegen suchen ließen.

Mein kleiner Bruder fand uns in der Szövetség utca. Wir packten unsere Siebensachen in eine flache hölzerne Wanne, banden einen Strick darum, spannten uns davor und stemmten uns dem freien Leben auf den schneebedeckten, holprigen Straßen entgegen.

Meine Mutter konnte ihre Depression nicht überwinden. Nach einem missglückten zweiten und nach einem weiteren dritten Selbstmordversuch erreichte sie mit 47 Jahren den ersehnten Tod.

Sie hinterließ mir die beiden Großmütter und meinen minderjährigen Bruder. So bin ich ungebeten Familienoberhaupt geworden, ratlos in einer recht unsicheren und unfreundlichen Welt …

Márta Kaiser
Márta Kaiser arbeitete bis zu ihrer Rente als Sekretärin. Zuletzt war sie Büroleiterin bei der Zeitschrift «Esély» [Chance]. Sie wohnte mit ihrer Familie in Budapest. Durch die Arbeit ihres Mannes lebten sie einige Jahre in Indien. Sie starb 2006.

Die Geschichte wurde von Magda Kun aufgezeichnet.

Éva Rácz

ALS ICH 12 WAR ...

Vor und während des Krieges führte meine Familie ein Leben wie alle bürgerlichen jüdischen Familien in Budapest. Meine Eltern hatten 40 Angestellte und eine Näherei für Unterwäsche und Kinderkleidung in der Nefelejcs utca. Zum Unternehmen gehörte auch ein Büro mit zwei Zimmern in der nicht weit entfernten Garay utca. Für Lieferungen gab es sogar einen Pferdewagen und später ein Auto. Die Wohnung und den Haushalt hatte die Familie in der Karthauzi utca auf dem Schwabenberg, meine Eltern verbrachten aber die meiste Zeit bei der Arbeit im 7. Bezirk.

Der Haushalt auf dem Berg wurde von der Großmutter geführt, und auch ich bin unter ihrem Rockzipfel groß geworden. Ich habe alles bekommen, was die einzige Tochter einer mittelständischen Familie nur bekommen konnte: Gymnasium, Privatstunden und Schwimmlektionen – letztere kamen mir später besonders zu Gute.

Mein Vater hatte einen großen Freundeskreis, eine richtige Bohème-Gesellschaft. Ich habe öfter gehört, wie er die Namen József Kola, Jenő Rejtő und Rezső Seress erwähnte.

Am 19. Mai 1944 marschierten die deutschen Truppen in Ungarn ein. Meine Eltern hatten am 20. Mai ihren 17. Hochzeitstag, den sie gerade feiern wollten. Die Feier fiel natürlich aus, und mit meinen zwölf Jahren verstand ich plötzlich, wie brenzlig die Situation war!

Die Näh- und Stickmaschinen mussten bei nichtjüdischen Angestellten untergebracht werden, und in die Wohnung in der Karthauzi utca zog die «ungarische Gestapo» unter der Leitung von Péter Hain ein.

Mein Vater wurde im Mai zum Arbeitsdienst eingezogen. Der Rest der Familie musste in ein «Sternenhaus» ziehen. Wir hatten Verwandte, die in so einem «Sternenhaus» in der Népszínház utca 31 wohnten. In ihrer Vier-Zimmer-Wohnung lebten wir von da an zu zwölft.

Der 15. Oktober. Vater kam vom Arbeitsdienst nach Hause. Er hatte seit seinem Weggang die Hälfte seines Gewichts verloren. Szolnok, wo er stationiert war, war von den Russen eingenommen worden, so durfte er «abtreten».

Ebenfalls am 15. Oktober, am Tag, als Horthy seine Proklamation verkündete, fuhren mehrere deutsche Panzer in die Népszínház utca ein, weil dort angeblich Schüsse abgefeuert wurden.

Wir alle wurden aus dem Haus gejagt und zum *Tattersaal* (Pferderennbahn) getrieben.

Zwei Tage lang wurden wir auf der Pferderennbahn gefangen gehalten. In dieser Zeit stabilisierte sich die Macht der Pfeilkreuzler im Land, und als wir wieder gehen durften, fanden wir das Haus in der Népszínház utca zerschossen vor. Auch Vater musste zurück zu seiner Kompanie.

Es sprach sich herum, dass in der Vadász utca Schutzbriefe verteilt wurden. Schlangestehen, Gedränge, Angst, und dann endlich hatten wir den schweizerischen Schutzbrief in der Hand!

Damit durften wir in ein «geschütztes Haus» in der Tátra utca 47 einziehen. Wir schliefen zu siebzehnt in einem Zimmer, aber wir hatten Hoffnung!

Anfang November. Bewaffnete Pfeilkreuzler-Flegel kamen ins Haus. Sie randalierten auf dem Hof. (Das Haus bewohnten nur noch Alte und Kinder. Die Männer waren beim Arbeitsdienst.) Die Frauen bis zum vierzigsten Lebensjahr waren schon zuvor auf dem Sportplatz des KISOK-Vereins versammelt und von dort zur Zwangsarbeit in den Westen gebracht worden. Meiner Mutter gelang es rechtzeitig davonzulaufen, noch bevor sie über die Grenze verschleppt wurde.

Die Pfeilkreuzler treiben alle Kinder auf den Hof und dann hinaus auf die Straße. Dort hat man schon die Kinder aus den anderen «geschützten Häusern» zusammengetrieben. Den Tross kommandieren sie zum Donauufer. Man soll sich in einer Reihe ans Wasser stellen, Mäntel und Schuhe ausziehen. Sie fangen an, die Kinder nacheinander zu erschießen.

Die Munition wird knapp, reicht nicht für alle. Die Kinder werden zu dritt zusammengebunden, geschossen wird nur in das mittlere, es zieht dann die beiden anderen an seiner Seite ins Wasser hinab. (Was für eine schlaue Idee!)

Nicht ich stehe in der Mitte. Ich habe keine Ahnung, wer das ist. Wie in Trance bewege ich mich im Wasser. Ich habe ein dünnes Handgelenk, mir gelingt es, meine Hand zu befreien, dann meinen ganzen Körper. Ich schwimme im eiskalten, dunklen Wasser. Meistens unter Wasser, weil für die Köpfe, die aus dem Wasser auftauchen, der knappe Kugelvorrat noch ausreicht. Ich schwimme um die Wette gegen den Tod; für mein Leben. Ich habe nur die Worte meines Trainers im Kopf: Du darfst nie nach hinten oder zur Seite schauen! Immer nur nach vorne!

Am Josefstädter Ufer, in der Nähe des Boráros tér, schleppe ich mich aus dem Wasser. Zuerst mit dem einen Bein ... Ich bin so erschöpft, dass ich noch lange mein anderes Bein nicht aus dem Wasser ziehen kann, wie kalt auch immer es ist.

Morgendliche Dunkelheit, ausgestorbene Straßen. Barfuß und klatschnass suche ich Zuflucht bei den Bekannten meiner Eltern in der Gát utca. Sie nehmen mich auf, trocknen mich, «tauen mich auf». Es dauert eine Woche, bis sie mich wieder auf die Beine bringen.

Aber meine Wohltäter verstecken mehrere Juden in ihrer Wohnung, sie haben auch ein kleines Baby. Ich darf sie unmöglich in Gefahr bringen, ich darf nicht länger bleiben. Ich gehe in die Stadt, um einen besseren Platz zu suchen.

Ich finde mich im Stadtwäldchen wieder. In der Nähe des Karussells kommt mir eine Verwandte entgegen. Es stellt sich heraus, dass es unter dem Karussell eine Betonkammer gibt, dort hat sie sich versteckt.

Ich bin auch heute klein, mit zwölf war ich noch kleiner ... Für einige Zeit gäbe es vielleicht auch für mich Platz unter dem Karussell – überlegen wir uns –, aber schließlich scheint es am Klügsten, ins Ghetto zu gehen.

Das war keine schlechte Idee. Im Ghetto, in einer langen Schlange – vielleicht standen die Leute für Brot an – erkannte ich meine Mutter.

Jetzt war ich nicht mehr allein auf der Welt. Zu zweit hielten wir bis zum 18. Januar durch, dann kamen die Russen in die Stadt.

Éva Rácz
Éva Rácz lebt auch heute noch in Budapest und arbeitet als Buchhalterin. Die Geschichte wurde von ihrer ehemaligen Klassenkameradin Magda Kun aufgezeichnet.

Magda Kun

WEGE DER MENSCHLICHKEIT

Jetzt, am Anfang der Geschichte, sehe ich das Gesicht eines jungen siebenbürgischen Mädchens vor mir – eine gut gebaute Figur, ein fein geschnittenes Gesicht, ein verständnisvoller, brauner Blick, ein freundliches Lächeln, eine heitere und aufgeschlossene Erscheinung.

Sie muss wohl zusammen mit ihrer Mutter und zwei Geschwistern in den 30er Jahren nach Budapest gekommen sein, wo sie dann Arbeiterin in der Tabakfabrik wurde. Das ist alles, was ich über meine Tante mütterlicherseits weiß, und dass sie aus einer protestantischen Familie stammte. Lili – so stellte sie der Bruder meiner Mutter vor –, aber eigentlich hieß sie Ilona Csákány.

Ich weiß nicht, wo sie sich kennen gelernt haben. Eine große, jedes Hindernis hinwegfegende Liebe entwickelte sich zwischen ihnen, und Hindernisse bekamen sie genug. Das hartnäckigste von allen war der Widerstand meines Großvaters.

«Eine *Schickse* in einer jüdischen Familie!», ärgerte sich der Alte. «Das kommt nicht in Frage!», sagte er und blieb stur.

Mein Großvater war das Haupt einer jüdischen Familie des unteren Mittelstands aus dem Budapester Stadtteil Zugló. Meine Großmutter, die noch einen koscheren Haushalt führte, starb am Ende des Ersten Weltkriegs an der Spanischen Grippe. Die fünf Kinder wurden vom Großvater allein aufgezogen. Sein Wort hatte Gewicht, er hielt die Familie zusammen. Mit seinen erwachsenen Söhnen und Schwiegersöhnen traf er sich jeden Sonntagvormittag im Dampfbad. Dort besprachen sie die Angelegenheiten der Familie und der Welt.

Als junger Mann lernte er in Wien das Klempnerhandwerk. Davon konnte die siebenköpfige Familie aber hier zu Hause nicht leben. Zuerst versuchten sie es mit einem kleinen Laden, dann, an diesen angeschlossen, mit einer Futtermühle. Es war ein Familienunternehmen, in das er seine Kinder schon sehr früh mit einspannte. Meine Mutter war das jüngste Kind. Als kleines Mädchen hatte sie die Aufgabe, auf den Wagen zu springen, der mit den mit Mahlgut gefüllten Säcken vollgeladen war, und den Männern zu helfen, die Säcke auf die Schultern zu heben.

Sie war schon eine junge verheiratete Frau, als ihr Bruder sie in seine geheime Beziehung mit Lili einweihte. Aus Mitleid mit den Verliebten sprach sie beharrlich auf Großvater ein, bis der Alte schließlich nachgab, bis heute weiß man nicht, wie sie es anstellte ...

Er tat gut daran! Lilike erwies sich als Segen der Familie, und die beiden Frauen liebten einander und halfen sich gegenseitig bis zu ihrem Lebensende. Später, zur Zeit der Judengesetze, wurde das Familienunternehmen auf den Namen von Lili übertragen, und ab Anfang November 1944 versteckte sie alle Geschwister ihres Mannes samt deren Familien in ihrer winzigen Ein-Zimmer-Wohnung. Wir wohnten dort zu acht, die neunte Person war ein Säugling: das neugeborene Baby von Lili und meinem Onkel.

In den Wochen nach der Geburt versteckten wir uns noch alle in dem kleinen Zimmer, als Lili die Nachricht erhielt, dass ihr Bruder, der aus der Armee geflohen war und sich seitdem in den Räumen der Mühle verkroch, von den Gendarmen gesucht wurde. In der Mühle fanden sie ihn nicht, so machten sie sich auf den Weg zu seiner Schwester.

Wir alle rannten die Treppe zum Dachboden hoch, fanden aber die Tür versperrt. So blieben wir auf dem vergitterten Treppenabsatz davor und pressten uns an die Wand, um uns zu verstecken. Ein paar Minuten später dröhnten die Schritte von Stiefeln nach oben. Vorsichtig schauten wir hinaus und sahen die Hahnenfedern herankommen. Das Herz klopfte uns bis zum Hals: Ob sie weiter nach oben kommen? Sie kamen nicht!

Als die Tür hinter den Gendarmen zuging, schlichen wir die Treppe hinunter, raus aus dem Haus auf das verlassene, unebene Gelände hinter dem KISOK-Sportplatz. Im Winter, ohne Mäntel standen wir dort herum, wir hätten jedem auffallen können. Erst, als uns Lili abholte, wagten wir es zurückzugehen. Jetzt beschloss meine Mutter, dass wir keine Minute länger hier bleiben durften.

Das letzte, große Geschenk von Lili war eine Kopie ihres Taufzeugnisses, die sie meiner Mutter zum Abschied in die Hand drückte. Vielleicht könnten wir es mal brauchen.

Aber wohin jetzt? Es dämmerte schon. Wir gingen in die Stadt, vielleicht versteckt uns jemand. Den ersten Bekannten, der uns sein eigenes Bett für die Nacht überließ – ich kann mich erinnern, es war noch warm, als meine Mutter und ich uns hineinlegten –, mussten wir am nächsten Morgen verlassen, weil auch dieser Familie einiges zur Last gelegt werden konnte.

In der Nähe unserer alten Wohnung suchten wir nach Bekannten. Es gab da eine Familie, die eine Schneiderwerkstatt in einem der Geschäftsräume in unserem Haus besaß. Sie kannten uns gut. Die Schwester der Frau war unsere Hausmeisterin. Dort klingelten wir. Es war nur ihre zwanzigjährige Tochter Juci zu Hause. Sie nahm uns auf und fing sofort an zu überlegen, wie wir uns «legalisieren» könnten. Von ihr erfuhren wir, dass im Gebäude der Redoute eine Behörde eingerichtet worden war, wo Flüchtlingen aus Siebenbürgen eine Art Personalausweis ausgestellt wurde. Lebensmittelmarken bekam man auch dazu und das Recht sich anzumelden! Welch ein Glück es war, dass Lilike aus Siebenbürgen kam und nur ein paar Jahre älter war als meine Mutter!

Juci begleitete uns zur Redoute. Dort erzählte sie, wir seien ihre Verwandten aus Siebenbürgen. Während der Flucht hätten wir alle Papiere verloren, nur ein Taufzeugnis sei uns geblieben. Wir hatten Glück. Die Geschichte klang glaubwürdig, und auch das Taufzeugnis konnte überzeugen. Der Ausweis wurde meiner Mutter auf den Namen der ledigen Ilona Csákány ausgestellt, ich wurde darin als ihr uneheliches Kind Magda Csákány eingetragen. (Ich bewahre dieses wertvolle Papier noch heute auf.) Wir mussten unseren neuen Namen und die neuen Personalien lernen und auch, dass ich von diesem Zeitpunkt an ein vaterloser Bankert war. Ich kann mich erinnern, dass meine Mutter laut unseren Papieren 1906 in Nagyborosnyó geboren wurde. (Eigentlich hieß sie Frau Kramer Béláné und wurde 1910 in Budapest geboren.)

Erst nach dem Krieg erfuhren wir, dass der Bruder von Juci – der Zivilangestellter im Hauptquartier der Deutschen war – einige Wochen zuvor die deutschen Soldaten in unser Haus gebracht hatte, wo sie ein schreckliches Massaker anrichteten.

Wir waren in der Höhle des Löwen, und wie seltsam es auch immer ist, die Schwester des Löwen war es, die uns geholfen hat.

Wir suchten ein Zimmer in Buda, wo uns niemand kannte. Eine Bekannte empfahl eine Freundin, die Geld brauchte und ein Zimmer zu vermieten hatte und nicht viel fragte. So kamen wir als Untermieter in das Haus in der Attila utca 10.

Unser Zimmer war bitterkalt, von Heizung konnte keine Rede sein. Wenn wir nicht gerade in der Nähe um erfrorenen Kohl oder Kartoffeln Schlange standen, dann waren wir gezwungen, uns ins Bett zu legen. Im Zimmer gab es ein einziges eisernes Bett, und der größte Luxus, den uns unsere Hauswirtin anbieten konnte, war eine Wärmflasche, die wir ab und zu mit heißem Wasser füllten. Die Drahtmatratze war ausgeleiert, so sind wir beide in die Mitte gerollt. Auf diese Weise bekamen die Füße von uns beiden etwas von der Wärme der Flasche ab.

Gegen Weihnachten begannen die russischen Kanonen, vor der Grenze von Buda zu dröhnen, und wir lauschten glücklich, weil wir wussten, dass es uns das Leben brachte. Aber unsere Freude durften wir niemandem zeigen. Im Kreise der Freundinnen unserer Hauswirtin war es schick, sich Sorgen zu machen und Angst vor den barbarischen Russen zu haben. Manche haben fest daran geglaubt, dass die von Hitler versprochenen «Hilfstruppen» eintreffen würden.

In dem immer stärkeren Kanonenfeuer zersplitterten die Fenster. In der Umgebung gab es immer häufiger Einschüsse. So zogen wir, wie alle anderen auch, in die Keller hinunter.

Im Keller bekamen wir eine Bank. Darauf legten wir die drei Matratzen unseres Bettes. So hatten wir ein besseres Bett als oben in unserem Zimmer. Am Ende der Kellerreihe befand sich die ehemalige Waschküche. Die Frauen kochten hier, wenn sie etwas zum Kochen und wenn sie Wasser hatten. Irgendwo, zwei Straßen weiter, gab es einen Brunnen. Meine Mutter brachte das Trinkwasser von dort, oft bei Kanonenfeuer. Um uns zu waschen, ließen wir schönen frischen Schnee auftauen, aus dem dann ein widerlich schwarzes Wasser wurde – wir mussten es trotzdem benutzen. An der Straßenfront im Erdgeschoss hatte jemand – niemand wusste, wer – die runtergelassenen Rollläden der Geschäfte aufgebrochen. Literweise gab es dort Kölnischwasser (sein Wert ergab sich jetzt aus seiner desinfizierenden Wirkung) und Toilettenpapier in Rollen, die jeder auf die Leitung über das Bett hängte. Es war ein lustiger Anblick.

Wir waren schon sechs Wochen in der Frontlinie. Die deutschen Soldaten, die in die Wohnungen im Erdgeschoss einzogen, erzählten, die Tunnel unter dem Burgberg seien voll mit Sprengstoff. Im Falle eines Rückzugs müssten sie das Ganze sprengen!

Was für eine angenehme Nachbarschaft! Hier half nur noch das Gebet – meinten die Mitbewohnerinnen. Und die Tonangebenden haben tatsächlich den täglichen – man könnte ihn durchaus als ökumenisch bezeichnen – Gottesdienst gehalten.

Da gab es Psalmsingen, Vaterunser, Litaneien ... an mehr kann ich mich nicht erinnern, ich selbst war nur an diesen dreien interessiert.

An diesem Punkt muss ich einen besonderen Faden in der Geschichte meines Lebens erwähnen. Er begann in der Vörösmarty utca im 6. Bezirk, in der Schottischen Grund- und Realschule der Reformierten Diözese. Damals verbrachte ich dort schon mein achtes Jahr. (Es war eine hervorragende Schule, auch heute denke ich mit Dankbarkeit daran: Viele jüdische Kinder wurden aufgenommen, die Mission bekehrte nie mit Gewalt. Zweimal in der Woche hatten wir jüdische Religionslehre, und die Beziehung war von gegenseitiger Toleranz geprägt). Ich lernte ungemein viele Psalmen und auch das Vaterunser, das wir morgens vor dem Unterricht aufsagten. Die erste Stunde war immer Bibelstunde, so konnten wir im Laufe der acht Jahre das Neue Testament ausführlich kennen lernen. Jetzt war es lebensrettendes Wissen, weil einige Frauen in der engen Gemeinschaft der Kellerwohnung unsere siebenbürgische Herkunft in Zweifel zogen. Und dann glänzte ich mit meinen Kenntnissen der Liturgie und meiner Bewandertheit in der Bibel. All das wurde gekrönt mit dem Vortrag des Vaterunser auf «muttersprachlichem Niveau». Ich glaube, dass es mir ziemlich überzeugend gelang, den Zweifel der Krisztinastädtischen christlichen Tantchen im Hinblick auf unsere Herkunft zu zerstreuen.

Aber Gefahr lauerte weiterhin, weil meine Mutter keine Ahnung hatte, was von uns erwartet wurde. Die tägliche Andacht begann damit, dass – «Magdika mit dem Psalm anfangen soll!»

Ich fing an: «Wie der Hirsch schreit nach frischem Wasser ...» Beim Vaterunser setzte ich meine Mutter mir gegenüber, damit sie die Worte von meinem Mund ablesen konnte. Die größte Gefahr bedeuteten die Litaneien, weil sie ein Teil der katholischen Liturgie sind und als solche in meiner «protestantischen Bildung» fehlten. Deshalb konnte ich mich schwer beherrschen, wenn ich die Menge der vielen weihevollen Attribute hörte, mit denen man in den Litaneien Maria benannte. Der Höhepunkt war immer ein gewisses «heiliges Gefäß», weil das in dem zwölfjährigen Backfisch, der in mir wieherte, profane Assoziationen weckte. Nur die Todesangst vermochte, dass ich mich beherrsche.

Zum Glück hatten die Deutschen keine Zeit mehr, die Sprengstofflager unter dem Burgberg aufzusprengen, und meine Mutter und ich liefen am 13. Februar zurück nach Pest.

Was danach passierte, das ist schon eine andere Geschichte.

Magda Kun
Magda Kun studierte Bibliothekswesen, war als Bibliothekarin tätig und beschäftigte sich später als Journalistin in erster Linie mit Kinderliteratur. Auch als Rentnerin nimmt sie aktiv am kulturellen Leben teil, schreibt, ediert, organisiert und gibt Ratschläge.

Zsuzsa Gábor

ROMEO 1944

Am Anfang der Geschichte soll ihr Ende stehen: Am 15. Oktober 1944, dem Tag von Horthys Proklamation, stirbt Romeo, Vater von fünf Kindern und Großvater mehrerer Enkelkinder, mit 73 Jahren in Budapest.

Der Tag begann euphorisch. Am Morgen, nach der Nachricht von Horthys Proklamation, dachten alle, dass der Krieg zu Ende ist, zumindest in Ungarn. Diejenigen, die bis jetzt lebend davonkamen, würden womöglich am Leben bleiben! Eine größere Freude als diese konnte man sich in dem Haus, das mit einem gelben Stern gekennzeichnet war, gar nicht vorstellen.

Im Erdgeschoss des großen, grauen Pawlatschenhauses im 6. Bezirk stellte jemand ein Radio ins offene Fenster, damit jeder die neuesten Nachrichten hören konnte. Ein gutgelaunter Jude ging auf die Straße und sagte dem ersten Pfeilkreuzler, der ihm entgegenkam, er soll davonrennen, weil hinter der Ecke Pfeilkreuzler zusammengetrieben werden.

Was an dem Tag in der großen Politik passierte, steht in den Geschichtsbüchern. Ich weiß nur das, was in unserem Haus passiert ist.

Am Abend, als die Nachricht verbreitet wurde, Szálasi habe die Macht übernommen, überkam uns die Verzweiflung. Im Haus wohnten fast nur Frauen, Kinder und Alte. Die fünf bis sechs Männer, die wegen ihres Alters, ihrer Invalidität oder einer anderen Krankheit nicht beim Arbeitsdienst waren, standen in dem mit Hartbrandziegeln gepflasterten Hof vor der Tür des Hausmeisters herum.

Die Männer unterhielten sich und überlegten, ob es in dieser unsicheren Situation nicht nötig wäre, eine Art Wachposten ins Tor zu stellen – vielleicht sogar mit Stöcken. Andere «Waffen» gab es im Haus ja sowieso nicht.

Es wurde dunkel. Der «Schutzengel» des Hauses, ein energischer alter Mann, kontrollierte, ob mit der Verdunkelung alles in Ordnung ist. Dann begab er sich in den Luftschutzkeller, um die Bänke und Stühle zu ordnen – es konnte ja sein, dass die Bewohner des Hauses für längere Zeit in den Keller hinunterziehen mussten.

Unser «Schutzengel» war ein weiser, kluger, alter Mann. Er war schon im Ersten Weltkrieg dabei, verfügte über reichhaltige Erfahrungen und als Drucker war er in der Gewerkschaft. So ging er in Rente. Er war glatzköpfig, dickbäuchig, mit Narben im Gesicht und von aufbrausendem Temperament. Seine Donnerstimme erfüllte das Haus, wenn jemand eine «Zurechtweisung» brauchte. Verantwortungsvoll und entschlossen ging er in den Angelegenheiten der Gemeinschaft vor. Mit seiner verständnisvollen Fürsorge konnte man immer rechnen, und seine Frau umgab er mit zärtlicher Liebe. Sie war das stille, sanftmütige Mütterchen mit dem samtenen Blick, das alle gern mochten.

Plötzlich fielen zwei Schüsse in der Dunkelheit. Einer auf der Straße und ein anderer im Hof. Durch die Spalten des Rollladens sahen einige der Bewohner deutsche Soldaten, wie sie von einem LKW herunter sprangen, und ihre «Brüder» mit dem Pfeilkreuzler-Armband, die in das Haus und in die Wohnungen stürzten. An der Nachbarwohnung traten sie mehrmals heftig gegen den Briefkasten. Das war ihre Art zu verlangen, dass man die Tür öffnet.

«Hände hoch! Alle sofort zur Toreinfahrt! Im Laufschritt!», schrieen sie auf Deutsch. Die erschrockenen Menschen hatten nicht einmal Gelegenheit, ihr kleines, im Flur immer bereitstehendes «Luftschutzgepäck» mit den allernötigsten Habseligkeiten mitzunehmen.

Aus einzelnen Wohnungen waren weitere Schüsse zu hören. Wie sich im Nachhinein herausstellte, schafften es nur diejenigen, die Glück hatten, überhaupt bis zur Toreinfahrt.

In den Wohnungen, in denen die Faschisten das geringste Zögern sahen, massakrierten sie die Menschen einfach.

18 Leichen blieben hinter ihnen im Haus zurück.

Die anderen – unter ihnen Mütter mit Kleinkindern und hilflose Alte – trieben sie mit hochgehaltenen Händen die Aradi utca, den Teréz körút entlang bis zur Schule in der Nagyatádi-Szabó utca (heute Kertész utca), die zu dieser Zeit auch von der Straße her eine kleine Tür in den Keller des Gebäudes besaß. (Seitdem ist sie zugemauert.)

An den beiden Seiten der Treppe bilden deutsche Soldaten Spalier, mit aller Gewalt treten sie jeden, der eintritt, und treiben die Menschen in einen großen, gekalkten Kellerraum. Wahllos schlagen sie jeden, gleich wo und wen, mit Sturmhelm, Gummiknüppel, Holzstücken blutig ... Sie suchen angeblich nach Waffen.

In der Tasche meines achtzehnjährigen Cousins finden sie ein Stück Neapolitaner in Papier eingewickelt. Sie wollen es ihm mit dem Papier in den Mund stopfen. Er widersetzt sich und wird vor den Augen seiner Mutter zu Tode geschlagen.

Nachdem sie sich ausgetobt haben, gießen sie Chlorkalk auf die Blutpfützen am Boden. Sie wählen aus der Menge die Männer heraus und stoßen sie in einen anderen Teil des Kellers. Aus der Richtung, in die sie verschwunden sind, sind die ganze Nacht über Schmerzensschreie zu hören. Weder lebend noch tot sehen wir sie wieder! Diejenigen, die im Raum geblieben sind, werden nebeneinander mit dem Gesicht zur Wand gestellt. So müssen sie lange Stunden mit erhobenen Händen stehen. Während dieser Zeit lassen die deutschen Soldaten, die die Aufgabe haben, sie zu bewachen, den Verschluss ihrer Gewehre rasseln. Damit zeigen sie, dass sie sie jetzt geladen haben und sofort schießen werden! Der Tod ist in jedem Augenblick anwesend.

Unter den Frauen bleibt zufällig ein vierzehnjähriger Junge. Als die Soldaten ihn entdecken, bringen sie ihn zu einem freien Wandabschnitt. In Augenhöhe zeichnen sie einen Kreis an die Wand, in die Mitte des Kreises einen Punkt. Dann befehlen sie ihm, er soll ununterbrochen auf diesen Punkt starren! Er starrt, wie er nur kann ...

Wenn die Soldaten sich ein bisschen amüsieren wollen, schreien sie den Jungen an, dass er in eine andere Richtung und nicht auf den markierten Punkt schaut, und als Strafe treten sie ihm kräftig gegen seine dünnen Beine.

Es ergibt sich aber auch eine andere «Abwechslung». Einen orthodoxen Jungen schubsen sie von der Straße herein. Auf dem Kopf hat er eine Kippa, unter seinem Hemd sehen die Schaufäden hervor. Sie verlangen, dass er zugibt, unter dem Hemd zwischen den Zizit eine Waffe zu verstecken. Während des Verhörs schlagen sie den Kopf des Jungen ununterbrochen mit einem Stuhlbein, dass es nur so dröhnt ... Dann bringen sie ihn hinaus.

Es ist wieder dunkler Abend, als die Frauen auf die Straße hinausgetrieben werden. Dort ergießt sich schon ein langer Menschenstrom, aber im Dunklen ist nicht zu sehen, wer wer ist.

Hinter der letzten Reihe fährt ein Tiger. Von Zeit zu Zeit schaltet er seine Scheinwerfer ein, gibt dröhnend Gas und alle haben das Gefühl: er überfährt uns und quetscht den Menschenstrom zu Brei.

Die Leute möchten Hals über Kopf fliehen, aber sie können nur die vor ihnen stehenden vorwärts stoßen. Sie stolpern beinahe übereinander.

«Sie treiben uns zur Donau! », verbreitet sich die Angst von Mund zu Mund.

Schließlich endet der Marsch in der Synagoge in der Rumbach Sebestyén utca. Die Leute füllen dort das ganze Gebäude, das Parterre, den Chor, jeden Platz. Es gibt nur ein, zwei Wasserhähne und dazu ebenso viele Toiletten. Innerhalb kurzer Zeit entstehen höllische Zustände. Hinter dem Thoraschrein liegen schon Leichen. Das Dach der Synagoge ist aus Glas. Wenn es jetzt zu einem Luftangriff kommt, dann ist es das Ende! Man munkelt, dass wir Geiseln sind. Was heißt das, Geisel? Es gibt nichts zu essen, niemand sagt und niemand weiß etwas. Ununterbrochene Todesangst.

Es dauert zwei Tage, dann öffnen sich die Tore und jeder kann gehen, wohin er will. Für die Deutschen wäre es unbequem gewesen, so viele Leichen auf einmal zu entsorgen ...

Während dieser Zeit zu Hause: die Tochter des «Schutzengels», der es kurz nach dem Abmarsch gelungen ist, aus der Reihe zu treten, kehrt in das große, graue Sternenhaus zurück.

Der «Schutzengel» kommt aus dem Keller hoch und fragt die heimkehrende Tochter:

«Wo ist die Mama?»

«Die Mama haben sie mitgenommen ...», antwortet das Mädchen, und bevor sie fortfahren kann, fällt der Alte um und stirbt. Er ist das neunzehnte Opfer an diesem Tag.

Die Mama kehrt – ebenso wie Júlia – zurück und findet ihren Mann tot auf.

Romeo, der «Schutzengel», war mein Großvater. Er hieß Izidor Lichter.

Zsuzsa Gábor
Zsuzsa Gábor arbeitete ihr ganzes Leben im Bereich der Wirtschaft, anfangs als Angestellte, später in ihrem eigenen Unternehmen. Sie hat zwei erwachsene Söhne und drei Enkelkinder und lebt in Budapest.

Die Geschichte wurde von Magda Kun aufgezeichnet.

Olga Sólyom

RUSSISCHE KOHLSUPPE

Mit 70 ist es schwer, davon zu erzählen, was einem mit zehn, elf Jahren passiert ist. Bei meinen Altersgenossen ist die eigene Geschichte DIE GE-SCHICHTE, großgeschrieben, selbst wenn sie den «Erlebnissen» ihrer Schicksalsgenossen mit noch so großer Empathie zuhören. Für unsere Nachkommen – denen wir sie jetzt erzählen – ist jede Geschichte wahrscheinlich nur deshalb glaubhaft, weil sie ihre Großeltern oder Urgroßeltern erzählen, die sie für glaubwürdige Menschen halten. So können vielleicht diese Geschichten nicht in Vergessenheit geraten, und dann wird unser Leben für die vielen späteren Generationen nicht «nur» als die Geschichte der Geschichtsbücher erhalten bleiben.

Meinen Vater, für den ich sein Ein und Alles, sein einziges Kind war, liebte ich abgöttisch. Ich fühle noch heute meine Hand in der seinen, wie er mich mit sechs zur Schule begleitete. Sie war zwar nicht sehr weit von uns entfernt, aber damit wir eine gute Strecke zu zweit gehen konnten, machten wir uns zeitig auf den Weg. Unterwegs erzählte er Geschichten, scherzte mit mir, wir lachten immer wieder laut auf – es war das reine Glück.

Es dauerte nicht lange. Ich war sieben, als er zum ersten Mal zum Arbeitsdienst einberufen wurde, und wir, meine Mutter und ich, am Sonntag zu ihm nach Nagytarcsa fuhren, wo wir ein bis zwei Stunden zusammen sein konnten. Wo waren die Sonntage, an denen wir vormittags Vaters Geschwister einen nach dem anderen besuchten, auch das zu zweit?

Im Jahr 1944, kurz nach der deutschen Besetzung, musste er wieder zum Arbeitsdienst einrücken. Von unserem Fenster im dritten Stock sah ich hinter ihm her, wie er in seinem Schlechtwettermantel mit einer Art Rucksack vor meinen Augen verschwand. Ich wusste, begriff: Es ist gut möglich, dass ich ihn nie wieder sehe.

Meiner Mutter und mir stand das Sternenhaus bevor. Wir sind in die Ó utca 40 gezogen, in die Drei-Zimmer-Wohnung von irgendeinem entfernten Verwandten, wo sich 20 bis 25 Leute drängten, vorwiegend Frauen und Kinder. Wir erlebten das schreckliche Gefühl des Eingesperrtseins, des notgedrungenen Beisammenseins, der permanenten Angst. Wir waren zwar Kinder, aber all das machte uns erwachsen.

Dann kam der 15. Oktober. Er fiel auf einen Sonntag, und die Arbeitsdienstler, die in Budapest waren, bekamen für einige Stunden frei. Mein Vater und ich hörten uns zu Mittag die Proklamation von Horthy an. Wir jubelten darüber, dass der Krieg zu Ende war. Dann überkam uns zwei Stunden später die äußerste Verzweiflung. Wir wussten, das ist das Ende. Meine Mutter und ich flehten Vater an, nicht zu seiner Kompanie zurückzukehren, sondern bei uns zu bleiben. Wenn sowieso schon alles egal ist, wären wir wenigstens zusammen. Er aber blieb unnachgiebig, weil ihnen gesagt worden war, dass die anderen «gezehnt»* würden, wenn jemand entflieht. Das hätte er nicht übers Herz gebracht, er ging zurück. Ich habe ihn nie wieder gesehen.

(Nach dem Krieg wurde im jüdischen Gymnasium jeden Tag darüber gesprochen, wessen Angehörige wann und wo gewesen waren und wer von da nicht mehr zurückgekehrt ist. In meinem Fall stellte es sich in der ersten Englischstunde heraus, dass der Mann meiner Englischlehrerin in derselben Kompanie wie mein Vater war. Sie gab mir die Adresse des Mannes, der von dort zurückgekommen ist. Ich habe niemandem etwas gesagt, auch meiner Mutter nicht. Allein ging ich zu ihm. Ich war elf Jahre alt. Von ihm erfuhr ich, wie mein Vater starb. Seine letzten Worte waren: «Was wird bloß mit meiner kleinen Tochter passieren». Ich wagte es nicht, zu Hause etwas zu erzählen, aber meine Mutter merkte, dass ich dauernd weinte. Dann bekam sie es aus mir heraus.)

Wir blieben also im Sternenhaus und wussten, dass die Pfeilkreuzler die Leute, die in solchen Häusern wohnten, sammelten und irgendwohin brachten. Wenn ein Auto vor dem Haus hielt, richteten wir uns her. Das bedeutete, wir zogen uns so viele Kleider an, wie wir nur konnten, weil wir wussten, dass uns alles genommen wird.

---

* «Gezehnt» bedeutet, dass jeder Zehnte ermordet wurde.

Meine Mutter, eine meiner Tanten und ihr Sohn, der anderthalb Jahre älter war als ich, bekamen einen schweizerischen Schutzpass. Damit kamen wir in das sogenannte international geschützte Lager in der Kolumbusz utca. Hier drängten wir uns in einer provisorischen Holzhütte, saßen auf dem Boden, auf Bänken, lagen herum wie die Heringe. Waschen konnten wir uns nur unter freiem Himmel bei -10 Grad mit kaltem Wasser. Alle bekamen eine Impfung gegen Typhus. Davon bekam ich 40 Grad Fieber, aber es gab keinerlei Medikamente. Ich habe es überlebt. Dass wir international geschützt waren, hinderte die Pfeilkreuzler nicht daran, das Lager zu besetzen. Sie holten die größtenteils aus Frauen, Kindern und Alten bestehende Menge, sortierten die noch arbeitsfähigen Frauen aus und brachten sie irgendwohin. Unter ihnen war auch meine Mutter. Ich blieb hier mit meiner Tante, der es gelang, sich älter zu stellen, und mit meinem Cousin, der ebenfalls noch ein Kind war. Uns trieben sie dann ins Ghetto.

Wir kamen in den dritten Stock eines schönen alten Hauses am Klauzál tér 13. Von hier aus wollte ich fast jeden Tag aus dem Fenster springen, weil ich das Gefühl hatte, dass ich ohne Vater und Mutter nicht mehr leben wollte. Meine arme Tante war ganz verzweifelt, denn nun war ja sie für mich verantwortlich. Heute weiß ich nicht mehr, wie sie erfahren hat, dass die zwanzigjährige Tochter der Schwester meines Vaters beim Internationalen Roten Kreuz arbeitete (wie sich später herausstellte, war sie in einer der Organisationen, die sich mit der Rettung von Juden beschäftigten). Sie ging zu ihr und flehte sie an, sie soll meine Mutter suchen, weil sie nicht mehr weiß, was sie mit mir anfangen soll. Ich wusste nichts davon, aber eines Nachts träumte ich, ich stehe im breiten Treppenhaus und sehe meine Mutter, wie sie die Treppe hochkommt. Zwei Tage stand ich dann den ganzen Tag Wache und am dritten Tag – genau so, wie ich es mir erträumte – kam meine Mutter!

Meine Mutter und eine Schwester meines Vaters waren in das Pfeilkreuzler-Haus am Teleki tér 5 gekommen. Es war beinahe schon ein Wunder, dass es meiner Mutter gelang, durch einen kleinen Pfeilkreuzler der Mutter meiner oben erwähnten Cousine Bescheid zu geben, und so informierte sie sie über ihren Aufenthaltsort. Meine Cousine half meiner Mutter und meiner Tante zu entkommen, und zwar so: Als Mitarbeiterin des Roten Kreuzes durfte sie den Gefangenen Lebensmittel bringen. Sie ging zuerst durch das ganze Gebäude, bis sie die beiden fand. Dann schubste sie sie unter dem Vorwand durch die Tür hinaus, dass ihr die zwei Frauen beim Hineintragen der Lebensmittelsäcke helfen sollen. Und als die beiden außerhalb des Tores waren, ist es ihnen gelungen, sich unter die Menschenmasse zu mischen und zu entfliehen. Meine Mutter kam sofort zu mir ins Ghetto, meine andere Tante wurde von einer ihrer Kundinnen (sie verkaufte Gänse auf dem Lehel-Markt) versteckt.

Danach entschieden meine Mutter und meine Tante, nicht abzuwarten, bis das Ghetto gesperrt wird. Wir mussten vorher weg, weil wir dort ganz bestimmt vernichtet würden. Es gab auch Christen, die erst zu diesem Zeitpunkt aus den Häusern des Ghettos auszogen. So stellten wir uns hinter eine Familie, die einen kleinen Wagen zog, als würden auch wir beim Schieben helfen. Dann spazierten wir durch die Csányi utca aus dem Gebiet des Ghettos hinaus.

Danach begann der Kreuzweg von fünf Wochen Untertauchen.

Nachdem wir aus dem Ghetto entflohen waren, gingen wir, da uns nichts Besseres einfiel, zurück in das Sternenhaus in der Ó utca, weil wir hofften, dass in die verlassene Wohnung noch niemand eingezogen ist und wir dort Unterschlupf finden könnten.

An dieser Stelle muss ich den Hausmeister dieses Hauses erwähnen. Er gehörte zu den seltenen Ausnahmen. Er versuchte, uns mit seinen Möglichkeiten zu helfen. Auch wenn er selbst uns nicht versteckte, konnten wir uns von Zeit zu Zeit für eine Nacht im Haus verkriechen. Er warnte uns auch, wenn Gefahr drohte. Schließlich suchte er einen Platz für uns, wo wir uns verstecken konnten.

Wir gingen also zurück. Aber der Hausmeister warnte uns, dass in die Wohnungen Deutsche eingezogen waren. Wir sollten also am nächsten Tag hier weg (soweit ich mich erinnern kann, verbrachten wir diese Nacht in einem Verschlag).

Irgendwie gelang es uns, in die Kisfaludy utca zu kommen, in das Kellergeschoss einer verlassenen Möbelfabrik, wo der Raum durch eine Etagenpritsche geteilt war und Pfeilkreuzler auf uns «aufpassten», die «freilich» von den Juden bezahlt wurden, die sich dort einquartiert hatten. Ich kann mich an einen Fall erinnern, wo mitten in der Nacht zwei bewaffnete Jung-Pfeilkreuzler plötzlich hereinstürzten und uns anschrien, dass wir für den «Hauptbruder» (den Chef) sofort 10 000 Pengő zusammenbringen sollten, sonst würde die ganze «Bande» ans Donauufer gebracht und ins Wasser geschossen. Das Geld wurde zusammengebracht. Dann, eines Tages, als die Belagerung von Budapest schon im vollen Gange war und die Stadt fast ununterbrochen bombardiert wurde, schlug eine Bombe auch in unseren Keller ein. Wir lagen auf der oberen Pritsche, und ich kann mich nur erinnern, dass ich schrie: «Mutter!». Keine Antwort. Um mich herum flog alles weg, der Putz fiel auf mich und alles zitterte. Wie sich herausstellte, schlug die Bombe in das Haus nebenan ein (die russischen Fliegerbomben zerstörten im Winkel von 45 Grad). Die Trennwände stürzten alle ein und diejenigen, die unten waren, starben alle oder wurden verletzt – nur wir vier kamen heil davon, ohne jeden Kratzer.

Am nächsten Tag wurde der andere Teil des Gebäudes, in dem wir Unterschlupf gefunden hatten, ebenfalls zerstört. So mussten wir wieder fliehen. Aber wohin? Die Lage war sehr gefährlich, weil diejenigen, die nach der Abenddämmerung auf der Straße angetroffen wurden, ohne Vorwarnung erschossen wurden. So kam es vor, dass wir uns am Abend in einer öffentlichen Toilette versteckten und davor zitterten, dass jemand hereinkommen könnte.

Dann hatte meine Tante die Idee, wir sollten eine verlassene jüdische Wohnung beantragen. Es bedurfte eines unglaublich großen Wagemuts, dass zwei Frauen mit dem Märchen zum Stadtamt gingen, sie wären vor den Russen geflüchtet. Dort nannten sie einen Ort in der Nähe von Budapest, der gerade befreit worden war. Sie wären jetzt hier mit zwei Kindern und man solle ihnen eine Wohnung geben. (Mein Cousin musste seine Mütze bis zur Nase runterziehen, damit seine roten Haare und Sommersprossen ihn und mit ihm auch uns nicht verrieten.) Und Wunder über Wunder, uns wurde eine solche Wohnung in der Aradi utca zugewiesen! Wir waren in einem schrecklichen Seelenzustand, als wir hingingen, denn einerseits wussten wir, dass wir in die Wohnung von Juden gingen, von denen niemand wusste, was mit ihnen seitdem passiert war, andererseits hatten wir Angst davor, was uns passieren könnte, wenn wir nicht hingingen und für die Nacht kein Dach über dem Kopf hätten. Wir gingen in die Wohnung in der zweiten Etage. Gepäck hatten wir kaum, wir besaßen nichts zum Heizen und wir hatten Hunger. Wir wagten nicht einmal, das Licht anzuschalten. Wir hofften, dass wir so unbemerkt bleiben würden. Dazu kam noch, dass wir vor den Bombardements höllische

Angst hatten. Wir mussten ja schon zweimal erleben, dass das Haus über uns zusammenstürzte.

Am nächsten Tag trieben uns der Hunger und die Angst vor den Bombenangriffen in den Keller – damals lebten in Budapest schon alle dort –, es komme was da kommen mag!

Trotzdem wagte sich meine Tante zwischen zwei Bombardements auf die Straße und brachte ein paar Kartoffeln mit, die sie irgendwo gestohlen hatte. Kaum hatten wir sie auf das gemeinsame Feuer gestellt, teilte uns der Pfeilkreuzler-Hausmeister, der Herr über Leben und Tod, mit, er würde uns abholen lassen, wenn wir innerhalb von einer Stunde keinen Nachweis besorgen, dass wir keine Juden sind. Wir ließen alles (auch die Kartoffeln!) stehen – und verdrückten uns. Mein Cousin und ich hielten es auch Jahrzehnte später noch für unsere schlimmste Kriegserinnerung, dass wir das heiß ersehnte Essen stehen lassen mussten.

Dann kamen wieder die öffentliche Toilette und die anderen unmöglichen Notverstecke für eine Nacht …

Schließlich half uns wieder der Hausmeister in der Ó utca. Vor dem Krieg war die Ó utca auch die Straße der Freudenmädchen. Der Hausmeister kannte eine von ihnen, die gerade ein Kind bekam und Geld brauchte. Diese Frau nahm uns dann in ihrer Wohnung in der Rózsa utca auf. Sie steckte einen mit Mohnaufguss getränkten Schnuller in den Mund des Kindes, damit das Arme nicht ständig schreit, und meistens hatte ich die Aufgabe, es in den Schlaf zu wiegen.

Jetzt erlebten wir schon die letzten Tage der Belagerung, und wir hatten endgültig nichts mehr zu essen. Als der erste russische Soldat in den Keller hinunterkam, stellte er fest: «*nemzy net*»* (das heißt: es gibt keine Deutschen), und sein Blick fiel sofort auf mich: Ich lag da in Lumpen gewickelt und sah wohl eher wie ein lebloser Kartoffelsack aus. Durch einen Dolmetscher fragte er, was mit mir passiert ist. Meine Mutter sagte ihm, ich hätte schon seit vier Tagen keinen Happen gegessen und sei so schwach, dass ich nicht aufstehen könne. Dann ging der Soldat aus dem Keller und kam mit einem Blechnapf Essen zurück – wie sich herausstell-

---

* Russisch im Original

te, handelte es sich um die russische Suppe Schtschi. Meine Mutter flößte sie mir mit einem Kaffeelöffel ein. Danach lebten wir noch mehrere Tage davon. Diese Kohlsuppe war ein wunderbares Gericht, ein unvergesslicher Geschmack. Seitdem aß ich sie in zahlreichen russischen Restaurants, war jahrelang auf der Suche nach diesem Geschmack – habe ihn aber nie wieder gefunden.

Einmal fragte ich meinen Sohn – er mag damals 16 Jahre alt gewesen sein:
«Kannst Du Dir vorstellen, was es bedeutet, zu hungern?»
Verwundert sah er mich an und erwiderte:
«Wenn ich Hunger habe, gehe ich in die Küche und nehme etwas aus dem Kühlschrank ...»
Ich sagte zu ihm:
«Gut, aber wenn es keinen Kühlschrank gibt?»
«Dann springe ich in den Supermarkt hinunter und kaufe etwas.»
Ich sagte dann:
«Schon in Ordnung, aber es gibt keinen Supermarkt, keine Straße, Du kannst nirgendwo hingehen ...»
«Mama», sagte er, «ich kann es mir nicht vorstellen!»
Da habe ich verstanden, dass das, was wir erlebt haben, unvorstellbar ist. Und eigentlich kann ich es bis heute nicht begreifen, wie wir diese Gräuel überlebten.

Olga Sólyom
Olga Sólyom wurde 1934 in Budapest geboren und wuchs in einer neologen Familie auf. Sie besuchte die jüdische Grundschule und das jüdische Gymnasium. Anschließend studierte sie an der Wirtschaftsuniversität, die sie 1957 absolvierte. Sie hat eine Prüfung in drei Sprachen, erwarb 1977 ein Zweitdiplom als «Internationale Wirtschaftsexpertin» und promovierte noch im selben Jahr. Seit 1989 ist sie Rentnerin, war eine Mitbegründerin der Gesellschaft für Ungarisch-Israelische Freundschaft und arbeitete einige Jahre für den telefonischen Notdienst «Blaue Linie», der sich um Kinder und Jugendliche kümmert.

Judit Patak

«DAS LEBEN IST SCHÖN, SOLL ICH ES DIR ERKLÄREN?»

Langenbielau, 27. April 1945, Freitag

Heute ist mein achtzehnter Geburtstag. Ich bin mit gemischten Gefühlen aufgewacht. Ein Frühlingstag mit strahlendem Sonnenschein. Draußen ist es samtig warm, und ich verfaule hier in dieser scheußlichen Baracke. Ich bin schrecklich hungrig, wie immer, ich kann es kaum erwarten, dass das Mittagessen kommt. In dieser Woche haben wir Nachmittagsschicht. Das bedeutet, dass wir unsere Futterrüben schon um halb zwölf bekommen und um eins in die Fabrik gehen. In der letzten Zeit hören wir seltener Schussgefechte, das Leben ist wieder aufs alte Gleis zurückgekehrt. Laut den «Latrinennachrichten» werden die Schlachten sehr weit von uns geführt. Man munkelt auch, dass die sowjetischen Truppen schon bei Berlin sind. Warum mieden sie bloß Langenbielau …?

Ich schlendere im Hof herum. Plötzlich bemerke ich ein paar verkümmerte Halme Unkraut. Man könnte sie auch frisches Gras oder Blumen nennen, aber sie sind eben, wie sie sind …

Ich bewundere meine neuen Schuhe. Am Dienstag, am Geburtstag meines Vaters, bekam ich sie vom rumänischen Meister. Bestimmt hat Papa sie geschickt. So gab er ein Lebenszeichen und ermutigte mich, nicht zu verzweifeln. Es kann nicht mehr lange dauern …

Es war toll, wie der Meister sie mir gegeben hat. Es war abends, gegen zehn Uhr, als er von der Maschinenstraße her – wo ihn die *«Aufseherin»** gut sehen konnte – wild gestikulierend, mit wütendem Gesicht und hoher Stimme schrie: *«Abstellen!»** Das kenne ich schon. Die Maschine muss dann abgestellt werden, obwohl sie völlig in Ordnung ist. Nach einiger Zeit erscheint er und fummelt daran herum. Dann befiehlt er mir, dass

---

* Deutsch im Original

ich sie nicht berühren soll, weil eine der Lamellen nicht funktioniert, und mit grimmigem Gesicht geht er dann weg. Und die Maschine erholt sich bis zum Ende der Schicht. Es ist nur selbstverständlich, dass auf die Maschinen gut aufgepasst werden muss, denn auf der einen weben wir ja Stoff für Gasmasken und auf der anderen für Fallschirme. In diesen Stoffen darf nicht einmal ein klitzekleiner Webfehler sein. Wenn der bellende Berliner Saalmeister mich anfährt, warum die Maschine steht, sage ich ihm immer meine Hausaufgaben auf: «Eine Lamelle funktioniert nicht.» Während dessen habe ich eine Riesenangst: Was passiert, wenn er sie einschaltet?

Auch am Dienstagabend folgte das übliche Spiel, mit dem Unterschied, dass der Maschinenmeister nach einiger Zeit wieder mit einer Menge Werkzeug unter dem Arm erschien. Er warf etwas auf das Podest zwischen den beiden Maschinen. Dieses Etwas hat laut geknallt. Er duckte sich nieder, und auf einmal waren da unter der Maschine die Schuhe. Echte Trotteurschuhe, braune Frauenhalbschuhe. Sie waren fast neu, und auch Schnürsenkel waren drin! Er schrie mich an, dass ich ihm helfen soll, und als ich mich niederduckte, flüsterte er mir zu, ich soll mir die Schuhe sofort anziehen. Ich bückte mich hinunter und zog sie an. Die Schnürsenkel konnte ich kaum zusammenbinden, so sehr haben mir die Hände gezittert. Als ich aufstand, waren meine Holzklumpen weg. Sie verschwanden zusammen mit den Werkzeugen.

Erstarrt stand ich zwischen den beiden Maschinen. Die eine lief klappernd, und die andere stand auf Befehl still. Ich konnte kaum wieder zu mir kommen. Eine komische, unerklärliche Freude kitzelte unterschwellig in mir. Am liebsten wäre ich im Maschinensaal herumgerast und hätte den Mädels zugerufen: «Schaut mal, ich habe Schuhe!» Aber es war verboten, die Maschine zu verlassen. Außerdem: Gott bewahre, dass es jemand erfahren hätte. So stand ich nur da, und langsam begannen mir die Tränen über die Wangen zu laufen.

Auf dem Heimweg merkte ich, dass meine Schuhe etwas zu weit waren, meine Sohlen kamen heraus. Blitzschnell beugte ich mich hinunter, um die Schnürsenkel enger zu ziehen.

Die Glocke, die zum Mittagessen ruft, schreckt mich aus meinem Tagtraum auf. Ich bin gerade schon dabei, in die Baracke zu gehen, als Klári kommt und mir meinen Teller in die Hand drückt. (Der «Teller» ist eigentlich eine Keramikschüssel für etwa 0,6 bis 0,7 Liter.) «Danke», sage ich und stelle mich in die Schlange. Dann gehe ich langsam zur Baracke. In der Tür bleibe ich wie vom Blitz getroffen stehen.

In diesem Raum wohnen um die 20 Frauen. Vor den auf dem Boden liegenden Strohsäcken unter dem Fenster steht ein Tisch mit einer ungehobelten Holzplatte auf zwei Böcken, um ihn herum Hocker. Auf dem Tisch steht normalerweise nichts. Jetzt aber ist er mit einem weißlichen Bettlaken bedeckt. Alle sitzen auf dem eigenen Platz und schauen mich an. Ich gehe auf meinen Platz zu, dort steht eine volle Schüssel. In meiner Hand habe ich meine. Wie kommt denn die da hin? Um die Schüssel herum 15 bis 20 belegte Brote. Kleine Scheibchen Brote, darauf Margarine, künstlicher Honig, ein Stückchen Quargel, aus der Suppe herausgefischte Kartoffelstückchen mit Pelle, eine gekochte Rübe.

Éva löst die Spannung. Sie steht auf, räuspert sich. Ihre Augen verschleiern sich vor Tränen und sie versucht, mir zu gratulieren. Wie üblich trägt sie auch ein selbst geschriebenes Gedichtlein vor.

«Jetzt soll die Geburtstagsparty beginnen!», sagt Tildi. Wir setzen uns an den Tisch, essen. Unterdessen versuche ich, aus ihnen herauszubekommen, woher sie das viele Essen haben.

Sie legen ein Geständnis ab: Von ihrer kleinen knappen Portion legten sie all das zusammen. Aber da ist die Schüssel! Noch dazu voll! Mein Gott, auch heute fange ich an zu weinen, wenn ich nur daran denke. Die Schüssel haben sie geborgt, und jede gab einige Löffel von der eigenen Suppe hinein. So wurde sie voll.

Jetzt fange ich freilich an zu heulen. «Heule nicht», sagt Zsuzsa, «schau lieber her! Jetzt kommt die Überraschung!» Und tatsächlich. Sie nimmt einen wunderschönen Trägerrock hervor. Er ist aus grauem Zeug (wir weben das auf den kleinen Maschinen, von dort haben sie es «organisiert»), mit gerafftem Rock, vorne, an der Taille mit Ziernaht, an der linken Seite mit rot und blau gestickten Initialen P. J. Handgenäht, und auch Knöpfe sind dran! Wo haben sie das alles bloß her?!

«Probier das doch mal an!», drängen sie mich. Ich zieh ihn mir an. Er passt wie angegossen. «Wie habt Ihr das gemacht?» Daraufhin verrät Zsuzsa, die in ihrem bürgerlichen Leben Schneiderin ist, dass sie von mir Maß genommen hat, ohne dass ich es merkte. (Ich erinnere mich noch dunkel, dass sie mal mit einer Schnur herumgealbert hat und mir sagte, was für eine schlanke Taille ich hätte. Dann redete sie auch davon, was für ein Kleid ich beim nächsten Ball anhaben sollte.)

Und hier, in der Tiefe der Baracke, in der grauen Wüste der Seele, entfalteten die Freude und das Lachen ihre Blüten. Die Feenfinger der Hoffnung streichelten uns über die matten Haare, die blassen Gesichter.

Wir waren jung ...

(Das Kleid bewahre ich bis heute auf.)

Judit Patak
Judit Patak wurde mit 17 Jahren am 11. Juni 1944 nach Auschwitz deportiert. Von August 1944 bis zum 9. Mai 1945 arbeitete sie als Zwangsarbeiterin in der Textilfabrik Christian Dierig in Langenbielau. Von ihrer Familie überlebte sie als einzige die Deportation. Nachdem sie nach Hause zurückgekehrt war, legte sie das Abitur ab. Dann erwarb sie ein Diplom als Gymnasiallehrerin an der Naturwissenschaftlichen Fakultät der Budapester Eötvös-Lóránt-Universität in den Fächern Mathematik und Physik. Ihr ganzes Leben lang unterrichtete sie. Sie war Großmutter von fünf Enkelkindern und starb 2009.

Júlia Gonda

EIN UNBRAUCHBARES KIND IM LAGER

«Alle unsere Geschichten sind unerzählbare Geschichten.»

Eigentlich kann man sich nicht daran erinnern ... Ich wurde mit anderthalb Jahren deportiert – zweieinhalb war ich, als ich mit meiner Mutter zurückkam. Zu erinnern begann ich mich erst, als wir nach Hause kamen. Bisweilen blitzen Erinnerungen auf (die manchmal auch wie Bilder einer Vision sind), aber wahrscheinlich nur aufgrund der Geschichten, die ich von anderen hörte, beziehungsweise jener visionsartigen Bilder, die zwar aus der tiefsten Tiefe kommen, aber dennoch aus mir heraus. Ich glaube, man erinnert sich auch an das, woran man sich eigentlich nicht erinnert. Vielleicht sind es unsere Zellen, die sich erinnern. Und wer weiß, bis in welch entfernte Zeiten zurück ...

Ich erzähle also, woran ich mich «erinnere», beziehungsweise auch das, woran ich mich nicht erinnere, aber was andere mir erzählten. Ich erzähle es, weil ich es erzählen, weitergeben muss. Das ist für uns Juden ohnehin ein inneres Gebot.

Ich bin mitten im Krieg, am 11. Januar 1943 geboren. Fast genau neun Monate, nachdem meine Mutter und mein Vater heirateten. Das und noch dazu meine Geburt müssen damals ein ziemlich kühnes Unterfangen gewesen sein! Mein Vater wurde bereits regelmäßig zum Arbeitsdienst nach Bor einberufen. Und um die Zeit meiner Geburt kam er ins Gefängnis, weil er mal in der Öffentlichkeit gesagt hatte: «Das Blatt wird sich noch wenden!» Das tat es später tatsächlich, aber er durfte es nicht mehr erleben. Von seinem letzten Einsatz beim Arbeitsdienst, ich mag ein paar Monate alt gewesen sein, kehrte er nie mehr zurück. Er könnte der Massenhinrichtung in Crvenka zum Opfer gefallen sein, als sie schon im «Gewaltmarsch» Richtung Deutschland getrieben wurden. Diejenigen, die zurückkehrten, erzählten, er soll sich oft ein Foto mit einem Baby angeschaut haben. Das war ich. Einige, denen zum Schluss noch die Flucht gelang, boten ihm an, mitzukommen, aber er tat es nicht. Aufgrund irgendwelcher Nachrichten dachte er, wir wären nicht mehr am Leben (damals schrieb Radnóti: «Oh, gibt es denn noch ein Zuhause?/ Wurde es nicht schon zerbombt? Und ist's so noch, wie einst wir's verließen?»*).

Nun, wir blieben am Leben. War das ein Zufall?

Aus dem Stadtarchiv von Makó bekam ich ein kleines Päckchen – die Unterlagen wurden gesammelt, weil meine Mutter einen Antrag auf Kriegsfürsorge gestellt hatte. Darunter befand sich eine mit Bleistift geschriebene Postkarte meines Vaters mit dem Datum vom 17. März 1944, auf der er schreibt, er freue sich, dass seine Mutter (meine Großmutter aus Budapest) zu uns kommt, um ihre Enkelin zu besuchen. Er freue sich über die guten Nachrichten von seinem kleinen Bruder (allerdings erwartete er vergeblich die versprochene Postkarte von ihm). Er prahlte damit, dass er es jetzt auch gut habe (!), weil er eine Ausgabe des *Magyar Csillag* [Ungarischer Stern] bekommen konnte (es sei nämlich nicht so interessant, immer nur *A szellem hétköznap* [Der Geist im Alltag] zu lesen). Und er schreibt noch – unter anderem – unten auf der Karte: «Ich grüße die Enkelin unserer Schwiegermütter ...» So verabschiedete er sich im Scherz von mir.

Kurze Zeit darauf wurden wir in unserer eigenen Stadt Makó gezwungen, ins Ghetto zu ziehen, so dass von all unseren Habseligkeiten ein Inventar aufgenommen wurde. Nachdem sie gesperrt worden waren, durften wir nicht einmal die nötigsten Sachen mitnehmen. Laut einer der im Archiv erhalten gebliebenen Unterlagen konnte ein Antrag von Mama, nachträglich ein paar wärmere Kleider zu bekommen, aus einem wichtigen Grund nicht erfüllt werden, denn, wie auf der Rückseite des Antrags steht: «Durch die Unterbringung der Juden in Sammellagern wurde der Antrag gegenstandslos». Wir kamen in ein Sammellager, das heißt auf den Szegediner Sportplatz und später in die Ziegelfabrik ...

---

* Übersetzung von Franz Fühmann

Nach einigen Tagen wurden wir in Viehwaggons geladen, weil wir ursprünglich für Auschwitz bestimmt waren. Drei Waggons fuhren los, aber von den dreien fuhr nur einer, nämlich der dritte, nach Auschwitz. Ich weiß nicht, was die Gründe dafür waren, wer in welchen Wagen steigen sollte. Aus Bor wurden die Arbeitsdienstler in zwei Märschen auf den Weg Richtung Deutschland geschickt, nachdem die Lager beim Anmarsch der Befreiertruppen aufgelöst worden waren. Diejenigen, die in die erste Gruppe kamen, konnten nicht überleben. Diejenigen, die für den zweiten Marsch eingeteilt wurden, hatten zum Schluss Glück. Woran mag das gelegen haben? Mein Vater kam in die erste Gruppe. In die schlechte. Wir sind zufällig in den richtigen Wagen gestiegen.

Der Waggon war unsagbar überfüllt. Es gab keine Luft, kein Essen, kein Wasser, nichts ... Ich kann mir überhaupt nicht vorstellen, wie eine Mutter mit einem anderthalb Jahre alten Kind auf dem Arm unter diesen Umständen aushalten konnte ... Aber Mama wusste immer, was sie zu tun hat. Und sie war stark. (Vielleicht habe ich ihr Kraft gegeben bzw. dass sie sich ihrer Mutterschaft bewusst war? Auf ein kleines Kind muss aufgepasst werden, es kann noch nicht auf sich selbst aufpassen. Auch im Frieden nicht, geschweige denn im Krieg.)

Unser Waggon fuhr bis Strasshof, in der Nähe von Wien. Dann, nach kurzer Zeit nach Zlabings. Von hier wollte man uns, Mutter und mich (das unbrauchbare Kind), weiter transportieren, in eine Art Sanatorium oder Erholungsheim, an einen besseren Ort, wie sie sagten ... Aber Mutter wollte nicht. Sie hatte auch Verdacht geschöpft, denn sie konnte ausgezeichnet Deutsch und hörte etwas (oder vielleicht besser: erlauschte es), was näher an der Wirklichkeit war als ihre Lüge. Danach bat sie, dass wir nirgendwohin gebracht würden. Sie würde arbeiten, obwohl sie ein kleines Kind hat. Sie übernahm die Nachtschicht in einer Kriegsfabrik, wo hauchdünne Instrumente hergestellt wurden. Und am Tag passte sie auf mich auf. Ich glaube, sie schlief nie ... In der Nacht habe ich natürlich geschlafen, dann musste sie nicht auf mich aufpassen. Aber im Morgengrauen stand ich schon am Eingang der Fabrik und wartete auf sie. Ich muss ewig hungrig gewesen sein. Der erste Satz, den ich sagen konnte, war: «Mami, Brot!» Als kleines Mädchen sah mich später eine Frau aus dem Lager immer mit einem breiten Lächeln an. Sie kniff mich an beiden Seiten ins Gesicht und nannte mich: «Du kleines Küchenferkelchen». In der Lagerküche brieten wir auf der Herdplatte in Scheiben geschnittene rohe Kartoffeln. Lange Jahre war diese fade Speise, die wir «Klecks» nannten, mein Leibgericht, selbst als ich schon zu Hause auch etwas anderes (zum Beispiel Kartoffeln in Öl gebraten) hätte essen können. Aber mir war immer nach «Klecks»! Einmal, als ich schon über 50 war, blitzte in mir ein Bild auf: Ich sah Mama – mager, jung, gebückt, schleichend – mit schlammigen Kartoffeln in der Hand und im Rock ... Sie muss die Kartoffeln für mich gesammelt (gestohlen) haben. Sie nahm 20 Kilo ab, von 56 auf 36, ich überlebte auch «das Hungern» als rundes, lächelnd-fröhliches Murillo-Engelchen mit goldblonden Locken. Mama schlief nicht, aß nicht. Alles gab sie mir, die Stunden der Erholung und das Essen. Sie hat mir zweimal das Leben geschenkt.

Es gibt eine Geschichte, die mir die Leute immer lachend erzählten – und ich hörte sie nicht sehr gern, weil sie über mich lachten ... Ich kann darüber immer noch nicht lachen. Heute immer weniger. Es ist in der Zeit passiert, als Mama noch in der Fabrik war. Ich hatte als Nachttopf eine größere Konservendose für meine kleinen und großen Geschäfte. Und einmal verschmierte ich mich mit seinem braunen Inhalt ... Ich konnte den Vorfall nie als lustig betrachten, obwohl ich für die, die mich sahen und die sich lachend an mich erinnerten, einen sehr lustigen Anblick geboten haben mag ... Es ist gar nicht so lange her, dass mir auch die tieferen Zusammenhänge klar wurden. Seitdem halte ich den Fall für noch weniger lustig ... Warum kann ich mich verschmiert haben? Nur so? Auf einmal? Als Spiel? Aus Dummheit? Unbegreiflich.

Allerdings habe ich eine interessante Geschichte, das Pendant zur obigen, aus einer viel (mehr als 40 Jahre) späteren Zeit – die Geschichte vom ersten Geburtstag meiner Tochter mit einer Schokoladentorte. Wir flatterten um sie herum, meine Mutter, ich, mein Mann, meine Schwiegermutter. Auf der Torte stand eine Kerze, und das gefeierte Baby, unser Augapfel, schaute mit Ekel auf die braune Torte mit Schokoladencreme. Je mehr wir insistierten, je mehr wir sie ihr einreden wollten, desto mehr widerstrebte sie. Meine Tochter beteuert, sie erinnert sich genau, dass sie von der Torte nichts essen wollte, weil sie dachte, es wäre keine Schokoladencreme, sondern etwas ganz anderes darauf ... das, was ich damals auf mich schmierte. (Sie kann von meiner Geschichte freilich nichts gehört haben. – Sie war noch ein kleines Kind, als ich vom Fernsehen einen Dokumentarfilm über ein Konzentrationslager auf Video mit der Absicht aufzeichnete, dass es als Memento bestehen bleibt und sie es sich anschauen kann, wenn sie erwachsen ist. Ich habe es sofort gelöscht. Da war so viel Entsetzliches zu sehen, dass ich es nicht ertragen konnte, und um Gottes willen, ich wollte meine Tochter nicht diesem Anblick ausliefern, auch später nicht!)

Wir waren schon in Theresienstadt, als die «Befreiung» – ja ich verwende zu Recht dieses Wort, das heute fast als verboten gilt –, also als die Befreiung uns einholte. Es soll als eine Art Musterlager gegolten haben, als Täuschungspropaganda ... Nun, ich weiß nicht, ob es stimmt, aber es war schon sehr gut, dass unsere Gefangenschaft hier ein Ende nahm. Wir durften «nach Hause» gehen. Allerdings machte ich Mutter im Nachhinein Vorwürfe, wie wir bloß dorthin zurückgehen konnten, von wo wir verschleppt, von wo wir in den Tod geschickt wurden. «Aber wohin hätten wir gehen können?», fragte sie erschrocken zurück. Und ich schämte mich.

Zwei Sachen nahmen wir mit. Wir waren schon unterwegs nach Hause, und man hätte von den zurückgelassenen Dingen mitnehmen können, was man nur wollte. Mutter nahm nur eine Puppe, die sie Alíz nannte (vielleicht mit einer komischen Fratze als Hinweis auf Alice, die im Wunderland war?!) für mich mit. Wir kamen zusammen nach Hause. Aus welchem Land noch einmal? Das Land, in dem wir waren, war auch über die Ratio, über die Dimension des Normalen hinaus – absurd, irrational, mit nüchternem Verstand nicht zu begreifen. Selbst heute nicht ... Nur der Kopf der Puppe blieb erhalten; selbst dieser war geborsten, und Mutter machte für sie aus Stoff einen neuen Körper, häkelte für sie ein neues, türkisfarbenes Kleid. Ich liebte sie, obwohl ich nicht der Typ von Mädchen war, der gerne mit Puppen spielt. Ich hatte zwar Puppen (mit denen meistens das Mädchen der Nachbarn spielte), aber die Puppe Alíz hielt ich immer in großer und besonderer Ehre – ich wusste, was sie bedeutet ... Mama steckte für sich eine Holzschachtel ein, mit einer goldenen Überschrift oben auf dem Deckel: «Jerusalem»; und auch mit hebräischen Buchstaben ...: «Sollte ich Dich vergessen, Jerusalem, soll mir die rechte Hand verdorren!» Mama – so schien es – hat es nicht vergessen! Das heißt also, dass es doch eine Alternative gab, zumindest im Kopf, denn es ist ja sicher, dass sie gerade diese Schachtel nur wegen der Überschrift haben wollte ... Nur diese. Hätten wir auch nach Jerusalem gehen können? Nach Israel? (Wie ich selbst dann später, schon hier zu Hause, in der Mizrachi-Bewegung überzeugt von den Zionisten, auch nach Erez gehen wollte ... und meine Mutter damit erschreckte, dass sie mir einen Rucksack kaufen soll?) Aber wir mussten «nach Hause» gehen. Dort warteten wir auf die anderen: die Geschwister meiner Mutter, ihre Mutter (meine Großmutter), ihren Mann, meinen Vater. Aber auf ihn warteten wir vergeblich ...

Auf dem Weg nach Hause badeten wir in einem See. An dieses Bild erinnere ich mich klar. Es war schon fast idyllisch. Auch die Landschaft. Oder hauptsächlich nur die? Und auch das Baden – wie eine Reinigung ... Den vielen Schmutz abwaschen ... Von außen, freilich. Wenn man aber gefangen und für schuldig befunden wird, kann man nach einiger Zeit, obwohl man unschuldig ist, auch das Gefühl bekommen, als wäre man tatsächlich schuldig! Denke ich. An das reine Lächeln von Mama kann ich mich deutlich erinnern. Und an eine Art Selbstvergessenheit. Und an ein Stück echte Schokolade, das ich von einem ebenfalls lächelnden russischen Soldaten bekam.

Nach Hause gingen wir nach Ungarn, aber zuerst noch nicht in meine Heimatstadt Makó, sondern nach Budapest, in die Geburtsstadt meines Vaters, zu seinen Angehörigen: zur Mutter meines Papas: Oma Franciska, wie ich sie lispelnd nannte, und zu seinem Bruder. Sie – wie generell die in der Hauptstadt Ansässigen – waren nicht deportiert worden, jedenfalls konnte mein Onkel dem Arbeitsdienst entgehen. Wir alle warteten auf Vater, dass er nach Hause kommt: auf den Vater, den Ehemann, den Sohn, den Bruder. Vergeblich. Wir erhielten nur kursierende Gerüchte über ihn aus dem Kupferbergwerk von Bor, das heißt von den wenigen, die aus dem Todeslager allmählich zurückkehrten. Zuletzt hat man ihn bei Crvenka gesehen. Dort, wo die Massenhinrichtung am 6. Oktober 1944 stattfand ... Trotzdem haben wir gewartet. Wir hofften auf ein Wunder. Großmutter hoffte, oder sie wollte nicht, dass es wahr ist. Mein Onkel meinte, sie sei 1961 in Amsterdam in dem festen Glauben gestorben, dass Vater, ihr Sohn, noch lebte. Und er, der seinen großen Bruder nicht nur als Bruder, sondern auch als Freund und Lehrmeister betrachtete, konnte für den Rest seines ganzen übrigen langen Lebens die Überzeugung von der eigenen Schuld nicht mehr loswerden, die sich nur daraus nährte, dass er überlebt hatte. Und daraus, dass er unfähig war, seinen einzigen, geliebten Bruder zu retten.

Als ich klein war, phantasierte ich noch lange, dass Vater nach Hause kommt und wir zu dritt auf der Straße gehen und ich die Hand von Mutter und Vater halte. Aber die Hand von Vater konnte ich nie halten. Ich habe sehr lange gewartet! Auch dann, als das Warten schon gar keinen Sinn mehr hatte. Ich wollte es nicht hinnehmen, dass ich ihn als Vater nur in seiner Abwesenheit kennen lernen konnte. Ich schätzte also die wenigen greifbaren Erinnerungsstücke sehr, die ich in die Hand nehmen konnte. Vielleicht um die Phantomschmerzen des fehlenden Vaters zu lindern? Das einzige Ausweisfoto von ihm – das Mama mit in die Deportation nahm und in ihrem Büstenhalter aufbewahrte und das deshalb schräg in der Mitte angebrochen war – habe ich solange mal hier, mal dort versteckt, bis es verloren gegangen ist. Aber das längliche, traurige Gesicht, der selbst durch die Brille noch durchdringende, kluge, tiefe Blick prägten sich mir trotzdem ein. Es gibt auch ein kleines schwarzes Notizbuch mit kariertem Papier, in das er mit kleinen Buchstaben seine philosophischen Notizen und Formeln geschrieben und einige Abschnitte mit X durchgestrichen hatte. Ich sah es mir immer wieder an, denn ich konnte noch nicht lesen, ich hätte es sowieso nicht verstehen können. Ich habe also auch ein paar Absätze auf alberne Weise durchgestrichen. Ich ahmte ihn nach, was das Äußere betrifft, nur damit ich eine handgreiflich-sichtbare Beziehung zu ihm knüpfen konnte, selbst auf diese (entstellte) Weise … Ich bin Achtzehn geworden, volljährig, legte gerade das Abitur ab, als mein – schon lange im Ausland lebender – Onkel mir die Nachricht vom Tod meiner Großmutter mitteilte (sie wurde von einem Auto überfahren). Und in einem Päckchen bekam ich einen Stapel von Unterlagen; Vaters Studienbuch von der Juristischen Universität, zwei Nummern der Zeitschrift «*Nyugat*» [Der Westen] – mit seinen Essays über Goethe beziehungsweise über Thomas Manns «*Zauberberg*», die noch während seiner Gymnasialzeit erschienen –, eine Theaterzeitung mit dem Titel «*Délibáb*» [Fata Morgana] und einem Foto darin, auf dem er 19 Jahre alt ist; ein Notenblatt mit einem Lied, mit dem er an einem Komponistenwettbewerb teilnahm und einen Preis gewann, und das allerwichtigste – um die

60 Seiten Maschinenschrift – ein schwarzes Heft mit einem weißen Aufkleber darauf, seine philosophische Studie: «Der Sinn der Logik». Vater drückte sie seinem Bruder in die Hand, bevor er in den schicksalhaften Waggon einstieg, der ihn nach Bor, in den Tod fuhr ... Diese Studie wurde eine Art geistiger Nachlass. Sie weist eigentlich nach, dass die Grundgesetze der Logik nichts wert, in Wirklichkeit nur leere Formen sind, und das ist gar kein Paradox mehr, sondern die Summe der Wahrheit. Wenn alles in der Macht Gottes steht, mit der Ausnahme, dass er gegen das Gesetz der Logik verstößt, so steht alles ohne Ausnahme in Gottes Macht. Die Logik hat also eigentlich keinen Sinn. Unser Leben ist nicht logisch.

In Budapest passierte etwas, wovon ich erzählen muss, wenngleich nur nebenbei ... Über das Schicksal erzeugende Potential der «Zufälle». Oder wieder darüber, dass es keine Zufälle gibt? Wer weiß das schon ...
Ich ging verloren! Man glaubte mich zwei Tage und eine Nacht verloren! Meine Mutter brachte mich aus der Hölle nach Hause, und ich, wie man erzählte, ich machte mich auf und davon und ging verloren ... Und noch dazu genoss ich den ganzen Vorfall – angeblich.
Seinen Ausgang nahm das Geschehen dadurch, dass ich in den Kindergarten gehen musste, weil Mama – wie immer und überall – zu arbeiten begann und zwar in der Näherei des Theaters, dessen Direktor (bis zur Verstaatlichung) mein Onkel war. Seine Mutter hätte mich im Kindergarten abholen müssen. Aber, wie es sich zeigte, kam sie zu spät. Da war niemand mehr, es war ja Wochenende, und man hatte vergessen, ihr Bescheid zu sagen, dass sie hätte früher kommen sollen. Nun, ich war nirgendwo zu finden! Es stellte sich heraus, dass die Kindergärtnerin mich dem Hausmeister anvertraut hatte, der aber nicht aufmerksam genug auf mich acht gab. Ich stand eine Weile am Toreingang, und als der Hausmeister in den Keller hinunterging, um etwas zu holen, schloss ich mich einfach der Kinderschar an, die auf der Straße spielte. Die Kinder merkten erst am Abend, schon an einem ganz anderen Ort, als sie schon dabei waren, in alle Richtungen heimwärts zu laufen, dass ich alleine dablieb, weil ich eigentlich zu keinem von ihnen gehörte. Die ganze Zeit bin ich ihnen nicht aufgefallen, beziehungsweise sie dachten, dass ich das kleine Schwesterchen von irgendeinem von ihnen bin. Vergeblich fragten sie

mich – ich konnte nicht sagen, wie ich heiße. Nur meinen Vornamen: «Jujika». Auf die Frage: «Wo wohnst Du?», konnte ich nur soviel erwidern: «Hotel». Den Namen Continental hätte ein zweieinhalb Jahre altes Kind bestimmt schwer aussprechen können. Einer der Jungen brachte mich zu sich nach Hause. Die Familie nahm mich mit Liebe auf. Sie zogen schon meine Adoption in Erwägung. Ich fühlte mich sehr gut bei ihnen, an die Meinen habe ich kaum gedacht ..., aber am nächsten Tag gingen wir – auf Vorschlag der Schwester des Jungen, die Schauspielstudentin war – ins Theater, gerade in das meines Onkels, in dem die gefeierte Sängerin und Schauspielerin Katalin Karády sang. Und ich als geschwätziges kleines Mädchen, das die Masse, die Menschen um sich herum gewohnt war – ich lebte ja immer mitten drin, ein Jahr lang Tag und Nacht dicht an dicht –, rief hemmungslos in Richtung Bühne: «Diese Tante hat eine so tiefe Stimme, als wäre sie ein Onkel!»

Karády wurde auf den Zuruf aufmerksam, holte mich zu sich auf die Bühne und hob mich sehr liebevoll hoch.

Durch einen kleinen Skandal, den ich ausgelöst hatte, bin ich wiedergefunden worden. Während meine Familie mich verloren glaubte, war meine Großmutter außer sich. Sie machte sich Vorwürfe, warum sie mich bloß nicht früher vom Kindergarten abgeholt hatte. Mama rannte kreuz und quer in der verfallenen, durch aufgerissene Straßenbahnschienen aufgeschnittenen Stadt. Sie rannte zu Behörden, lief zur russischen Kommandantur, und auch im Radio war eine Ansage zu hören. Überall bedauerte man es, aber – angesichts der chaotischen Situation – konnte sie niemand mit etwas vertrösten (es hielt sie sogar ein unidentifizierter Straßenunfall eines Kindes stundenlang in Schrecken, bis sie sich bei einer Identifizierung vergewissern konnte, dass nicht ich das Opfer war.) Hier in Makó hörten die Angehörigen von Mama auch bestürzt im Radio, dass Julika G., ein zweieinhalb Jahre altes Mädchen mit blonden Locken in roten Stiefeln, zu dem und dem Zeitpunkt, von dem und dem Ort verschwunden war.

Später zogen wir zurück nach Makó, in das alte Haus der Familie, zu meiner Großmutter mütterlicherseits. Großmutter wurde noch im Lager krank, und ich kann mich an sie erinnern, wie sie ständig im Bett lag und den Kopf auf die Hand gestützt rauchte. Sie hatte einen gelblichen Teint.

Lange glaubte ich, es käme von den vielen Zigaretten, aber eigentlich rührte es von einer verhängnisvollen Gallenkrankheit her. An einem erinnerungsschweren Vormittag brachte mich Mama zu ihrem Bett. Sie sagte, ich solle Großmutter die Stirn küssen, die schon kalt und feucht war. Alle ihre sechs Kinder kamen von der Deportation nach Hause, aber sie überlebte die Deportation nur um zwei Jahre, als im Bett liegende Kranke.

Zuerst verließ die älteste Enkelin mit ihrem Bräutigam – der seine Eltern in Auschwitz verlor – das Land. Sie gingen nach Paris, dann nach Kanada, wo der Junge von einem verwandten Ehepaar adoptiert wurde. Ihre Mutter, die ältere Schwester meiner Mutter, sang oft beim Aufräumen: «Meine Rose ging nach Amerika, ich gehe ihr auch hinterher ...» Schließlich ist sie dann doch, gemeinsam mit ihrem Mann, gegangen. Zuvor war ihr zweites Kind – ihr Sohn – seiner Schwester gefolgt und ebenfalls ausgewandert. (Sie hatte in Budapest gelebt.) Auch mein Onkel väterlicherseits ging zurück nach Holland, wo er schon vor dem Krieg als Tanzkünstler lebte, und diesmal nahm er auch seine Mutter mit.

Mama und ich, wir blieben allein. Die ältere Schwester von Großmutter wohnte noch hier in der Stadt, ein paar Ecken weiter, in derselben Straße, in einem anderen Haus, das freilich dann auch zusammen mit unserem verstaatlicht wurde. (Nur kurze Zeit gehörte das beschlagnahmte «jüdische Vermögen» wieder uns.) Sie verlor ihren Mann schon im Ersten Weltkrieg, kurze Zeit darauf ihre einzige Tochter von fünfzehn Jahren, die sich in der Nachhilfestunde bei ihrem Schüler mit Hirnhautentzündung angesteckt hatte. (Dass man im Leben und generell zu allem auch Glück braucht, sagte sie immer wieder zu mir, vielleicht, weil sie so ein tragisches Schicksal hatte.) Als Mutter einen Nervenzusammenbruch bekam und ins Krankenhaus eingeliefert werden musste, verbrachte ich die Zeit bei Tante Erzsi, bis Mutter wieder auf die Beine kam. Sie kam immer in kurzer Zeit wieder auf die Beine, aber nie mehr voll und ganz. In ihren ausgeglichenen Perioden war sie das allerharmonischste Wesen der Welt. Aber die tiefe Depression wechselte sich mit den hoch gestimmten, fieberhaften, überhitzten Zeiten ab und erschwerte uns das Leben, das auch sonst schon nicht einfach war. Aus Mama brach es einmal heraus und sie sagte: «Im Lager war es besser». Wir kamen nach Hause, aber richtig zu

Hause fühlen konnten wir uns oft nicht. Und das lag nicht an uns. Wir versuchten immer, treu zu unserem Judentum zu stehen, das wir von unseren Eltern ererbt hatten, und auch zu dem uns verweigerten Ungarntum. Wir versuchten gleichzeitig Juden und Ungarn zu sein. Und vor allem Mensch. «Im Lager war es besser?», fragte ich verständnislos zurück. Aber meine Mutter wollte mit diesem Ausbruch überhaupt nicht zum Ausdruck bringen, dass es im Lager tatsächlich gut gewesen ist, sondern dass unsere engste Umgebung dort verständnisvoll und freundlich war und wenigstens zusammenhielt. Hier umgaben uns oft Feinde, eine feindliche Welt ... als ob die Deportation kein Ende gefunden hätte. Als ob wir immer neuen und wieder neuen Deportationen innerhalb der Staatsgrenze ausgesetzt wären. Ja sogar innerhalb der Stadt und der kleineren Gemeinden. Denn jeder Versuch, einen anderen wie einen Fremden zu behandeln, nicht aufzunehmen, auszustoßen, jeder Versuch einer Isolierung ist eine «Deportation», selbst wenn es nicht mehr um Leben und Tod geht.

Júlia Gonda
Júlia Gonda besuchte das Gymnasium in Makó. Während dieser Zeit absolvierte sie den Studiengang Geige am Konservatorium in Szeged. Anschließend erwarb sie an der Universität Szeged 1966 ein Diplom in den Studiengängen Hungarologie und Russistik. Sie unterrichtete in Makó in demselben Gymnasium, in dem sie früher selbst gelernt hatte. Hier leitete sie auch ein Schülertheater und betreut seit ihrer Rente eine Literaturrubrik in der lokalen Zeitung.

Anna Lázár

EIN DOPPELTES PARTISANENMÄRCHEN

Im Jahr 1938, zur Zeit des Anschlusses, hatte mein Vater das Gefühl, dass wir aus diesem Land wegmüssten. Sein Name stand nämlich im «Gendarmenbuch». Wir wanderten nach Frankreich aus. Sein Bruder, Béla Lazarovics, lebte damals schon in Grenoble. Anfangs wohnten wir bei seiner Familie.

Mein Vater erzog mich schon immer in seinem Geist zu einer Linken.

Kurze Zeit, nachdem wir im Exil angekommen waren – ich war damals vierzehn Jahre alt –, schloss ich mich der illegalen linken antifaschistischen Jugendbewegung an. Im Jahr 1943 verpflichtete sich ein großer Teil unserer Gruppe zu einem aktiveren, wenn nötig bewaffneten Partisanenkampf gegen die deutschen Besatzer. Ich wurde Verbindungsfrau zwischen den österreichischen, italienischen, ungarischen, jüdischen und spanischen Gruppen. Es waren nämlich bewaffnete Gruppen gegründet worden. Diese mussten miteinander verbunden, Informationen unter ihnen ausgetauscht werden, damit sich die Verantwortlichen so wenig wie möglich trafen – das hätte die Sicherheit der ganzen Bewegung gefährdet. Die Bewaffneten tauchten nämlich unter. Sie kamen nur zu den Aktionen zusammen. Die französische Bevölkerung in dieser Gegend unterstützte die Widerstandskämpfer. Auch unter den Polizisten gab es welche, die uns verrieten, wann, auf welcher Strecke die Lebensmittelmarken in dieses oder jenes Dorf gebracht werden, an welchem Ort sie anhalten würden – und dass wir uns treffen könnten, wenn wir zufällig da wären. Auch in den Dörfern gaben viele den Partisanen Lebensmittel oder versteckten sie.

Die bewaffneten Gruppen zeichneten Entwürfe, wo Bomben gesprengt werden sollten. Darüber mussten auch diejenigen rechtzeitig Bescheid wissen, die ihnen halfen. Ich hatte die Aufgabe, die Leiter der betreffenden Gruppen täglich zu treffen und die Details der Entwürfe an sie weiterzuleiten. Ort und Zeit der Aktion zeichnete ich auf ein Zigarettenpapier, und da ich gut in Mathematik war, versteckte ich sie in langen mathematischen Formeln – plus, minus. Das Papier habe ich dann ganz klein zusammengefaltet und in die Lenkstange meines Fahrrads unter den Gummi gesteckt. Nachdem ich die Aufgabe ausgeführt hatte, schluckte ich das Papier hinunter. Das Zigarettenpapier konnte leicht zusammengewickelt werden, auch das Hinunterschlucken war nicht schwer ...

Einmal wurde mir eine sehr gefährliche Aufgabe anvertraut: Ich musste Handgranaten über die Demarkationslinie bringen. Wer sollte sie hinüberbringen? Natürlich das kleine Mädchen. Aber ich war kein Parteimitglied! Trotzdem beschlossen meine Vorgesetzten, dass ich als Fünfzehnjährige kein Kind mehr sei. Sie hielten mich für geeignet, die Aufgabe zu übernehmen. Ich transportierte die Handgranaten im Gepäckkorb meines Fahrrads. Als ich zur deutschen Grenze kam, ließ man mich dort vom Fahrrad absteigen, und dann fragte der deutsche Soldat: «Was hast Du da in Deinem Gepäckkorb, Mädel?» Ich antwortete ohne jede Regung im Gesicht: «Eine Bombe». Daraufhin lachte der Deutsche, schlug mir auf den Hintern und ließ mich weiter fahren ...

Ich muss zugeben: die ganze Geschichte ist nur ein Märchen!
Gizi Révai, meine Freundin und Kameradin in Frankreich verbreitete diese Legende über mich in Budapest. Als wir nach Ungarn zurückkamen, stellte sich heraus, dass man erst mit 18 Jahren in die Partei eintreten konnte. Ich war noch immer gerade mal siebzehneinhalb. Daraufhin kam Gizi mit dieser Sprengstoffgeschichte – nur damit ich mit Zugeständnissen endlich in die Partei aufgenommen werde. Gizi erzählte – damals erschien die Geschichte über mich sogar in der größten Frauenzeitung, *Nők Lapja* [Blatt der Frauen] –, dass ich die Kiste voller Sprengstoff auf meinem Fahrrad über die Grenze geschmuggelt hätte.

Ich habe alles Mögliche in alle nur denkbare Richtungen geschmuggelt, aber eben keinen Sprengstoff.

Die linken Ungarn in Genf schickten den Ungarn in Frankreich regelmäßig Geld. Und ich musste oft mit dem Fahrrad bis zur französisch-schweizerischen Grenze fahren – auf meinem Gepäckträger befand sich tatsächlich eine Kiste mit einem Deckel. Darin transportierte ich meistens die Lebensmittel, die verteilt werden sollten, und vor allem das Geld. Das war auch kein Kinderspiel! Soviel ist von der Geschichte, die meine Freundin Gizi erzählte, immerhin wahr – ich bin mit dem Fahrrad nach Lyon gefahren. Aber ich habe nicht diese schrecklich wichtige, heimliche Aufgabe erfüllt. Meine Vorgesetzten hatten es sich doch anders überlegt und mir die Aufgabe abgenommen. Sie meinten, dass es für mich doch zu gefährlich wäre – selbst, wenn ich kein Kind mehr sei: die ganze Strecke entlang wurden nämlich die Züge gesprengt.

Mein Auftrag wurde so verändert, dass ich meinem direkten Vorgesetzten, Pufi Gazdag – dem Vater des Filmregisseurs Gyula Gazdag –, beibringen sollte, Fahrrad zu fahren ...

Ich brachte es ihm bei. Aber unter den bittersten Qualen: Es wollte ihm nicht gelingen! Schließlich fuhr er nach Lyon, die Kiste auf dem Fahrrad – und als er zurückkam, war sein Kopf schrecklich rot. Während der ganzen Fahrt schien nämlich die Sonne, was er nicht gewohnt war. Er holte sich einen schlimmen Sonnenbrand und verfluchte mich, weil er sich total erschöpft und ich ihm vorher nicht gesagt hatte, wie schwer es ist, so viele Kilometer bei einer so großen Hitze in die Pedale zu treten ... Das ist die Geschichte der Lüge von Gizi.

Sie hat aber auch eine wahre Variante. Wir lebten in Frankreich in einer besetzten Stadt, und die Deutschen sperrten aufs Geratewohl die Straßen mit Drahtverhauen ab. Wer auf diese Weise zwischen den beiden «Grenzen» stecken blieb, der wurde angehalten und kontrolliert. Ich geriet auch einmal in diese Zone. Mein Fahrrad sah folgendermaßen aus: An beiden Seiten waren die zwei Kisten anmontiert, drinnen befand sich das, was ich an diesem Tag gerade transportierte, und oben drauf waren meine Schulsachen. Die Soldaten, die die Kontrolle machten, fragten mich: «Was transportierst Du da, Mädel?» Worauf ich antwortete: «Eine Bombe». Zu dieser Zeit waren die Besatzer schon kleine, flaumbärtige Jungs aus Polen – für solche Aufgaben wurden die Soldaten aus den besetzten Gebieten eingeteilt –, sie waren also fast in meinem Alter. «Dann geh nur!», sagten sie lachend und sie ließen mich weitergehen ...

Anna Lázár
Anna Lázár kam nach der Befreiung im Alter von 17 Jahren mit ihren Eltern aus Frankreich nach Ungarn zurück, legte das Abitur ab und absolvierte die Universität. Sie wurde Kandidatin der Geschichtswissenschaft, dolmetschte und übersetzte in mehrere Sprachen. 1982 veröffentlichte sie ein Buch über die Rolle der Ungarn in der revolutionären Arbeiterbewegung Frankreichs. Sie starb nach langer Krankheit 2004.

Judy Weiszenberg Cohen

EIN UNVERGESSLICHES KOL NIDRE

Erinnerungsfragmente

Die jüdische Religion zu praktizieren oder jüdische Feiertage zu feiern, war bei den Nazis im Todeslager Auschwitz-Birkenau strikt verboten. Die Nazis wussten, dass es den Gefangenen Trost geben würde. Es war uns also nicht erlaubt, die jüdischen Feste wahrzunehmen.

In diesem speziellen Jahr, 1944, als ich da war, bat jemand von den älteren Frauen – unter älter verstehe ich, dass sie zwischen 35 und 40 Jahre alt gewesen sein könnten (einer Fünfzehnjährigen kommen alle, die über 30 sind, alt vor) – zwei Kapos um Erlaubnis, Kol Nidre (den Abend von Jom Kippur) zu feiern.

Die meisten Kapos (höherrangige Häftlinge mit Machtbefugnis) waren tatsächlich wie brutale Tiere, aber einige wenige blieben wirklich nett. Wir wussten, dass wir die zwei, die so waren, ansprechen konnten. Eine von den Kapos, ich erinnere mich noch an sie, war eine große blonde Polin und Nichtjüdin. Die andere war eine kleine rothaarige junge Frau, eine Jüdin aus der Slowakei.

Die Frauen haben den beiden gesagt, dass wir zu Kol Nidre etwas vorbereiten wollen. Das kleine rothaarige Mädchen, ich glaube Cirka (oder Cila) hieß sie, aber ich bin mir nicht mehr sicher, war einfach verblüfft, dass es noch jemanden gab, der in dieser Hölle, genannt Birkenau, beten kann. «Ihr seid verrückt, Ihr ungarischen Juden!», rief sie. «Ihr glaubt immer noch daran? Ihr wollt es immer noch feiern und noch dazu gerade hier?»

Nun, wir haben es gefeiert.

Wir baten also um eine Kerze und einen Siddur (Gebetbuch), die wir auch bekamen. Wir waren um die 700, in eine Baracke gepferchte Frauen. Alle machten mit: die Gläubigen, die Atheistinnen, die Orthodoxen, die Agnostikerinnen, Frauen aller Art und mit allen möglichen familiären Hintergründen. Wir kamen alle zusammen.

Die beiden Kapos gaben uns nur zehn Minuten und bewachten dabei die beiden Eingänge der Baracke, um Bescheid zu geben, falls zufällig irgendwelche SS-Wachen unerwartet auftauchen sollten.

Dann zündete jemand die einzige Kerze, die wir hatten, an – und Stille erfüllte die Baracke. Ich kann die Szene immer noch vor mir sehen: Die Frau saß im Kerzenlicht und begann, die Passage des Kol Nidre aus dem Gebetbuch vorzulesen. Es ist kaum zu glauben, dass all das an einem Ort geschah, an dem wir das Gefühl hatten, dass eigentlich nicht wir Gott um Vergebung bitten sollten, sondern Gott uns.

Wir versammelten uns trotzdem um die Frau mit dem Kerzenlicht und dem Siddur.

Sie trug das Kol Nidre sehr langsam vor, so dass wir, wenn wir wollten, die Worte wiederholen konnten. Aber wir wiederholten sie nicht. Statt dessen brachen die Frauen in Tränen aus – alle zu einer Stimme vereint. Unser Gebet war der Ton dieses unglaublichen Weinens von Hunderten von Frauen. Es schien uns Trost zu geben. Wenn wir uns an Jom Kippur erinnerten, erinnerten wir uns an unser Heim und unsere Familien, weil das der einzige Feiertag war, der selbst in den assimiliertesten Familien eingehalten wurde.

Mit diesen Frauen passierte etwas. Es war fast so, als wäre uns das Herz gebrochen. Ich habe weder vorher noch nachher so einen herzzerreißenden Ton gehört.

Selbst wenn niemand richtig daran glaubte, dass das Gebet etwas an unserer Situation ändern, dass Gott plötzlich eingreifen würde – so naiv waren wir nicht –, half uns dieser Anlass, an dem wir zusammen weinen und uns erinnern konnten, uns besser zu fühlen. Es erinnerte uns an unser früheres, normales Leben; es linderte auf eine unerklärliche Weise unser schreckliches Elend, selbst wenn es nur für einen kurzen Moment war.

Selbst heute noch, viele Jahrzehnte später, kann ich nicht ohne innere Erschütterung in den Gottesdienst zu Kol Nidre gehen. Ich muss mich immer an dieses eine Kol Nidre erinnern.

Judy Weiszenberg Cohen
Judy Weiszenberg Cohen wurde 1928 in Debrecen, Ungarn, als das jüngste von sieben Kindern geboren und 1944 zusammen mit den meisten Angehörigen in das Todeslager Auschwitz-Birkenau deportiert. Sie hat dieses und auch die nächsten Lager, wie Bergen-Belsen und das Arbeitslager von Aschersleben, überlebt. 1948 emigrierte sie nach Kanada, wo sie anfangs in der Bekleidungsindustrie arbeitete. Nach einer kaufmännischen Ausbildung wechselte sie zur Büroarbeit. Während sie ihre Kinder großzog, belegte sie Kurse an verschiedenen Universitäten und Hochschulen, übernahm mit öffentlichen Vorträgen eine aktive Rolle im Bereich der Holocaust-Erinnerung und antirassistischen Erziehung und gründete die Website «Women and the Holocaust».

Vera Szöllős

WIR HABEN ES ÜBERLEBT
(Auszüge)

1.

Die Tür schlug leise, aber entschlossen vor unserer Nase zu. Wir blieben auf der Pawlatsche stehen. Papa und Mama sahen sich über meinen Kopf hinweg an.
 «Lasst uns gehen», sagte Papa, «wir haben hier nichts zu suchen.»
 Wortlos schritten wir den vertrauten Gang entlang. Die Türen und Fenster waren verschlossen. Niemand zeigte sich. Ich hatte das Gefühl, unsere ehemaligen Nachbarn schauten unserer Demütigung hinter den Vorhängen zu.

Der Gang kam uns ziemlich lang vor. Als wäre es Ewigkeiten her, dass wir an der Tür unserer Wohnung klingelten, die wir vor einem Jahr verlassen hatten. Eine Fremde hatte die Tür geöffnet.
 «Guten Tag», sagte mein Vater, «wir sind soeben von der Deportation nach Hause zurückgekehrt. Früher haben wir hier gewohnt.»
 Das Gesicht der Frau verhärtete sich.
 «Jetzt wohnen wir hier», antwortete sie und schlug die Tür zu.
 Die Nachbarn zogen sich auch damals, als wir ins Ghetto ziehen mussten, in ihre Wohnungen zurück.
 Wir folgten der Biegung des Flurs und gingen an der Wohnung der Kerepes' vorbei. Laci Kerepes war mein bester Freund im Haus. Wir haben alles gemeinsam gemacht. Seine Mutter war eine sehr strenge Frau. Sie schlug Laci ständig und für jede Kleinigkeit ließ sie ihn auf Mais knien. Ob er jetzt auch hinter dem Vorhang hinausgafft?
 Endlich kamen wir auf die Straße. Meine Eltern sagten nichts. Wir kehrten in unsere provisorische Unterkunft, in das winzige Zimmerchen im sechsten Stock des Korona-Hotels zurück. Außer Atem wegen der vielen Treppen setzten wir uns auf den Rand der Eisenbetten.

«Wir müssen weg von hier», sagte Papa plötzlich. «Ich suche ein Zimmer zur Untermiete, und später werden wir doch irgendwie irgendeine Wohnung finden.»

Um die Mittagszeit gingen wir zur Essensausgabestelle. Sie wurde von Joint finanziert. Joint gab uns auch die Kleider, die wir trugen, denn als wir nach Hause kamen, war alles, was wir hatten, schon zerfetzt. Joint wurde von den amerikanischen Juden getragen. Bei ihnen gab es keinen Krieg.

Während des Essens unterhielt sich Papa mit einem Mann. Er hatte von einem Zimmer zur Untermiete gehört. Wir sollten es versuchen. Wenn es noch nicht vermietet war, würde es uns vielleicht passen.

Nach dem Mittagessen gingen wir sofort hin. Wir hatten Glück. Das Zimmer war noch frei. Möbel gab es dort auch ...

Das war wichtig, weil wir keine Möbel mehr hatten. Wir müssten mal in die große Synagoge gehen. Die jüdischen Möbel und andere Habseligkeiten waren dorthin gebracht worden. Die, die andere nicht mitgenommen haben. Diese Wohnung gehört einer älteren Dame, die alleine lebt. Sie erlaubt uns, im Bad zu kochen. Wir müssten sowieso da durch.

Noch am selben Nachmittag zogen wir ein. Wir heizten im Badezimmer gut ein und alle weichten sich für etwa eine halbe Stunde ein.

Am nächsten Morgen gingen wir in die Synagoge. Möbel, Teppiche lagen da quer durcheinander. Viele Leute schauten sich dort um, aber wir fanden keinen Bekannten unter ihnen. Auf der Empore der Frauen fanden wir einen der Sessel von Großmutter und ein bisschen weiter entfernt ihren großen Perserteppich. Das war ein alter Teppich, abgenutzt und ohne Fell. Meine Eltern rollten ihn aus, um sich zu vergewissern, ob es der ist, den sie suchten. Vom Teppich hatte jemand einen halben Meter abgeschnitten. Mama rollte den Teppich im Hocksitz zurück.

«Das waren bestimmt die Russen», sagte sie, «sie haben ihn abgeschnitten.»

Warum gerade die Russen? Was hätten die Russen in der Synagoge gesucht? Und wozu hätten sie den Rand von Großmutters Teppich gebraucht?

Großmutter und Großvater waren noch nicht zurückgekommen. Wir hatten keine Nachrichten von ihnen. Mama fragte bei allen, die mit dem ersten Transport weggefahren waren, nach. Wir sind mit dem dritten weggegangen. Weggehen? Wir wurden weggebracht. Getrieben. Rein in die Waggons! Dann raus aus den Waggons, rein in das Lager! Dann rein in den Desinfektionsraum und raus aus dem Desinfektionsraum in unseren eigenen verhärteten Kleidern. Dann rein in den Zug und raus in eine Ziegelfabrik, arbeiten!

Meine Eltern trugen rohe Ziegel in den Trockner. So ein Ziegel mag um die zwanzig Kilo gewogen haben. Wir Kinder lernten mit einer Lehrerin in einem abgezäunten, schön warmen Raum über den Öfen, in denen die Ziegel gebrannt wurden. Die Lehrerin kannte ich noch von der Schule. Sie unterrichtete damals nicht uns, sondern die Drittklässler. Uns Erstklässler unterrichtete eine wunderschöne, zwanzigjährige Lehrerin. In großen Kisten trug sie die bunten Perlen, Stäbchen, Scheiben in die Klasse und gab sie uns, damit wir mit ihnen rechnen lernten. Wir hatten auch ein Lesebuch. Ganz weiß und hellblau. Mit Bildern und Buchstaben. Auf dem einen Bild feiert eine jüdische Familie den Abend vor dem Sabbat. Die Mutter, mit einem Tuch auf dem Kopf, zündet die Kerze an und segnet sie. Der Vater steht auch da, mit einer kleinen Kappe, zwei Kinder schauen sich die Kerzen an, sie tragen schöne Festkleider. Ich weiß nicht, wo solche Leute leben, so was haben wir zu Hause nie gemacht. Zu Hause. Wer mag jetzt in unserem Zuhause wohnen? Wo wird jetzt wohl mein Bett sein? Und wo wird die Keksdose sein, in der ich all meine wichtigen Sachen aufbewahrt habe? Wenn es in der Nacht Fliegeralarm gibt, brauche ich sie nur schnell zu greifen und schon kann ich sie mitnehmen. Die Erwachsenen nehmen auch ihre wichtigen Sachen mit. Ich hatte meine gepressten Blumen drin, die ich zusammen mit Papa beim Ausflug gesammelt habe, meine Buntstifte, ein Heft und ein bisschen Marzipan. Jetzt leben wir hier in fremden Möbeln. Mama bäckt Pfannkuchen und Karpfen. Im Bad riecht es stark nach Fett, der Geruch dringt auch ins Zimmer.

Nach einigen Tagen beginnt Vater in einer Bank zu arbeiten, genau in der Bank, die ihn wegen der Judengesetze entlassen hatte.

Mama sagt, wir müssten bald anfangen zu lernen, damit ich kein Jahr verliere. Wenn ich Ende Sommer im Lehrstoff der zweiten Klasse die Prüfung ablege, dann kann ich im Herbst in die dritte gehen. Ich verstehe nicht, warum es so eilig ist. Wenn ich in die zweite gehen soll, dann gehe ich eben in die zweite. Obwohl, dieses Lernen wird vielleicht nicht so sein wie in der Schule. Mama sagt auch, wir werden ins Freibad gehen, dort kann man auch lernen. Alle machen Urlaub, nur ich lerne. Die Leute werden denken, ich sei durchgefallen und bereite mich auf die Nachprüfung vor. Wer nicht deportiert wurde, der muss im Sommer freilich nicht lernen. Was können die anderen hier zu Hause gemacht haben, während wir weg waren? Wir. Alle Juden.

Von unserem Transport sind alle zurückgekehrt. Von den anderen kaum jemand. Ich weiß nicht, wo sie sein könnten.

Wir brauchten um die zwei Wochen, um mit dem Zug aus der Tschechoslowakei nach Hause zu fahren, und jetzt sind wir schon seit zwei Wochen hier. In dieser Zeit kann man auch aus Amerika nach Hause kommen, obwohl da noch der Ozean dazwischen ist.

Von Papa habe ich ein Spiel bekommen. Das ist eine kleine flache Schachtel, in der es kleine Würfel gibt. Auf jeden Würfel ist eine Zahl gemalt. Die Schachtel ist nicht voll, weil genau für einen Würfel Platz geblieben ist. Mit Hilfe dieses kleinen Platzes müssen die Würfel so hin und her geschoben werden, dass sie schön in der Reihe stehen. Eins, zwei, drei und so weiter. Das ist ein sehr interessantes Spiel, obwohl es schwer ist, die Würfel auf den richtigen Platz zu schieben. Das andere Spiel sind Mikadostäbchen. So etwas habe ich noch nie zuvor gesehen. Es besteht aus einem Haufen Wurfstäbchen, auf die in verschiedener Farbe und Länge Streifen gemalt sind. Die Streifen bedeuten Zahlen. Die Stäbchen muss man in die Hand nehmen, auf die Tischplatte stellen, sie ein bisschen drehen und loslassen. Wie sie fallen, so muss man beginnen. Die Stäbchen fallen kreuz und quer übereinander. Und jetzt muss man sie vorsichtig aufsammeln und zwar so, dass sich das andere, das es berührt, nicht bewegt. Es ist ein schweres Spiel. Bei mir bewegen sie sich öfter. Ich kenne auch die Streifen noch nicht so gut. Meine Eltern helfen mir immer. Sie sagen mir, welches Stäbchen wie viel wert ist, und ich versuche, das auszurechnen. Ich spiele immer mit meinen Eltern.

Hier im Haus sah ich noch keine Kinder. Allerdings ist das kein Pawlatschenhaus. Alle Türen werden vom Treppenhaus aus geöffnet. Wir begegnen nur ab und zu jemandem. Ich möchte eigentlich nicht so gern zu Fremden in die Wohnung gehen.

Noch vor der Deportation ist mir etwas passiert. Auf der anderen Seite der Straße wohnte Pista Balogh. Er kam oft rüber in unser Haus, weil der

Hof bei uns größer war als bei ihnen. Bei schlechtem Wetter gingen wir zu ihnen rüber. Er hatte ein eigenes Zimmer, dort konnte man gut spielen, wir störten niemanden. Letztes Jahr war es mir einmal langweilig, und ich spazierte rüber. Seine Mama ließ mich rein, aber irgendwie war sie anders als früher. Kaum hatten wir angefangen zu spielen, erschien Mama. Sie war in großer Eile, atmete schwer, entschuldigte sich und brachte mich gleich nach Hause. Die Mama von Pista hielt mich auch nicht zurück. Mama schimpfte nicht mit mir, aber unterwegs erklärte sie mir, warum ich nach Hause gehen musste. Wir durften nicht ohne einen gelben Stern auf die Straße gehen. Alle Juden mussten auf ihre Kleider einen großen gelben Stern annähen. Auf meinem Kleid war der Stern nicht drauf. Wenn jemand keinen Stern trug und ein Christ erkannte, dass er ein Jude ist und den Stern nicht anhat, konnte das schlimme Folgen haben.

Nachmittags gehen wir, Mama und ich, spazieren. Manchmal essen wir einen Kuchen in der Konditorei. Auf dem Spielplatz kenne ich niemanden. Als ich noch zur Schule ging, gab es einen Jungen und ein Mädchen, die auf dem Hin- und Rückweg mitgekommen sind. Sie wohnten hinter unserem Haus. Was mag bloß aus ihnen geworden sein?

2.

In der Nacht träumte ich etwas Schreckliches. Ich saß unter Großmutters Klavier, und es stellte sich heraus, dass es eine Gaskammer war. Ich sog die Luft ein, aber ich konnte keinen unangenehmen Geruch wahrnehmen. Ich wollte herausklettern, aber ich konnte nicht. Ich erwachte und lag im dunklen Zimmer. In der anderen Ecke schliefen Mama und Papa. Sind sie wirklich da? Vielleicht bin ich allein im Zimmer? Ich stand auf und schlich mich barfuss zu ihrem Bett. Papa lag mit geschlossenen Augen auf dem Rücken. Ich konnte sein Profil deutlich im schimmernden Licht sehen, der durch das Fenster strömte.

Der Schreck durchfuhr mich. Er sah aus wie ein Toter. Ich legte meine Hand auf sein Gesicht. Es war warm. Etwas erschrocken öffnete er die Augen.

«Was ist? Was ist passiert?», fragte er.

Ich war verwirrt. Was sollte ich jetzt sagen?

«Nichts, ich wollte nur ein bisschen zu Dir kommen.»

Papa erhob sich. Er streichelte mir über den Kopf.

«Es ist alles in Ordnung, mein Kleiner. Geh zurück in Dein Bett und schlaf schön.»

Ich hatte das Gefühl, als wäre ich erst jetzt richtig aufgewacht. Ich kroch zurück in mein Bett. Papa legte sich auch wieder hin.

Von wegen alles ist in Ordnung?! Sie haben freilich gedacht, ich würde schlafen. Abends nach acht kam Tante Olga zu Besuch. Sie und Mama gingen früher zusammen zur Schule. Sie kam auch kürzlich von der Deportation zurück, aber nicht von dort, wo wir waren. Meine Eltern und Tante Olga unterhielten sich leise im Lichtkreis der kleinen Lampe in der anderen Ecke des Zimmers. Mich haben sie früher ins Bett gelegt, und ich schlief tatsächlich ein. Plötzlich schreckte ich auf, ich weiß nicht wovon. Tante Olga saß immer noch da unter der Lampe. Mama weinte. Sie schnäuzte sich und sagte mit gebrochener Stimme:

«Ich kann es nicht glauben! In die Gaskammer! Meine Olga, bist Du Dir sicher?»

«Meine liebe Rózsika, ich wünschte, ich wäre mir nicht sicher. Glaube mir, ich sagte Dir nicht ohne Grund, Du sollst nicht darauf warten, dass Deine Mutter zurückkommt.»

Mama weinte weiter. Papa legte den Kopf in die Hand. Was bedeutet das, Gaskammer?

«Da stand Mengele am Tor», flüsterte Tante Olga, «und sortierte die Leute. Deine Mutter ging mit Erzsike und Tomika nach rechts.»

Erzsike ist die Frau des Bruders von Papa. Tomi ist mein Cousin, zwei Jahre älter als ich.

«Ich wurde nach links geschickt, Deine Mutter nach rechts. Meine Zsuzsika stand zwischen uns. Sie erlaubten nicht, dass sie mit mir kommt. Und dann sagte ich zu ihr: ‹Geh schön mit der Großmutter, meine Kleine!› Ich habe sie in den Tod geschickt. Mein eigenes Kind!»

«Du hast doch nicht gewusst, wohin sie geht!»

«Nein, das nicht. Aber ich hätte bei ihr bleiben sollen. Zumindest würde ich dann auch nicht mehr leben. Ich weiß auch nichts von meinem teuren Józsi. Es kann gut sein, dass ich ganz allein geblieben bin.» Es wurde still. Alle hatten Tränen in den Augen.

«Sie wurden in einen großen Raum gebracht», erzählte Tante Olga weiter. «Sie dachten, dass es ein Bad wäre. Die Türen wurden hinter ihnen zugesperrt und dann Zyan rein gelassen.»

Meine Mutter konnte sich nicht länger beherrschen. Sie schluchzte laut auf. Papa legte seine Hand auf ihren Arm.

«Rózsika, meine Liebe, ... das Kind ...»

«Wie die Wanzen», flüsterte meine Mutter. «Oh mein Gott ... ich kann nicht mehr ... das kann man nicht ertragen ...»

Lange war es still. Tante Olga fragte Papa dann:

«Na, und hast Du Nachrichten von Deinem Vater und Bandi?» (Bandi war der ältere Bruder von Papa.)

«Wir wissen auch nichts von Rózsikas Vater», flüsterte Papa. «Bandi wurde von einem Kameraden gesehen, als er starb. Er wurde bei einem ‹Zehnteln› erschossen.»

Mein Gott! Was bedeutet «Zehnteln»? Und warum musste jemand Onkel Bandi erschießen? Lange konnte ich nicht einschlafen. Nachdem Tante Olga weggegangen war, flüsterten meine Eltern noch lange in der Dunkelheit. Mit Mühe und Not übermannte mich dann endlich der Schlaf. Ich habe immer noch Herzklopfen vor Angst.

Am nächsten Morgen sah Mama sehr müde aus. Ihre Augen waren verweint. Papa war schon zur Arbeit gegangen. Ich bin aufgestanden und schmiegte mich an Mama. Sie drückte mich, und ich fühlte, dass sie sich schüttelte. Sie muss geweint haben. Als ich zu ihr hoch schaute, lächelte sie durch ihre Tränen zu mir herunter und sagte, dass wir nach dem Frühstück ins Freibad gehen und dort lernen werden. Will sie mir das mit der Gaskammer nicht erzählen? Warum? Ich weiß es doch sowieso. Will sie jetzt etwa, dass ich ewig darauf warte, dass Großmutter zurückkommt? Wir sprachen nicht. Ich dachte nach, und für sie war es so bestimmt einfacher.

Im Freibad nahm sie das Lesebuch der zweiten Klasse hervor.

«Gabika, lass uns ein bisschen lesen!»

Ich hatte keine Lust dazu. Ich schaute zu ihr hoch. Sie lächelte sanft, aber ihre Augen sahen schrecklich aus. Ich wollte nicht trotzig sein. Ich las, aber sehr holprig. Hie und da korrigierte sie mich. Nach dem Lernen gingen wir ins Wasser. Ich konnte schon fünf Züge allein schwimmen.

So ging es etwa eine Woche lang. Am Nachmittag schlief ich, dann lernte ich mit Papa Rechnen.

Eines Nachts schreckte ich auf. Meine Mutter packte Kleider in eine Handtasche. Ich erschrak.

«Wohin gehen wir schon wieder?», flüsterte ich.

Mama horchte auf. Sie unterbrach das Packen und kam zu mir. Sie setzte sich an den Rand meines Bettes.

«Gabika, Papa geht es nicht gut, das Herz tut ihm weh. Tante Irma hat den Rettungsdienst angerufen, die sind bald da. Ich bringe Papa ins Krankenhaus. Es kann sein, dass ich erst morgen früh nach Hause komme.»

Sie lächelte ein bisschen und nahm meinen Kopf in ihre Hände.

«Tante Irma ist zu Hause. Du wirst nicht allein bleiben. Schlaf schön. Wenn Du aufwachst, werde ich schon wieder hier sein.»

«Und wenn ich jetzt nicht aufgewacht wäre? Wärst Du dann gegangen, ohne mir Bescheid zu sagen?»

«Ach was, wo denkst Du denn hin. Bevor ich losgegangen wäre, hätte ich es Dir auf jeden Fall gesagt.»

Ich schmiegte mich ein bisschen an sie, sie umarmte mich.

Papa stöhnte auf. Mama ließ mich los. Zum Abschied streichelte sie mir über den Kopf.

«Jetzt muss ich los.»

Sie eilte zu Papas Bett. Ich stieg aus dem Bett und stellte mich etwas weiter entfernt davon hin. Papa lag mit geschlossenen Augen da. Er presste den Mund ganz fest zusammen und war sehr blass. Die Lampe wurde weggedreht, damit sie ihm nicht in die Augen leuchtete. Mama packte mit schnellen Bewegungen weiter. Jetzt merkte ich, dass sie schon ein Tageskleid anhatte. Schrilles Klingeln durchschnitt die Luft.

«Der Rettungsdienst», sagte Mama aufgeregt und eilte hinaus.

Zwei Männer kamen mit einer Bahre ins Zimmer. Sie hoben Papa vorsichtig an und legten ihn vom Bett aus darauf. Mama deckte ihn fürsorglich zu und nahm die Tasche in die Hand. Sie küsste mich noch einmal.

«Schlaf schön, mein Kleiner, ich bin bald wieder zu Hause.»

Die Rettungsdienstler konnten sich nur mit Mühe mit der Bahre über das Badezimmer durcharbeiten. Durch die weit geöffnete Flurtür sah ich, wie sie auf die Treppe zugingen. Mama hinter ihnen her. Tante Irma schloss die Tür und seufzte laut auf.

«Ach Kind!»
Ich schaute zu ihr hoch. In der Nacht habe ich sie noch nie gesehen. Sie stand da im Halbdunkel des Flurs, mit Lockenwicklern in den Haaren. Unter dem Morgenrock sahen ihre dünnen Beine hervor. Plötzlich fühlte ich die Kälte des steinernen Fußbodens unter den Sohlen. Tante Irma ging in die Küche und kam mit einer Tüte zurück.
«Nimm, Gabika», sagte sie und reichte mir die Tüte. Ich nahm ein Bonbon.
«Vielen Dank.»
Sie legte mir die Hand auf den Kopf.
«Schon gut, geh jetzt schlafen. Du wirst sehen, Dein Papa wird wieder gesund.»
Sie wartete ab, bis ich weg war. Dann hörte ich, wie die Tür ihres Zimmers zuging.
Ich ging in das leere Zimmer. Die kleine Lampe schaltete ich nicht aus. Ich streichelte über Papas Bett, dann über Mamas. Ich setzte mich auf mein Bett. Das Fenster war offen. Milder Wind strömte herein. Ich begann zu frieren und kroch in Mamas Bett. Ich zog die Decke über den Kopf. So werde ich es vielleicht aushalten. In dieser Höhle. Ich begann zu zittern. Es war aber gar nicht kalt. Ich zitterte auch an jenem Tag. An jenem Tag während der Deportation, als man sagte, dass die Alten und die Kinder auf den Schlepper steigen sollen, oben auf das Gepäck drauf, und dass die Erwachsenen dann zu Fuß hinter ihnen hergehen sollen. Wir würden uns in anderthalb Stunden treffen. Ich war noch nie von meinen Eltern getrennt. In der Desinfektion war ich auch mit Papa zusammen.
«Steig auf, mein Junge», sagte Papa, «bald treffen wir uns wieder.»
Ich hatte keine Lust dazu, aber ich stieg auf. Ich bin doch auch bis jetzt zu Fuß gekommen, oder? Habe ich mich beklagt? Nein. Warum muss ich dann hier aufsteigen?
Die Sonne schien schön, aber der Weg war lang. Es kann gegen Mittag gewesen sein, als der Traktor hielt und eine Rast verordnet wurde. Eine Großmutter mit ihrer Enkelin kam auch mit. Sie setzten sich auf den Boden, die Großmutter strich dem Mädchen ein Marmeladenbrot. Die anderen saßen um sie herum oder lagen im Gras. Manche aßen, manche nicht.

Ich bekam keinen Proviant für den Weg; wir würden uns ja bald treffen, hieß es. Ich stand ziemlich unentschlossen nicht weit von der Großmutter weg und warf ab und zu einen Blick auf das Marmeladenbrot. Ich sollte nicht hinsehen. Am Ende werden sie noch denken, dass ich sie anschnorren will. Ich musste trotzdem immer in die Richtung sehen. Die Großmutter blickte auf.

«Komm her», sagte sie zu mir. Sie schmierte ein Brot und reichte es mir.

Ich habe mich sehr geschämt. Ich hätte nicht zeigen dürfen, dass ich so hungrig bin.

Den ganzen Nachmittag wurden wir auf dem Schlepper durchgerüttelt. Bei Sonnenuntergang bogen wir in ein Dorf ein. Wir hielten vor einem Schuppen, alle stiegen hinunter. Der Traktor wurde abgekoppelt und tuckerte davon. Nur der Wagen mit dem Gepäck blieb da. Ich ging in den Schuppen und schaute mich um. Hinter dem Tor sah ich einen großen Hof und drum herum halbgeschlossene Scheunen. Zum Hof hin war das ganze Gebäude offen, das Dach wurde von Holzsäulen getragen.

Plötzlich horchte ich auf das näher kommende Murmeln. Unsere Gruppe kam an. Alle beeilten sich.

Sie zogen ihr Gepäck vom Wagen herunter und liefen, um sich einen guten Platz für die Nacht zu sichern.

Ich erschrak. Ich gaffe hier herum und unser Gepäck ist noch auf dem Wagen. Wir werden für die Nacht kein Dach über dem Kopf haben, und ich werde schuld daran sein. Ich rannte gegen den Menschenstrom zum Anhänger raus und begann fieberhaft, nach unserem Sack zu suchen. Endlich fand ich ihn. Ich schleppte ihn herunter, aber ich konnte ihn nicht aufheben.

Ich begann, ihn hinter mir her zu ziehen und in die Scheune hinein zu tragen. Die Leute liefen reihenweise an mir vorbei. Beine, Säcke, Geschrei.

«Gott», das Herz blieb mir stehen, «sie haben mich verloren!» Meine Knie wurden weich. Ich fiel hin, stürzte auf den Sack und begann vor Verzweiflung bitterlich zu weinen. Das Getrampel wurde immer lauter. Auf einmal hörte ich die Stimme meiner Mutter:

«Da ist er, Imre, da ist er!»

Mama packte mich, Papa den Sack. Es gelang noch, uns einen Platz an der Wand zu sichern. Mama und ich umarmten uns und wir weinten und weinten.

«Mein süßer kleiner Sohn, was haben wir uns für Sorgen um Dich gemacht. Überall hat man gesagt, dass ihr schon weggegangen seid, und ich habe Dir nicht einmal etwas zu Essen für den Weg mitgegeben.»
«Von Ági Patakis Großmutter habe ich ein Marmeladenbrot bekommen.»
«Schön, Gott soll sie dafür segnen, ich werde es ihr zurückgeben.»
Dann begann ich zu zittern. Es schüttelte mich vor Kälte. Papa wickelte mich in seinen Mantel. Er legte seine Hand auf meine Stirn.
«Mindestens 38», flüsterte er Mama zu, «und ich habe nicht einmal Aspirin dabei. Wartet, ich versuche, eins zu besorgen.»
Nach einer Weile wurde ich aufgesetzt und musste mit ein wenig Wasser eine Tablette einnehmen. Sie haben mich von beiden Seiten gewärmt. Auf einmal hörte das Zittern auf. Ich schlief ein.
Wer wird mich jetzt wärmen? Wer gibt mir Medizin? Mami, warum hast Du mich schon wieder allein gelassen?
Ich steckte meinen Kopf hinaus. Das Zimmer kommt mir bekannt vor. Im Schrank sind unsere Sachen. Von hier müssen wir nicht mehr weiter gehen. Am besten, ich sammle alle Decken. Ich schleppte sie alle auf Mamas Bett und verkroch mich darunter. Ich steckte sogar meinen Kopf unter die Decke. Bald wird es Morgen und sie kommt ... bald wird es Morgen und sie kommt ...
Als ich meinen Kopf unter der Decke hervorstreckte, waren sogar meine Haare nass. Mama saß am Tisch, den Kopf in die Hände gestützt, und weinte. Ganz leise.

3.

Die Sonne stand schon ganz hoch, als Mama aufwachte. Wir machten zusammen Ordnung, dann gingen wir auf den Markt. Papa hatte in der Nacht einen Herzschlag. Er muss liegen. Mama ging jeden Tag zu ihm, ich durfte ihn erst nach ein paar Tagen besuchen.
Die Marktfrauen legten ihre Waren in den Schatten der riesigen Bäume in der Ringstraße. Voneinander getrennt standen die Verkäuferinnen mit dem Gemüse, den Milch- und Sauerwaren und dem Paprika. Ich kannte den Markt sehr gut. Großmama nahm mich des Öfteren mit hier-

her. Der Duft von Obst und Dill rief mir die vergangenen Zeiten in Erinnerung.

Wir kamen vor das Haus, in dem Großmama und Großpapa wohnten. Der eine Flügel war auf und man konnte durch den dunklen, kühlen Toreingang in den sonnigen Garten hineinsehen. Ich blieb stehen und konnte nicht weitergehen.

«Lass uns ein bisschen hineinschauen!», bat ich Mama, und schon ging ich los.

Mama folgte mir, ohne ein Wort zu sagen.

Zur Tür von Großmamas Wohnung kam man auf einer kleinen Treppe, die vom Hof hinaufführte. Es wurde mir erzählt, dass ich stundenlang hoch- und hinuntergeklettert bin, als ich laufen lernte. Später – daran kann ich mich schon sehr gut erinnern – saß und spielte ich dort gerne herum. Großmama stellte manchmal einen Stuhl vor die Tür und erzählte mir ein Märchen.

Auf der Treppe spielten jetzt zwei fremde Kinder. Die Tür war weit geöffnet, eine junge Frau mit einem Kopftuch legte Bettwäsche zum Lüften ins Fenster. Sie warf einen Blick auf die Kinder und verschwand.

«Die Bettbezüge von Großmama», flüsterte Mama, «und auch die Vorhänge ...» Sie konnte ihren Blick nicht vom Fenster wenden.

Ich wagte es nicht, sie anzuschauen, aber ich fühlte, dass sie lautlos weinte.

Wie wäre es, wenn wir hingehen und sie bitten würden, dass sie uns Großmamas Sachen geben? Würde auch sie uns die Tür vor der Nase zuschlagen? Vielleicht würden auch die Nachbarn herauskommen und mit den Fingern auf uns zeigen.

«Na, was ist denn? Sie sind aber ganz schön lebendig! Sie sollten sich freuen, dass sie zurückgekommen sind. Was es für Menschen gibt!»

«Lass uns hier gehen, mein Kleiner!», sagte Mama.

Sie wandte sich zu mir, nahm meinen Kopf in ihre beiden Hände.

«Großmama sehen wir nicht wieder. Sie kommt nicht zurück.»

Na endlich! Ich wusste, dass sie jetzt von mir erwartete, dass ich weine, mich wundere und frage. Ich fühlte, dass mir Gesicht und Augen versteinerten und ich keinen Ton herausbringen würde. Denn ich wusste schon mehr darüber. Im Freibad begegnete ich Pista Tausz. Pista erzählte, dass diejenigen, die im Gas gestorben sind, verbrannt wurden und der Rauch

durch einen großen Schornstein herauskam. Die Menschen waren in einem Lager eingesperrt, in dem man in den Zaun drum herum Strom leitete. Wer fliehen wollte oder den Zaun nur zufällig berührte, war auf der Stelle tot. Pista belauschte das Gespräch der Gäste seiner Mama, die von dort zurückkamen. Eine Mutter und ihre erwachsene Tochter besuchten sie, entfernte Verwandte, und die waren in der Gaskammer. Sie wussten das freilich nicht. Aus irgendeinem Grund waren die ersten zwei Reihen plötzlich hinausgelassen worden. Vielleicht mussten sie schnell etwas arbeiten. Als sie draußen waren, da rief ihnen einer von den Deutschen zu:
«Wisst Ihr, wo Ihr wart? In der Gaskammer!»
Vielleicht hat Mama davon noch gar nichts gehört?
Ich muss sehr viel daran denken. Es hätte auch passieren können, dass ich dorthin komme. Und ich da nicht hinausgelassen werde. Nachts wache ich immer auf. Ich habe den Eindruck, als ob ein Einbrecher im Dämmerlicht auf den Ofen klettert. Ich habe Angst. Einmal stand ich auf und wollte mich nahe zu Mama und Papa in den Sessel setzen. Ich habe es auch geschafft, aber ich warf dabei ein Buch hinunter. Sie wachten auf und sahen, wie ich da im Sessel saß.
«Was machst Du da, mein Kleiner?», fragte Papa.
Ich hatte wieder das Gefühl, als wäre ich eben aufgewacht, obwohl ich schon seit geraumer Zeit wach war.
«Nichts, ich sitze hier nur so», antwortete ich.
Papa stand auf und brachte mich in mein Bett. Eine Weile saß er neben mir, dann legte er sich wieder hin.
Ich muss auch am Nachmittag schlafen. Ich mag es nicht. Ich habe immer so viele Träume. Wenn ich aufwache, ist mir immer warm. Papa lag schon eine Woche in der Klinik, als Mama auffiel, dass mein Gesicht beim Aufwachen sehr rot war. Sie legte mir ihre Hand auf die Stirn und gab mir ein Fieberthermometer. So ging es drei Tage. Am vierten Tag sagte Mama:
«Heute gehen wir zu Onkel Doktor Kalocsai.»
«Früher Kohn», sagte ich automatisch, lachend.
Als ich geboren wurde, hieß Onkel Doktor Kalocsai noch Kohn. Ich erinnere mich nicht mehr daran, wann er seinen Namen geändert hat. Mama und Papa lachten darüber, und sooft er nur zur Sprache kam, fügten sie das hinzu.

Die Wand des Wartezimmers war voll mit den Fotos von den Kindern, die Onkel Doktor Kalocsai behandelte. In der dritten Reihe von oben, da hängt auch ein Foto von mir, auf dem ich zwei Jahre alt bin. Ich war ein ganz niedlicher Junge. Meine Haare sind ebenso kraus und schwarz wie die von Mama. Manchmal sagt man auch, dass ich ihr ähnlich sehe.

Der Onkel Doktor ließ den letzten Patienten hinaus und sagte:

«Bitte schön! Küss die Hand Rózsika, hallo Gabi. Was gibt's Neues? Wie geht es Imre?»

«Gott sei Dank, besser», erwiderte Mama. «Die Medikamente, die Erholung, die Ruhe. Eine Zeit lang bleibt er noch in der Klinik, dann werde ich ihn zu Hause pflegen ...»

«Wohnung?»

«Vorerst keine, aber mehrere Bekannte haben versprochen, dass sie sich umschauen werden.»

«Und der Junge? Was fehlt ihm?»

«Vor drei Tagen habe ich bemerkt, dass er nachmittags erhöhte Temperatur hat», sagte Mama und ihre Stimme zitterte ein wenig.

Der Arzt lächelte.

«Na, dann schauen wir uns das mal an. Zieh Dein Hemd aus!»

Er tastete mich mit seinem Stethoskop vorne und hinten ab. Ich konnte nie wissen, an welche Stelle er es im nächsten Moment hielt. Mich fröstelte.

«Jetzt tritt mal hier hinauf, ich werde Dich durchleuchten!»

Als ich mich angezogen hatte, legte er mir seine Hand auf den Kopf und sagte:

«Warte ein bisschen draußen, mein Sohn.»

Ich schaute mir die Bilder an und langweilte mich.

«Komm, lass uns in den Garten der Klinik hinübergehen», sagte Mama, als sie aus dem Sprechzimmer kam.

Wir spazierten unter großen Bäumen auf dem mit gelbem Kiesel bestreuten Weg. Wir setzten uns auf eine weiße Bank. Ich fragte nichts. Ich wartete.

«Der Onkel Doktor Kalocsai hat sich Deine Lungen angeschaut», fing Mama an. «Weißt Du, dort gibt es so kleine Bläschen, die nennt man Hilus. Der Onkel Doktor sagt, dass diese Blasen an einer Stelle ein bisschen angeschwollen sind. Das ist nicht schlimm, aber jetzt brauchst Du viel Ruhe und Du wirst auch Medikamente bekommen. In solchen Fällen fährt man am besten in die Berge, in ein Sanatorium. Ich möchte nicht, dass Du in eine andere Stadt fährst. Es gibt hier, außerhalb der Stadt, ein jüdisches Kinderheim mit einer großen Parkanlage. Der Onkel Doktor kennt den Arzt dort, er spricht mit ihm und Du wirst ein paar Wochen da in der guten Luft bleiben. Du nimmst das Medikament, hüpfst und läufst nicht herum, und wenn der Herbst da ist, kannst Du in die Schule gehen.»

Ich bekam kein Wort heraus.

«Jetzt warte hier. Ich gehe hoch zu Papa. Wenn man es erlaubt, kannst Du ihn auch besuchen.»

Ich war sehr aufgeregt. Ich begann zwischen den Blumenbeten zu spazieren. Etwas weiter gibt es einen weinroten Baum. Ich mag ihn sehr. Nirgendwo sonst habe ich so was gesehen.

Jetzt muss ich schon wieder gehen. Noch dazu alleine. Wie kommt man dahin? Ob alle dort krank sind? Oder werde nur ich allein das Bett hüten müssen? Ich zeichnete einen Hopskasten und fing an zu hüpfen.

Als ich damit fertig war, kam Mama. Mir fiel ein, dass ich nicht mehr hüpfen durfte, aber Mama tadelte mich nicht.

«Komm, wir gehen zu Papa!», sagte sie.

Wir traten von einem geräumigen, hellen Korridor in ein Krankenzimmer mit sechs Betten. Papa lag da am Fenster. Als wir eintraten, lächelte er.

«Servus, mein Junge! Nun, wir haben uns lange nicht gesehen. Ich höre, Du fährst in Urlaub. Was gibt's Neues? Wie kommst Du mit dem Lernen voran?»

Papa war so komisch auf dem Krankenhausbett. Er kam mir sehr dünn vor und seine Stimme war auch so seltsam.

«Ich lese schon ganz gut», würgte ich endlich heraus.

«Du wirst viel Zeit zum Lernen haben. Üb' auch Rechnen. Wenn ich hier raus bin, werde ich Dir neue Bücher kaufen.»

Mama, die die ganze Zeit hinter meinem Rücken stand, legte mir jetzt die Hand auf die Schulter.

«Lass uns nun von Papa verabschieden, gut?»

Wir küssten uns. Von der Tür aus schaute ich noch zurück. Papa lächelte und winkte. Wir verließen die Klinik. Dann durchfuhr mich blitzartig ein Gedanke.

«Wann muss ich ins Kinderheim?», fragte ich Mama plötzlich.

«Morgen früh», antwortete sie sehr leise und umarmte mich.

4.

Die ersten Tage im Kinderheim kamen mir endlos lang vor. Man konnte nie wissen, was in der nächsten Stunde passiert. Dann entwickelte sich langsam eine Ordnung, aber da kam mir auf einmal alles eintönig und langweilig vor. Schließlich war doch Sommer. Die Sonne schien oft. Das Zimmer wurde hell.

Péter Koltai war eine Woche mit mir im Krankenzimmer. Dann kam ein sechzehnjähriger, großer Junge; dann wieder andere. Manchmal blieb ich tagelang allein im Zimmer. Koltai hatte zwar eine Großmutter, aber weil sie nicht mehr arbeiten konnte, gab sie ihn ins Kinderheim. Der große Junge und die meisten Kinder waren ganz allein auf der Welt, und alle wollten nach Palästina. Sie lernten Hebräisch. Wenn sie sprachen, mischten sie hebräische Worte hinein. Abends zündeten sie ein Lagerfeuer an, und während sie laut sangen, tanzten sie darum herum. Oder sie saßen einfach nur um das Feuer und sangen hebräische Lieder, die ich nicht kannte.

Ich durfte nicht unter ihnen sein. Eigentlich gehörte ich nicht hierher. Die Tatsache, dass sowohl sie als auch ich Juden waren, schien von geringer Bedeutung zu sein. Sie, die Waisenkinder, liefen fortwährend aufgeregt und voller Tatendrang herum und amüsierten sich sehr gut. Ich war zwar kein Waisenkind, aber man stellte mir eine Liege unter die Bäume und ich musste dort den ganzen Tag herumliegen. Das Lagerfeuer am Abend schaute ich mir, auf die Ellbogen gestützt, von meinem geöffneten Fenster aus an.

Mama trieb tatsächlich ein Fahrrad auf. Sie besuchte mich pünktlich drei Mal die Woche. Sie brachte mir Milchbrei und mischte Eier und Früchte darunter. Jedes Mal lernten wir. Sie gab mir die neue Lektion auf und kontrollierte die vorherigen Aufgaben. Ich bekam Buntstifte, einen Zeichenblock, Modelliermasse, ein Malbuch. Meine Zimmerkameraden spielten Mikado mit mir, wenn sie nicht zu hohes Fieber hatten.

Ich fragte sie, warum sie nach Palästina gehen. Das ist unser Land, antworteten sie. Wir bauen es für uns auf, von dort wird uns niemand vertreiben. Wir werden uns schützen.

Ihr werdet Euch schützen? Wie? Also mit Waffen. Wir Juden, mit Waffen? Das gefiel mir.

«Lass uns auch nach Palästina gehen», bat ich Mama.
Sie war erstaunt.
«Wir können nicht hingehen», erwiderte sie nachdenklich.
«Warum nicht? Sind wir keine Juden?»
«Doch, leider sind wir das», sagte sie mit einem bitteren Lächeln, «aber weißt Du, das ist ein sehr armes Land. Und das ganze Jahr hindurch ist es dort schrecklich warm. Das ist fast eine Wüste.»
«Aber alle wollen doch dorthin. Für sie ist es keine Wüste?»
«Wovon könnten wir dort leben?»
«Warum, wovon werden die anderen dort leben?»
«Sie werden das Land anbauen und zusammen arbeiten.»
«Und ist das für uns nicht gut?»
«Wir sind nicht mehr jung. Papa und ich verstehen nichts von der Arbeit der Bauern. Hier hat er eine Stelle und bald werden wir auch eine Wohnung haben. Wir können nicht ins Unsichere gehen.»
«Und was passiert, wenn man uns hier wieder misshandeln will?»
«Jetzt kann man uns nicht mehr misshandeln. Die Russen sind schon da.»
«Und wenn sie nicht da wären?»
«Schau Gabika, die Menschen sind nicht böse. Es gab eine kleinere Gruppe, die uns nicht gemocht und uns viel Böses angetan hat. Diese Menschen werden jetzt vor Gericht gestellt und sie werden bestraft.»
«Und die Deutschen?»
«Sie haben den Krieg verloren. Sie werden nie mehr so sein, wie sie mal waren.»
Sie konnte mich nicht überzeugen. Es wäre gut gewesen, von hier wegzugehen. Es wäre so gut gewesen, weit weg von hier zu sein. Hier sind wir nicht in Sicherheit. Hier kann alles passieren.
Am Abend in der Dunkelheit blieb ich allein mit den Verstorbenen. Sie schnappten dort um mich herum nach Luft. Sie liefen gegen den Drahtzaun und starben. Und aus einem großen Schornstein stieg nur der Rauch. Sie schwirrten um mich herum, sie schrieen mich an, sie beschimpften mich, diskutierten. Ich versuchte, mich zu verteidigen, aber sie waren mir überlegen. Was bedeutet es, dass es wenige Kinder in der jüdischen Schule gibt? Wo sind denn die fehlenden? Sind sie alle getötet worden? Was haben denn meine Klassenkameraden angestellt? Und warum habe ich es

überlebt? Wenn ein Alter stirbt, dann trauern alle um ihn. Armer Onkel Jóska, er hätte noch leben können. Und die Kinder? Hätten die nicht noch leben können? Um die ist es nicht schade? Genügt es, dass man nur soviel über sie sagt, dass sie wenige sind? Wo sind die Menschen hin? Warum hat man uns das angetan? Hatte man uns nicht gern? Muss man deshalb andere töten? Ich mag Tante Irma auch nicht. Darf ich sie deshalb töten? Wem waren Großmama und Tomi im Weg? Und wem kann ich im Weg gestanden haben, dass man mich ein Jahr lang hin und her stoßen durfte? Dass man mir das Bett wegnehmen durfte und das Spielzeug. Warum ist all das passiert? Diese Fragen beantwortete mir niemand. Dann muss ich sie wohl beantworten, ich, der ich erst jetzt lesen lerne? Soll ich jetzt hier alleine mit meinen Verstorbenen und mit meinen Gedanken in diesen aus Schweigen errichteten Wänden sitzen?

Warum können sie nicht in meinen Kopf schauen? Warum antworten sie mir nicht? Sie wissen die Antwort auch nicht? Die Großen, die alles wissen? Sie wenden ihren Blick vom Entsetzlichen ab. Sie schauen nicht hin. Mein Kopf fragt nicht, ob er hinsehen darf oder nicht. Die Toten sind immer und überall anwesend. Ich kann sie nicht verscheuchen. Sie rufen mich zu sich, schreien mich an. Du gehörst auch hierher! Du gehörst zu uns! Warum bist Du nicht mit uns gekommen? Bist Du vielleicht anders? Ich versuche, mich zu verteidigen. Nein, ich bin nicht anders. Das ist ein Zufall. Wirklich, nur ein Zufall. Verzeiht mir! Ich kann nichts dafür, dass ich lebe. Seid mir nicht böse! Einmal, wenn ich alt bin, werde ich sowieso sterben. Aber wir sind jung gestorben, kreischen sie. Und Deine Mutter fühlt nicht einmal Mitleid mit uns. Sie sagt: Es gibt wenige Kinder in der Schule. Und sie, warum lebt sie? Hier sind die vielen Waisenkinder. Keine von ihren Müttern lebt. Und Deine? Warum lebt sie? Das ist nicht gerecht. Lasst mich los, lasst mich los, flehe ich sie an. Ich will aufwachen. Das ist ein Traum. Nein, das ist kein Traum, das ist die Wirklichkeit. Schau ihr ins Auge! Ich kann ihr nicht ins Auge schauen. Ich sterbe daran, mit mir ist es aus. Ihr nehmt mich mit, ich fühle es. Ich habe Angst, ich habe Angst. Ich verstehe es nicht. Vielleicht haben wir doch etwas verbrochen, nur weiß ich nichts davon. Es ist unmöglich, dass das Grauen keinen Grund hat. Da steckt etwas Dunkles dahinter. Wenn wir nicht schuldig sind, wie könnte Mama dann sagen, dass sie in der Schule zu wenige sind? Nur so, einfach so? Sie könnte etwas wissen, was ich nicht weiß. Mama weiß, dass wir nicht hüpfen dürfen, weil sie Recht hatten. Wir haben die Strafe verdient. Aber was habe ich verbrochen? Oder müssen ich und die anderen Kinder die Strafe für die Schuld der Erwachsenen tragen? Ach, wie hasse ich die Schuldigen, die uns das angetan haben! Wie hasse ich die Juden! Nein, nein! Ich will nie mehr Jude sein! Er will nicht, er will nicht? Du bist es ja, schreien die Toten! Nein! Wenn ich will, dann werde ich kein Jude sein! Nein, nein und nochmals nein! Das will ich nicht, ich halte das nicht aus. Wenn ich kein Jude bin, dann kann ich Euch vergessen. Ich gehöre nicht zu Euch. Ich bin nicht verantwortlich für Euch.

Die Toten ziehen sich langsam zurück in ein entferntes Kämmerchen meiner Seele, und ich schließe die Tür hinter ihnen. Sie sind verschwunden. Mein Herz aber wurde immer schwerer.

Und die Welt breitete sich drohend und unberechenbar über mir aus.

Vera Szöllős
Vera Szöllős wurde 1937 in einer assimilierten Familie in Szeged geboren. Sie war sieben Jahre alt, als sie 1944 in die Tschechoslowakei deportiert wurde, wo sie unter dürftigen Verhältnissen, aber in relativer Sicherheit den Krieg überlebte. 1950 zog sie mit ihrer Familie nach Budapest, wo sie noch heute lebt. In späteren Jahren begann sie zu schreiben, in erster Linie autobiographische Texte. 2009 erschienen in Israel ihre Memoiren auf Hebräisch.

Anna Kun

DIE HEIMKEHR

Entschlossen trotte ich vom Bahnhof die Kossuth utca entlang Richtung Stadt, in Jeans mit kurz geschnittenen Hosenbeinen, Schnürstiefeln, einem blauen Leinenhemd und einem deutschen Tornister auf dem Rücken. Das ist ein kleiner Rucksack mit zwei Deckeln zum Aufklappen, der sich wie ein Tabaksbeutel öffnen lässt. Da passt nicht viel hinein. Viel mehr kann man unter die Pelzklappe packen – Mantel, Decke. Meine Haare sind kurz, ich habe einen Männerhaarschnitt. Es ist Frühsommer, überall Stille und Frieden. Nur in mir toben Stürme.

Ich ging alleine los. Vater und Mutter blieben zu Hause in Budapest bei der Gemeinde. Sie wollten irgendeine Hilfe, Startkapital oder einen Ratschlag. Massen warteten gemeinsam mit ihnen. Ich hatte keine Bleibe mehr. Ich wollte wissen, ob es wahr ist, dass Pista zu Hause ist. Ich wollte nicht, dass auch andere bei unserem ersten Treffen dabei sind. Ich musste sehen, was der Krieg in uns zerstört hatte, wie wir nun nach all dem weiterleben. Ob er darauf wartet, dass ich nach Hause komme? Hat er mich in sich so aufbewahrt wie ich ihn? Kann man alles neu beginnen? Wir haben nur kurze Zeit zusammen gelebt. Was wissen wir denn voneinander? Kann man in dieser Stadt leben?

Kann man hier bleiben, an jenem Ort, wo man mich zuletzt mit einem Beutel auf dem Rücken, in einem fremden Mantel, in einer Gruppe von Frauen, Alten und Kindern unter schreienden Gendarmen und Pfeilkreuzlern Richtung Bahnhof hat stolpern sehen?

Mit gesenktem Kopf schreite ich voran. Ich schäme mich, dass ich zurückgekommen bin, ich schäme mich, dass ich lebe. Ich will nicht, dass man mich wieder erkennt, ich will nicht, dass man mich begrüßt, dass man mich anhält und ausfragt. Ich schäme mich, dass die Stadt schweigend zusah, wie wir weggetrieben wurden, und dass sie jetzt manche von uns wieder als lebendige Gewissensbisse aufnehmen muss. Sie können sich noch nicht an den Gedanken gewöhnen, dass es einige Überlebende geben wird, denen sie dann in die Augen sehen müssen.

Im Tornister ist so gut wie nichts, Wäsche zum Wechseln und ein provisorischer Ausweis. Ich bekam ihn in Budapest. Das vergangene Jahr war der Preis dafür. Diese Last, dieser Film, den ich mitschleppe, liegt mir schrecklich schwer auf den Schultern. Unter seinem Gewicht bekomme ich weiche Knie. Gegen meinen Willen sehe ich seine Bilder, sie brannten sich in meine Netzhaut ein. Da ist diese Nacht in Bergen-Belsen in der Diphtheriebaracke, in der der griechische Chirurg die Holländerin operierte – vergeblich. Drum herum hockten die Zuschauer, die anderen Kranken, in Decken gewickelt, auf ihren Dreietagenbetten. Der Regen trommelte auf das Dach, das Wasser sammelte sich in Pfützen auf dem Boden der Baracke. Der Professor operierte bei Kerzenlicht. Seine gebückte, untersetzte Figur wuchs zu einem riesigen Schatten an der Wand. Ich sehe, wie er seine Arme ausbreitet und in sich versunken am Tisch steht. Ich sehe das wachsgelbe Gesicht der Frau, wie es langsam unter der darüber gezogenen Decke verschwindet. Aber ich sehe auch mich selbst, ein Jahr früher, vor der Abfahrt, als ich im Hof der Büchlers diesen braunen Wintermantel anprobiere, der fast bis zum Boden reicht, und inzwischen denke ich, er wird schon passen. Ich binde mir das dunkle Kopftuch um, dann wird mich nicht einmal meine Mutter wieder erkennen. Und ich sehe das mit Honig gefüllte Fünf-Liter-Glas auf dem Gartentisch stehen. Bevor wir losgingen, hat jemand seinen Rucksack unaufmerksam dagegen gelehnt – und im strahlenden Sonnenschein strömt der Honig in großen Tropfen sanft wie ein goldener Bach auf den Boden. Und ich sehe mein kleines Söhnchen auf dem Untersuchungstisch in Theresienstadt, bis auf die Knochen abgemagert, mit vor Angst geweiteten Augen, mit schiefem Mund, seine Arme nach mir streckend, er will sich nicht in das saubere Gitterbett legen ...

Es ist früher Nachmittag, es gibt kaum Verkehr. Jetzt biegen zwei Männer, die sich unterhalten, um die Ecke des Gymnasiums. Sie sind schon nah, als die Stimme ... Ich schaue hoch. Mein Herz bleibt stehen. Ich muss mich an den Zaun lehnen. Es ist Pista, der redet. Für diesen Moment wollte ich leben. Der Augenblick dieses Treffens zog mich aus dem Typhus, dem Fieber – und der Wunsch, hier in dieser Welt noch etwas zu erledigen. Ich muss die Dinge wieder in Ordnung bringen. Was ich zu tun habe, das wird Pista schon sagen, er weiß es.

Werden wir uns umarmen? Drücken wir uns die Hand? Freude, Erfüllung, ein Wiederfinden? – Ich weiß es nicht. Ich war nicht bei Sinnen. Ich bin zu Hause angekommen.

Er sagte: «Das ist der Bürgermeister, mein Freund. Tibor, das ist meine Frau. Wir machen morgen weiter. Wir gehen jetzt nach Hause.» «Das Kind?», fragte er. Ich wies die Frage mit einer Geste ab.

Er hielt meine Hand, wir gingen gemeinsam. Wir redeten nicht. Erst an der nächsten Ecke fragte er wieder. – Das Kind konnte ich nicht nach Hause bringen. Es lebt nicht mehr.

Er ließ meine Hand los. Ich hatte das Gefühl, dass er sich über mich nicht freut. Auf das Kind hat er mehr gewartet als auf mich. Wir gingen in das alte Haus. Auf der Veranda legte ich den Rucksack ab, fiel daneben, sank darauf und wurde von solch einem Weinkrampf geschüttelt, dass ich beinahe daran gestorben wäre. Pista saß neben mir und klopfte mir erschrocken auf den Rücken:

«Vergiss! Schau nicht zurück! Es wird schon vergehen. Du wirst es vergessen ... Wir sind hier, und es gibt viel zu tun.»

Ich habe mir Mühe gegeben zu vergessen. Ich habe mich über das, was ich erlebte, niemals ausgesprochen.

An der Stelle des alten Gartens befindet sich jetzt ein wüster Hof, durcheinander geworfene Autoreifen, Reifenspuren im dicken Schlamm. Die Fichten, die Sträucher sind weg. Wir leben unter fremden Möbeln in einem fremd gewordenen Haus, in einem kleinen, fremden Zimmer. Das Heim ist dahin. Die Jugend ist dahin.

Nichts kann mehr so werden, wie es einmal war.

Anna Kun

Anna Kun wurde in einer kleinbürgerlichen Familie geboren. Sie arbeitete als Kosmetikerin, Erzieherin, Textilarbeiterin und in der Weinherstellung. 1950 legte sie ein Diplom in Pädagogik ab. 1944 war sie mit ihrem vier Monate alten Kind aus der Ziegelfabrik in Szeged nach Österreich verschleppt worden, wo sie ein halbes Jahr in einer Kriegsfabrik arbeiten musste. Dann kam sie nach Bergen-Belsen. Die Befreiung erlebte sie in Theresienstadt. Nach 1945 wurde sie Journalistin, war Redakteurin für Kinderzeitungen und arbeitete beim Schulradio. Sie gründete eine Familie und bekam zwei Kinder. Sie starb 2005.

Anna Szász

VARIATIONEN AUF EINEN VATER
(Auszüge)

Schlüsselworte:
Gestorben
Abschied
Warten auf ...

«Dein Vater?»
Ilse F., eine Mitschülerin aus der Grundschule, und ihre Mutter sprachen mich im Sommer 1947 an der Ecke V. utca - Ringstraße an. Ich wollte gerade ins Schwimmbad – in die Halle, so nannten wir die Schwimmhalle. Ich hatte einen schlimmen Winter hinter mir: Klaustrophobie, Depression, Streitereien mit meinem kleinen Bruder, Pubertät, meine Brüste fingen an zu wachsen:
«Nanu, Romola, Dir wachsen ja die ‹Bürste›!», und höhnisch zeigte er mit seinem dicklichen Zeigefinger auf mich. Ich sprang ihn an, obwohl ich wusste, dass er schon stärker war als ich. Der unmögliche Körperteil störte mich, er tat weh und war angespannt. Meine Arme strichen daran, was zwar ein unbekanntes, angenehmes Gefühl auslöste, aber das innere Chaos nur gesteigert hat. Bei der Begegnung mit Ilse und ihrer Mutter hatte ich all das gerade hinter mich gebracht. Mich interessierte nichts anderes, als draußen zu sein, in der Sonne, im Wasser und – was ich auch vor mir selbst verheimlichte – unter Jungs: Und dann kommt Ilse mit ihrer Mutter.
«Dein Vater?»
«Gestorben.»
Ich benutzte nicht die übliche Formel: «Er ist nicht zurückgekommen.», die sich anhörte, als würde sie für die Fragesteller noch irgendeinen Spalt offen lassen, eine Art Chance. Nein! Endgültig. Unumkehrbar.
Die nicht zu beschönigende Tatsache.
«Gestorben?»

Sie schlugen beide die Hände zusammen – sie waren einander sehr ähnlich, ein länglicher, aber kräftiger Kopf, untersetzte Statur, man könnte sie eher für Schwestern als für Mutter und Tochter halten – , als ob der Tod meines Vaters eine Ausnahme, irgendein zufälliger Unfall gewesen wäre.

«Ja, gestorben.»

Und ich musste lachen.

Ich sah die Bestürzung, die Verblüffung auf ihren Gesichtern.

Ich lachte. Ich lachte, ich lachte.

Ich lachte ...

*

... Die Orte, die Häuser, die Straßen jener Jahre konnte ich später einfach nicht identifizieren. Die Ortsnamen hatten für mich ihre eigene Bedeutung. Die Stationen des ersten Arbeitsdienstes meines Vaters, Isaszeg, Felsőgalla, Cegléd, waren in meiner Phantasie nicht gewöhnliche menschliche Siedlungen. Gödöllő. Für mich ist das nicht das Schloss, der Park, die Gemeinde, die sich inzwischen zu einer Stadt entwickelt hatte, sondern ein Unheil verkündender Name. Der Ort, von wo aus sie im September 1941 auf den Weg in die Ukraine geschickt wurden. Ein Sonntag im Frühherbst, geschlossenes, mit Gras bewachsenes Gelände: Hier trafen und verabschiedeten sich die Arbeitsdienstler und ihre Familien. Es war warm, und auf allem lag Staub. Aus heutiger Sicht scheint es mir fast wie ein Ausflug. Fast. Wir setzten uns ins Gras, meine Mutter packte das von zu Hause mitgebrachte Essen aus, und sie brachte bestimmt auch etwas zu Trinken mit, für sie beide vielleicht auch Kaffee in einer Thermoskanne. Wenn ich damals meine Gefühle für mich hätte formulieren können, dann hätte ich gesagt, irgendwo festgehalten, festgenagelt zu sein, als würde man sich von sich selbst entfernen; die vergehende Zeit und das, was einen umgibt, wird immer unwahrscheinlicher, schwebender. Aber man kann sich kaum vorstellen, dass ein Mensch von acht Jahren zu so komplizierten Gedankengängen fähig ist. Ich war nur müde, langweilte mich, und wie immer fürchtete ich mich, wenn Befehle ertönten. Mein Vater sprang auf, er trat zusammen mit den anderen an, und dann war da zwischen uns plötzlich ein bis dahin unsichtbarer Drahtzaun ...

... (Warten auf einen Vater.)
Nachdem Tante Tessza, die Klavierlehrerin von B., meiner Tochter, uns telefonisch mitgeteilt hatte, dass das ausgemusterte Klavier der Schule zu verkaufen ist (woher kannte sie unsere finanzielle Lage?), stand ich schon morgens um acht vor dem Klaviersaal Wache.
Ich hätte es wissen müssen, dass sie erst um zehn aufmachen.
Irgendein Enthusiasmus trieb mich an.
Ach!
Ja, ach! Begeisterung, dass ich dieses Instrument, das später so lästig werden wird, für meine Tochter ergattere. Ein großes Stück, mit einem Stimmstock aus Holz, unmöglich zu verkaufen. Selbst umsonst würde es niemand haben wollen. B. wohnte nicht mehr zu Hause. Die Finken, die ihr Vater nach Hause brachte, interessierten sie auch nicht. Diese Vögel, die auf dem Klavier wohnten und Samen und Federn verstreuten – waren in meinen Augen die Symbole der Unordentlichkeit. Nichts ist in Ordnung. (Die Zeit ist aus den Fugen geraten). Nichts.
Ich stand da, weil ich dachte, dass das Warten auch mitzählt.
Dass es eine Leistung ist, wenn ich B. das Klavier kaufe.
Als wären die Sachen im Nachhinein wieder gut zu machen.
Ein Klavier hatten wir nicht zu Hause.
Das, wie so vieles andere, fehlte unter den Requisiten des bürgerlichen Lebens.
«Das holde Mädchen spaziert auf dem Boulevard ...»
Jemand, ich weiß nicht wer, eine Frau – sie gehörte nicht zur Familie –, spielte solchen Tingeltangel bei meiner Tante E. auf dem Klavier im Salon, der mit Möbeln in lilafarbenem Samtbezug eingerichtet war.
Welcher Art? Vielleicht Zyklamen-Lila.
(«Der Sonnenschein glänzt auf ihrem lockigen Haar.»)
Das ist es.
Ich habe es.
«Und wie sie so geht mit kurzem Schritt,
ihr auf der Straße ein Herr entgegentritt.»
Es ist früh am Morgen.
Der Klaviersaal war anderthalb Ecken vom Westbahnhof entfernt, kaum ein paar Schritte bis zu der Stelle, an der die Ringstraße die enge Gasse des Rettungsdienst-Krankenhauses – ehemals Sanatorium City –

kreuzt. Hier vollzog Dr. H. I. meinen ersten Schwangerschaftsabbruch. Trotz der groben Instrumente damals könnte man sagen, sanft. Er nannte mich kleine Fee und versicherte mir, dass ich mich nicht als entehrtes Mädchen betrachten soll.

Zwei Schritte nach vorn, zwei Schritte zurück. Es gibt so gut wie keinen Verkehr, ein bis zwei Männer und Frauen, die zur Arbeit eilen.

Das Warten – ist wie ein durchgehendes Handeln, das einen Bogen von der Vergangenheit in die Gegenwart spannt.

Nein.

Ein Existenzzustand.

Ich stehe vor dem Westbahnhof.

Ein Zug fährt ein. Das Volk strömt heraus. Dann wird der Menschenstrom immer dünner. Schließlich nur noch ein, zwei späte, zögerliche Passanten.

Ich warte weiter.

Ein neuer Zug, neue Masse, neue Hoffnung. Vielleicht doch. Und wieder nicht.

Die Sonne sinkt langsam, die Schatten werden länger. Nur noch die Hilflosigkeit fesselt mich. Dieses tägliche Herumstehen hier vor dem Westbahnhof, im Sommer und Frühherbst nach dem Krieg, ist etwas, wofür man sich zutiefst schämen und was man verheimlichen muss.

In der Tiefe meiner Seele habe ich das Gefühl, dass das, was ich tue, gegen irgendein mir unbekanntes, aber ganz bestimmt existierendes Gesetz verstößt.

Plötzlich durchfuhr mich der Gedanke: Und wenn wir uns verpasst haben?

Wenn er schon einen Imbiss nimmt, während ich hier Wache stehe?

Wenn er ein Mal unerwartet ankam, warum sollte sich das nicht aufs Neue wiederholen?

Ich sehe, wie er im Korridor erscheint – in Soldatenuniform ohne Kragenspiegel, mit einer Soldatenmütze. Auf dem Arm hält er meinen kleinen Bruder, der keine Ahnung hat, wer dieser Fremde ist. Meine Mutter, in ihrem beigefarbenen Morgenkleid, auf dem Kopf ein rot-weiß gepunktetes Tuch, macht sauber. Auf das Klingeln hin öffnet sie die Tür.

Als mein Vater mich umarmt, rieche ich diesen eigentümlichen Männergeruch, dieses Gemisch aus Körperausdünstungen, Tabak und schweren Eisenteilen. Aus der Ukraine fuhr er auf dem Plateauwagen eines Frachtzuges bis nach Hause.

Es war komisch, mich in einer Wohnung voller Kinder- und Frauenduft an den Männergeruch zu gewöhnen.

Mein Vater raucht Pfeife. Beim Rasieren pfeift er vor sich hin. Seitdem er nach Hause kam, ist das Leben bewegter. Es kommen Männer, die jünger sind als er, seine Kameraden und die zu ihnen gehörenden Frauen. Laci P. und Lili H. – das schönste Menschenpaar, das ich nicht im Film, sondern in der Wirklichkeit gesehen habe.

Mein Vater und meine Mutter tanzen. Ein 41 Jahre alter Mann und eine 35 Jahre alte Frau. Sie haben sich 25 Monate nicht gesehen. Briefe, Päckchen, Feldpostkarten. Meine Mutter geht aus Solidarität mit meinem Vater im ungewöhnlich kalten Winter von 1941/42 – es herrschen minus 15 Grad, auf den Straßen der Stadt liegt knietiefer Schnee – mit unbedecktem Kopf. Sie wird krank. Wochenlang quält sie eine schwere Kiefer- und Stirnhöhlenentzündung. Sie tanzen. Mich stört die keusche und doch spürbare Erotik, die ihrem Tanzen entströmt. Mir ist es peinlich.

Mein Vater bringt mich zum Skifahren.

In Ausstellungen.

Lehrt mich Englisch.

Er plant, mir ein Akkordeon zu kaufen …

Bewegung hinter dem Glasportal.

Der Klaviersaal wird geöffnet.

Das Warten ist zu Ende.

(Nein! Eigentlich konnte ich das Warten nie beenden.)

Jetzt denke ich zum ersten Mal daran, dass ich dieses Ich, das ich jetzt bin, in Folge des Todes meines Vaters geworden bin. Wenn er am Leben bleibt, wenn er zurückkommt, dann passiert nichts so, zumal es dann ein anderes Ich gibt, ein fremdes, ein unbekanntes, mit dem dieses jetzige nichts zu tun hat.

Dreißig Jahre nach seinem Tod tötete ich meinen Vater …

Vorstellung

Eine Person, die sich als Jüdin bekennt.
(Kurze, genaue Anamnese)

Ich bin brüsk und harsch. Je mehr die Zeit über mich hinweggeht (ich werde alt), desto weniger mag ich …
Egal.
Als ich jung war, machte ich nicht zu unterschätzende Anstrengungen, alle um mich herum für eine unbekannte Partei zu gewinnen. Diese unbekannte, aus einer Person bestehende Partei – war ich. Um Anhänger werbe ich auch heute noch (nicht mehr, überhaupt nicht mehr); allerdings wähle ich nur solche aus bestimmten Kreisen.
Meine Kinderkrankheiten: Windpocken, Röteln, Mumps, Keuchhusten, Masern, Scharlach und eine unidentifizierte Infektionskrankheit. Nach dem Krieg bekam ich in der Schule in der Sz. Straße Krätze. Aber ich dachte, es wäre ein Wanzenstich – nachts krochen die rotbräunlichen Schmarotzertiere zu Dutzenden unter meinem Nachthemd hervor – , und ich habe mich geschämt, es zuzugeben. Meine Krankheiten, meine Fehler gebe ich sowieso nur im äußersten Notfall zu.
Mit drei, vier, fünf Jahren, nach wiederholter Kraniektomie und dem Aufstechen des Trommelfells, als mich nachts pulsierende Ohrenschmerzen weckten, konnte ich stundenlang noch die Schmerzen ertragen und mich gegen sie stemmen. Ich konnte die Angst ertragen, die seltsame Vision, wie die größer gewordenen Furchen meines Daumens auf die Wand gegenüber als Kreise projiziert vibrierten, die mal kleiner und mal größer waren. Lieber das, als dass ich über mich das Urteil ausspreche. Ich brauchte nur leise meine Mutter zu rufen, und ich setzte damit die in jedem Detail schon bekannte Prozedur in Gang, an deren Schluss ich die Krankheit ohne Zweifel losgeworden bin, aber erst musste ich durch Stationen voller Schmerz und Angst.
Als ich geboren wurde – ich erblickte das Tageslicht im Oktober 1933 in Budapest –, war ich von vornherein zum Tode verurteilt. Das Urteil trat in Kraft, der Vollzug wurde aber durch die Mitwirkung von nicht vorhersehbaren Zufällen auf unbestimmte Zeit vertagt.

Vera Meisels

SALZIGER KAFFEE

Früher, als ich noch mit dem Vater meiner zwei wunderbaren Kinder – einem gebürtigen Israeli – verheiratet war, hatten wir ein warmes, gemütliches Zuhause. Hier konnten wir uns entspannen und uns über vieles unterhalten, vor allem aber über Bildhauerei und Musik. Musikliebhaber kamen zu uns, um sich auf der Stereoanlage Platten anzuhören. Sie war ein lebenslanger Traum meines Mannes, den ich ihm erfüllen konnte, als ich meine Entschädigung für die Naziverfolgung bekam.

Mein Mann und ich, wir lernten uns an der Kunstakademie Avni kennen, und ich habe mich in ihn verliebt. Er trug die Uniform der israelischen Luftwaffe, bei der er Berufsoffizier war. Das machte ihn für mich umso attraktiver. Dazu kam noch, dass er ein begabter Bildhauer war und Bach-Suiten so pfeifen konnte, dass sie niemals falsch klangen.

Im Nachhinein erklärte mir dann einmal eine Psychologin, dass meine Begeisterung für sein Talent und die Bewunderung für seine Begabung völlig unbegründet waren.

«Das nicht umgesetzte Potenzial ist Impotenz», sagte sie. Ich bezahlte die Sitzung, aber es tat mir leid, dass diese Information 20 Jahre zu spät kam.

Wenn wir Gäste hatten, besaß ich die Aufgabe, Kuchen und Kekse zu backen, während mein Mann der Zeremonienmeister war und sich um die Erfrischungsgetränke, vor allem Tee und Kaffee, kümmerte.

Da ich in der Tschechoslowakei geboren bin, schmeckte das Gebäck wie in Mitteleuropa. Meine Mutter gab mir ein wichtiges Geheimnis weiter: «Vergiss nicht: was Du rein gibst, das kommt auch raus! Wenn Du statt Butter Margarine verwendest, dann wird Deine Torte künstlich schmecken.» Unsere damaligen Gäste haben auch heute noch den Duft und den Geschmack meiner Pflaumen- und Aprikosentorten in Erinnerung!

An einem Sommerabend, als unsere Kinder schon im Bett waren, hatten wir zwei Ehepaare zu Besuch, die wir zu Kaffee und Kuchen eingeladen hatten. Ich war in der Küche, um mich um den Kuchen zu kümmern, mein Mann unterhielt die Gäste im Wohnzimmer. Als ich hereinkam, fragte er sie, wer Kaffee und wer Tee trinken möchte; er wusste, dass ich immer starken Instantkaffee mit etwas Milch trinke. Ich unterhielt mich mit unseren Gästen, bis er mit dem beladenen Tablett eintrat. Ich trank einen Schluck von meinem Kaffee und schmeckte sofort, dass er äußerst salzig war. Wie auch immer – ich trank ihn aus, ohne etwas zu sagen. Unsere Gäste schauten mich erstaunt an. Schließlich nahm eine von ihnen ihren Mut zusammen und fragte mich: «War denn Dein Kaffee nicht salzig?»

«Oh doch! Aber um ehrlich zu sein», sagte ich, «der salzige Kaffee hat auch seine Vorteile, und mir hat er gut geschmeckt.»

«Wie ist das möglich? Warum hast Du es ihm nicht gesagt?», ließ sie nicht locker.

Ich wusste nicht so recht, was ich antworten sollte. Sie waren doch alle stolze Sabres, während mir nur das Recht zustand, als ‹Holocaustnik› – ein Ausdruck, den mein Mann kreierte – bezeichnet zu werden. (Das Rechtschreibprogramm meines Computers hat das Wort nicht erkannt! Die meisten Menschen können diesen Spitznamen tatsächlich nicht interpretieren, und ich muss zugeben, auch ich brauchte lange, bis ich endlich das Haupt erhob, mich aufraffte und zum Scheidungsgericht ging.)

Ich war mir nicht sicher, ob ich meinen Gästen eine ehrliche Antwort geben sollte, warum mir der Kaffee trotzdem geschmeckt hat, oder einfach lieber das Thema wechseln. Zum Schluss dachte ich mir, wenn ich schon mal gefragt werde, dann kann ich auch wahrheitsgemäß antworten. Besonders deshalb, weil meine Zuhörer aufmerksam und mitfühlend zuzuhören schienen. Ich wusste nicht, dass mein Mann sich den Plan ausgedacht hatte, um sie auf meine Kosten zu amüsieren, und auch nicht, dass er mit ihnen gewettet hatte, ich würde den salzigen Kaffee austrinken, weil ich nicht so wählerisch bin, was das Essen angeht, wie auch sonst nicht, und ich alles essen könnte, was auch immer man mir auf den Tisch stellt. Sie glaubten ihm nicht und verloren die Wette. Mein Mann triumphierte, ein Wort gab das andere und der Zwischenfall nahm eine unerwartete Wendung.

«Hört mal zu!», sprach ich. «Ich habe Euch nie über den Hunger erzählt, den ich in einem Graben erleiden musste. Wir lagen dort in den Bergen wie Mumien in einer Grube vergraben. Sie war nur so tief, dass wir gerade darin liegen konnten. Wir waren mit einer Armeezeltplane bedeckt, die das Gewicht des Schnees auf uns drückte. Das war zugleich eine gute Tarnung. Für die ersten Tage hatten wir noch etwas zu essen: etwas Brot, ein bisschen Wurst und Würfelzucker, alles, was unsere Eltern gerade noch schnell in den Rucksack packen konnten, als wir vor der ‹Aktion› flohen, die den Zweck hatte, uns von der Erdoberfläche verschwinden zu lassen. Mehrere Tage lang lagen wir so im Graben. Nur in der Nacht wagten wir es, für kurze Zeit hinauszugehen, um unsere eingeschlafenen Glieder auszustrecken und um etwas zu essen, aber nur, wenn die Deutschen und ihre Hunde Pause machten und im Wald nicht auf der Suche nach Juden und Partisanen waren. Am Anfang aßen wir den Proviant, den wir mitgebracht hatten. Später hat Mutter über einer Kerze Schnee geschmolzen. Sie gab Blätter und Tannennadeln dazu, um daraus ein warmes Getränk für uns zuzubereiten.

Ich möchte Euch mit Geschichten dieser Art, die mein Mann die kranken Einbildungen eines ‹Holocaustniks› nennt, wirklich nicht belasten. Er behauptet, richtigen Hunger und Gräuel gab es erst in Jerusalem während der Belagerung der Stadt. Da haben die Leute sieben Mal schlimmer gelitten. Die Lebensmittelläden waren für Tage geschlossen, die Milchversorgung stockte. Die Familie meines Mannes war gezwungen, tagelang von Halva und davon, was sie sonst noch in der Speisekammer hatten, zu leben. Manchmal gab es kein Leitungswasser, und sie mussten es in Eimern von der Verteilungsstelle holen.»

Meine Gäste taten mir auch schon ein bisschen leid, und ich habe mich nicht verstanden, warum ich unsere schmutzige Wäsche vor Fremden wusch. Aber, um ehrlich zu sein, fühlte ich auch, dass ich mich auf sie stützen konnte. Sie waren fassungslos, sie wollten immer mehr und mehr hören, während mein Mann nur schwieg. Wenn er dann doch versuchte, das Wort an sich zu reißen oder das Thema zu ändern, haben sie ihn beinahe schon grob aufgefordert zu schweigen.

«Erzähl doch weiter!», bedrängten sie mich. «Was hat das alles mit dem salzigen Kaffee zu tun?»

«Ihr werdet es noch erfahren, das kann ich Euch versichern!», sagte ich. «Erstens, wie hätte mir der Kaffee nicht schmecken können, mein Mann hat ihn ja für mich gemacht. Allein deshalb muss er schon etwas Leckeres sein. Und man kann das auch von der positiven Seite sehen, denn wir können es ja auch so betrachten, dass er aus Versehen Salz statt Zucker in meinen Kaffee tat. Warum sollte ich ihn dann vor Euch beschämen? Und überhaupt, wo steht geschrieben, dass der Kaffee unbedingt süß sein muss und nicht salzig? Er war stark und heiß. Glaubt mir, als Kind wäre ich glücklich gewesen, wenn ich statt des geschmolzenen Schnees so einen Kaffee bekommen hätte. Man muss die Sachen nicht überbewerten! Das bezieht sich auch auf das Essen. Glaubt mir, ich bin wirklich kein Mülleimer, ich nehme nicht jeden Mist an. Aber ich werfe auch nicht sofort etwas weg, nur weil das Haltbarkeitsdatum abgelaufen ist, obwohl es noch gut riecht. Und das stimmt schon, ich habe nicht unbedingt das Bedürfnis, in eleganten Restaurants zu essen. Wenn ich Hackfleisch für den Hamburger kaufe, den die Kinder und ich sehr gern haben, dann muss ich mich immer dem Verhör meines Mannes stellen: ‹Hast Du darauf bestanden, dass der Fleischwolf gewaschen wird? Hast Du schon mal von Salmonellen gehört?›.»

An diesem Punkt fing er an, einen Vortrag über die Gefahren von Bakterien zu halten und wie schnell sie sich vermehren können. Aber einer der Männer schrie ihn an: «Hör doch mal auf! Lass sie reden, das haben wir von Dir schon zur Genüge gehört!»

Der Zwischenfall mit dem salzigen Kaffee geschah in den siebziger Jahren, das heißt, dass diese Freunde mich schon fast 20 Jahre kannten. Bis zu diesem Tag habe ich ihnen über mich selbst nie etwas erzählt, weil ich eigentlich nie Gelegenheit dazu bekam. Mein Mann bestimmte stets die Unterhaltung.

An diesem Abend aber wurde er, der Regisseur des Scherzes mit dem salzigen Kaffee, beschämt und auch zurückgewiesen. Als ich unsere Gäste zur Tür hinausbegleitete, blieb er im Wohnzimmer sitzen. Die Umarmung meiner Freunde gab mir Wärme, und als sie gingen, sagten sie: «Sei stark!»

Ich lebte damals in der Seifenblase der Illusionen, ich hatte mir das Muster einer erfolgreichen Beziehung ausgedacht. Ich dachte, die Verbindung einer neuen Einwanderin mit einem geborenen Israeli könnte das Rezept sein, Kinder zu haben, die ohne die Syndrome der ‹zweiten Generation› aufwachsen. Kinder, deren Seele gesund ist und die stolz auf Israel sind.

Meine Freunde müssen gewusst haben, dass ich mich bald scheiden lassen werde. Aber ich wartete dann nach diesem Abend noch viele Jahre, bis meine Kinder älter waren, bevor ich mir selbst die Freiheit wieder gönnte.

Vera Meisels
Vera Meisels ist in der Tschechoslowakei geboren. Sie betrachtet sich als eine slowakisch-ungarische Jüdin. Sie überlebte das Konzentrationslager von Theresienstadt. Nach der Befreiung übersiedelte sie nach Israel und lebte in einem Kibbuz. Dort absolvierte sie das Gymnasium: Sie entdeckte, dass sie künstlerisch begabt ist, und studierte auf Drängen ihrer Freunde Bildhauerei. Trotz ihrer anfänglichen Erfolge machte sie nicht im Kunst-, sondern im Bankbereich eine Karriere – sie musste ja ihre Kinder unterhalten. Als Rentnerin kehrte sie zurück zur Kunst: zur Bildhauerei, Keramik und Literatur. Ihre Erzählungen und Gedichte erschienen auf Englisch und Slowakisch.

Miriam Ben-David

EIN BIZARRER TRAUM

Ich entschließe mich zu einem herzerschütternden Treffen. An meinem Geburtstag treffe ich die Leute, denen ich mein Leben vorwiegend zu verdanken habe. Dieses Treffen bekommt aber auch dadurch eine besondere Bedeutung, dass ich nicht alleine zu ihnen fahre, sondern mit Menschen, die mir am nächsten stehen, mit meinen Kindern – Ronni, meinem ältesten Sohn, Gila, meiner Tochter, und mit Uriel Binnyamin, meinem jüngeren Sohn. Heute sind auch sie schon erwachsen, selbst Eltern, vielleicht sagt meine Tochter deshalb, «wie seltsam es ist, so zu fahren, als wären wir wieder Kinder».

Jetzt findet jenes – für mich sehr wichtige – Ereignis statt, bei dem auch meine Kinder die christliche Familie kennen lernen, die mich, auch um den Preis ihres Lebens, aufnahm. Allerdings haben sie mich nicht unmittelbar gerettet, denn schließlich ist es unserer Familie gelungen, nach Rumänien zu fliehen, doch das mindert den Wert ihrer Taten nicht.

Ich treffe sie nicht zum ersten Mal. Wir waren 51 Jahre in Kontakt, wechselten Briefe, und als ich 1979 auf einer Fachkonferenz hier war, haben wir uns auch einmal getroffen.

Ági ist so alt wie ich. Sie war die einzige, der ihre Eltern verrieten, wer ich war, das Geheimnis, dass ich nicht die Verwandte ihrer Tante vom Land bin, sondern ein jüdisches Mädchen. Imre: Aus seinem Tagebuch wurde deutlich, wie sehr er darum bemüht war, mich in den traurigen Tagen meines Aufenthaltes bei ihnen aufzuheitern. Zoló: Er war ein sehr lebhafter, kecker Junge. Bei unserem Treffen erzählte er, wie sehr er sich wunderte und auch nicht verstand, dass ich nie über meine Familie redete.

Diesmal ist es aber anders. 20 Leute sitzen um einen Tisch, wir, unsere Kinder und die Enkelkinder der Retter. Drei Generationen. Ich habe das

Gefühl, als wäre ich an einem Ort, an dem ich früher noch nie war. Erschütternd, gleichzeitig aber auch beruhigend, die Luft ist wie von Rausch erfüllt. Mich überkommt die Neugier. Zu jener alten Welt habe ja nur ich Zugang. Ich bin hier geboren, von hier riss mich das Schicksal ohne jede Vorwarnung heraus – aber schließlich kam es für mich, wenn man die Bedingungen damals betrachtet, zu einem glücklichen Ende.

Die Frage ist aber, was meine Kinder fühlen können? Wie kann ich diese Erlebnisse mit ihnen teilen? Ich wünsche mir sehr, dass sie die vielleicht bedeutendsten Erfahrungen meines Lebens und die Menschen, deren Familie sich der Gefahr ausgesetzt hat, nur um mein Leben zu retten, kennen lernen. Ich möchte ihnen die Schauplätze zeigen, an denen sich mein Leben abspielte. Ich möchte mir die Straßen, Plätze, Geschäfte anschauen, die in meinen Erinnerungsbildern lebendig sind. Wie kann ich bloß die Millionen von Assoziationen teilen, die mich an diese Erinnerungsbilder binden?

Das heißt, wie kann ich die Erlebnisse der Kindheit, die Gräuel der Shoah, die daraus gezogenen moralischen Konsequenzen in eine verständliche und sinnvolle Sprache für mich selbst und für andere übersetzen?

Seit wann mich diese Fragen beschäftigen? Ich weiß es nicht. Sie waren ja 54 Jahre lang so weit von mir entfernt.

Eine Tatsache ist jedoch, dass mich seit einer Weile die Frage beschäftigt: Wie ist es möglich, dass es Menschen gab, die bereit waren, ihr Leben aufs Spiel zu setzen, um Juden zu retten? Verhältnismäßig wenige Forscher beschäftigt diese Frage, und auch in der Fachliteratur fand ich keine eindeutige Antwort darauf. Ich habe jedoch das Gefühl, dass es in den Familien, die sich so verhielten, etwas gegeben haben muss – wenn auch nicht bewusst –, das sie dazu bewog, selbst wenn ihre Taten eine Fügung des Zufalls waren. Da ergab sich für mich dann auch die Frage, was ihre Kinder über all das wissen und wie ihre Enkelkinder darüber denken.

Ich dachte, dass ich vielleicht irgendeine Antwort darauf in «meiner Familie» finden werde.

Während des köstlichen Abendessens findet eine fröhliche Unterhaltung statt. Die Mehrheit der zweiten Generation spricht schon ganz gut Englisch, meine Kinder sprechen gebrochen Ungarisch. Das Ganze ist wie ein großes Familienfest.

Am Ende des Abendessens bitte ich sie, über sich, über ihre Familie zu erzählen, damit ich sie näher kennen lerne. Dann frage ich die Jüngeren danach, was ihnen ihre Großeltern über ihre heldenhaften Taten während der Zeit der Shoah erzählt haben.

Die Antwort ist ein tiefes Schweigen. Es stellt sich heraus, dass dieses Thema unter ihnen nie angesprochen wurde. Dann plötzlich sagt Ági unerwartet: «Ich möchte etwas sagen. Du Miriam, Du warst anders als die anderen. Du hast Dich an uns erinnert. Im Laufe der Jahre kamen von Dir Briefe, Weihnachtsgeschenke, andere aber sind verschwunden, sie kehrten ihren Helfern undankbar den Rücken.» Ich höre ihr betreten zu, und ich habe das Gefühl, dass sich die dunkle Ahnung, die mir einmal am Ufer des Kinneret an einem heißen Sommerabend bewusst wurde, immer mehr erhärtete.

Einige Monate zuvor hatte ich ein interessantes Erlebnis. Ich nahm an einer Tagung teil, anlässlich derer wir unsere Träume und ihre Interpretationen besprachen. Als ich an die Reihe kam, sprach ich über einen Traum, in dessen erstem Teil ich gefrorene Fleischblöcke aus einer Gefriertruhe hinauswarf, während ich besessen nach einem bestimmten Stück suchte. Im zweiten Teil des Traumes spazierte ich mit einer Freundin aus meiner Kindheit durch Budapest.

Während der Analyse des Traumes habe ich verstanden, dass ich eigentlich über die Problematik meiner Reise zu den Wurzeln rede. Jetzt habe ich begriffen, dass es für mich eine tiefe Bedeutung haben wird, mit meinen Kindern zum Schauplatz meiner Kindheit zurückzukehren.

Nach der Tagung, dort am Ufer des Sees, dachte ich nach. Ich wusste noch nicht genau, was ich mit dieser Botschaft anfangen würde, welchen «gefrorenen Fleischblock» ich eigentlich suche, aber ich wusste wohl, dass ich mich zu einer Tat fähig fühle, die aus meinen Holocaust-Erinnerungen etwas Positives hervorholen kann. Ich suchte nach einer Aufgabe, die sowohl für mich als auch für die Gesellschaft nützlich ist.

Ich meinte, dass der Ausgangspunkt die Rolle der Lebensretter sein könnte. Ich hielt es schon immer für wichtig, Anerkennung und Dankbarkeit denen gegenüber auszudrücken, die aus der Reihe der Gleichgültigen herausgetreten sind. Es wurde mir klar, dass das moralische und gesellschaftliche Urteil, das aus ihrem Verhalten entspringt, eine geeignete Grundlage für den Kampf gegen den Rassismus bilden könnte.

In der Zeit zwischen der erwähnten Tagung und meiner Reise nach Ungarn suchte ich einerseits fieberhaft in der Holocaust-Literatur, was wir überhaupt über die Retter wissen, über ihre Rolle, ihre Motivation; andererseits frischte ich meine Kenntnisse über die psychosoziale Therapie der Gruppengespräche auf.

Bis die Zeit der Abreise nach Budapest kam, kristallisierte sich für mich das Konzept der Organisation «Dialog für Toleranz» sehr klar heraus.

Dem Programm zufolge, das ich mir vorstellte, würden sich die Überlebenden, ihre Kinder und die Retter in kleinen Gruppen zusammensetzen, um sich mit einer geeigneten professionellen Leitung zu unterhalten. Diese Gespräche würden mehreren Zwecken dienen. Ein Ziel wäre, wie oben erwähnt, der Ausdruck von Anerkennung und Dankbarkeit – konkret und auch symbolisch.

Während meines Aufenthaltes in Budapest stellte sich heraus, dass sich eine der häufigsten psychischen Störungen der ungarischen Juden im Bereich der Identität zeigt. Einerseits wollen sie sich mit der ungarischen Gesellschaft identifizieren, andererseits betrachten sie sich auch als deren Opfer.

Diese Emotionen sind bis heute unverarbeitet geblieben, und auf gesellschaftlicher Ebene hat man sich damit noch überhaupt nicht beschäftigt.

Im Laufe der Gespräche des Programms kam dann auch ein weiterer Aspekt an die Oberfläche. Die Retter beziehungsweise diejenigen, die damals noch Kinder waren, erlitten ein sehr ähnliches Trauma wie die jüdischen Überlebenden. Das begründete zwischen den Teilnehmern eine besondere Verbindung. Die therapeutische Wirkung der Gruppenarbeit stellt für beide Seiten eine ernsthafte seelische Hilfe dar. Diese Wirkung wird durch die einander unterstützende Atmosphäre verstärkt und vor allem durch die Tatsache, dass die Mitglieder der Gruppe auch aktive Mitglieder der Gesellschaft sind.

Unser Programm läuft schon seit fünf Jahren. Wir nehmen alle freiwillig daran teil. Ich verbringe meinerseits alle sechs Monate einen Monat in Ungarn. Während ich alles am Laufen halte, lerne ich viele interessante und gute Freunde kennen. Ich lernte meine Muttersprache wieder und mit größtem Vergnügen schreibe ich meine Vorträge auf Ungarisch, zusammen mit den Fehlern (die man mir gnädig verzeiht). Ich weiß nicht, was die Zukunft bringt, denn die Generation, die den Kern unserer Gruppe bildet, verschwindet langsam; ein Zeitalter wird endgültig abgeschlossen.

Miriam Ben-David (Sternberg)
Miriam Ben-David (Sternberg) ist im Sommer 1944 mit 15 Jahren nach Rumänien geflüchtet und im August 1944 nach Palästina ausgewandert. Nach ihrem Studium arbeitete sie als Klinische Psychologin. In den letzten Jahren ihrer beruflichen Tätigkeit schloss sie sich der Arbeitsgruppe «Amcha» an, die sich mit der Psychotherapie von Holocaust-Überlebenden und ihren Nachkommen beschäftigt. In Ungarn gründete sie zusammen mit Lebensrettern, Juden und Christen die Organisation «Dialog für Toleranz».

Anna Aczél

DER GEFUNDENE BRIEF

Das Schreiben ist mir so fremd – in persönlichen Angelegenheiten sowieso! –, dass ich selbst überrascht war, als ich einen immer stärkeren Drang fühlte, etwas von dem Brief, auf den ich zufällig gestoßen war, zu bewahren und mit anderen zu teilen.

Wir gehörten zu den Familien, in denen nach dem Krieg nicht sehr viel über die Herkunft gesprochen wurde. Meine Großeltern hätten vielleicht gerne darüber geredet, aber sie respektierten den Willen unserer Eltern. Meine Eltern hofften, dass der Antisemitismus plötzlich aufhören würde, wenn wir uns von der Mehrheit nicht abheben, und die Juden dann als gleichberechtigte Ungarn anerkannt würden.

Mein Vater, der in den neunziger Jahren starb, betrachtete die Dinge im hohen Alter anders. Er akzeptierte, dass sein Enkel in einen Kibbuz ging, um sich dort «umzuschauen». Er konnte nicht mehr erleben, dass zwei seiner Enkelinnen heute dort, in Israel, mit einer völlig anderen Identität als ihr Großvater leben.

Für das sich verbergende, schamhafte Leben meiner Mutter war nichts charakteristischer, als dass sich nach ihrem Tode keinerlei persönliche Briefe oder Papiere fanden. Ob sie, oder – auf ihre Bitte hin – mein Vater, die Unterlagen vernichtete, weiß ich nicht. Eben deshalb dachte ich von dem Brief, der aus der kleinen Brieftasche meiner Großeltern in meine Hände gelangt war, lange, es wäre ein Brief meiner Großmutter. Es ist nicht schön von mir, aber ich habe ihn lange Zeit nicht einmal gelesen. Es kamen die Jahre 1982, '84, '86: Da starben meine Großmutter, mein Großvater und meine Mutter. Einmal nahm ich ihn dann doch in die Hand und stellte überrascht fest, dass meine Großmutter den Brief ihrer Tochter, das heißt meiner Mutter, aufbewahrt hatte, der (wahrscheinlich) nie zur Post gebracht worden war. Ich glaubte nicht, dass der Brief für Fremde interessant sein könnte, aber uns Familienmitgliedern bedeuteten manche Sätze darin sehr viel.

Meine Mutter war 22 Jahre alt, als sie den Brief schrieb. Meine Großeltern erlaubten ihr, mit sechzehn zu heiraten, weil sie wegen des Ausbruchs des Krieges meinten, dass ihre Tochter zumindest ein wenig von den angenehmen Dingen des Lebens mitbekommen sollte. Wie sonst hätte sie, die Tochter eines Anwalts von gutem Ruf, noch Gymnasiastin, einen Maurerburschen heiraten können? Der Anwalt von gutem Ruf war allerdings 1919 gezwungen, für einige Zeit zu emigrieren, denn er war ein bekannter Sozialdemokrat. Der zweiundzwanzigjährige Maurerbursche erwarb dann später eine akademische Bildung: Dichter und Künstler betrachteten den überaus interessierten Jungen als ihren Freund. Ich denke, dass der sehr schöne und sehr kluge Junge – und freilich auch die Romantik der Beziehung – das pummelige Mädchen mit der Brille verzaubert haben; den Jungen seinerseits der Gedanke, dass er für die Tochter einer solchen Familie Sicherheit bedeutete. Wer kann das heute noch genau wissen! Den Krieg verbrachte mein Vater zumeist in der Illegalität oder eben in Pfeilkreuzler-Uniform, den Menschen zur Flucht verhelfend und noch dazu ohne irgendwelche Sprachkenntnisse. Er rettete, wen er konnte; unter anderem die Mitglieder seiner Familie. Nach all diesen Ereignissen entstand der Brief, der an den in Amerika lebenden Bruder meiner Großmutter gerichtet war. (Die kursiv gesetzten Stellen sind meine Erläuterungen – A. A.)

«Lieber Feri, liebe Bella, Du drängst mich, die Geschichte der Familie vom Einmarsch der Deutschen bis heute zu erzählen. Ich versuche also, darüber zu berichten.

1. Großpapa: Mit ihm wurden Pali und Géza zum Arbeitsdienst einberufen (das war Ende Oktober '44, als aus allen abgeriegelten jüdischen Häusern die Männer abgeholt wurden). Pali hatte eine sehr gute Dienststellung, er war Musterungsarzt in einer Kaserne. Gyuri (Aczél) konnte ihnen (Pali, Géza und Márton) einen schweizerischen *Schutzpass** besorgen. So kamen sie in die Kaserne, und Pali hätte sie dort ausmustern können. (*Meine Großmutter hatte neun Geschwister. Géza, Márton, Pali und auch der adressierte Feri waren ihre Brüder. Pali war Arzt und ließ die*

---

* Deutsch im Original

anderen im Lager auch dann nicht allein, als er die Gelegenheit dazu hatte.) Géza war damals schon in einem sehr schlechten Zustand, er konnte kaum sehen. Aber Pali fand es besser, wenn sie in einer geschützten Kompanie blieben. (Die geschützten Kompanien waren die mit *Schutzpass**. Sie glaubten, dass sie es besser haben werden.) Und wenn dieser Zirkus kürzer gewesen wäre, hätten sie tatsächlich überlebt. Er dauerte aber lange, und am Ende kamen auch die geschützten Kompanien dran und wurden nach Deutschland gebracht. Zuletzt begegnete ihnen im Dezember der Bruder des Mannes von Klári Bíró in Oranienburg. Géza soll in einem sehr schlechten Zustand gewesen sein, er kam ins Krankenhaus. Pali war in der besten Kondition, und alle hatten ihn sehr gern. Von diesem Zeitpunkt an ist nichts sicher. Wir haben zwar eine unsichere schlechte Nachricht von Pali, aber wir haben mit niemandem gesprochen, der ihn persönlich gesehen hätte. (*Die Nachricht war, dass er einmal auf dem Marsch jemandem helfen wollte und auf der Stelle erschossen wurde.*) Großpapa war im Ghetto, und nach der Befreiung erschien er gleich bei Lia. Von dort ging er zu Lili und von Lili zu meinen Eltern und schließlich kehrte er nach Hause zurück. Seine fürsorglichen Töchter vereinbarten mit Margit T., dass sie zu ihm zieht, um seinen Haushalt zu führen. Aber diese Lösung gefiel Großpapa überhaupt nicht. Er suchte sich eine viel jüngere, sehr hübsche Frau und feuerte Margit. Seine Tage verbringt er unentwegt in Kaffeehäusern, und damit sein Leben abwechslungsreich ist, streitet er sich abwechselnd mit Onkel Poldi und Onkel Jenő. In verschiedenen unklaren Angelegenheiten läuft er zu irgendwelchen Winkeladvokaten von schlechtem Ruf.

2. Márton und seine Familie: (*Márton war ebenfalls ein Bruder von Großmama. Seine Frau Lia war christlich und half aufopferungsvoll, sowohl damals als auch später. Ihr Sohn ging nach Israel, er wurde dort ein Held; es war aber etwas problematisch, ob er als Jude gelten konnte oder nicht.*) An dem Tag, als die Männer abgeholt wurden, rückte auch Márton ein, aber Lia holte – teils mit einem *Schutzpass**, teils als Arierin – ihren Mann dort heraus, und dann versteckte sie ihn. Zu wissen, womit er sich beschäftigt, ist heute genauso unmöglich wie früher, nur mit dem Unterschied, dass man es jetzt noch weniger sagen kann. Aber er scheint dabei sehr erfolg-

* Deutsch im Original

reich zu sein, weil Lia nicht mehr arbeitet. (*Das dauerte nur ganz kurz: Als ich sie kennen lernte, arbeitete sie schon über ihre Kräfte, unter anderem nähte sie für die ganze Familie, gab ihrer Tochter ein Arztdiplom mit auf den Weg und war dabei immer sehr lieb.*)

3. Die Rózsas: Ernő hat es irgendwie überlebt, aber beim Anbruch der neuen Welt – ich denke, schon nach der Befreiung – wurde er interniert. In letzter Zeit meldet er sich nicht. Pali (*das ist ein anderer Pali, nicht der oben erwähnte Arzt Pali*) wurde zuerst aus Újpest deportiert, aber nur bis Sárvár gebracht. Er behauptete entschieden, dass er der Mann einer Arierin ist, schließlich ließ man ihn nach Hause. (*An dieser Stelle ist der Brief nicht klar genug, jemand überschrieb die mit Bleistift geschriebenen Zeilen.*) Die Rózsas überlebten in einem schwedischen geschützten Haus, jetzt geht es ihnen sehr gut.

4. Die K-s: Klári versteckte sich in einem Nonnenkloster, Gyuri in einem Kloster und sie fühlten sich so gut, dass sie jetzt, nach der Befreiung, immer noch dort wohnen, freilich nicht getrennt. Gyuri zog zu Klári um – sie wohnen jetzt also zusammen. Ihre neue Wohnung wird gerade fertig, weil die alte von einem Bombeneinschlag getroffen wurde, aber die fanden sie sowieso langweilig. Die neue Wohnung ist mit allen Errungenschaften der modernen Wohnkultur eingerichtet und nach Meinung von Fachleuten hervorragend. Nach all dem ist es wohl überflüssig zu schreiben, dass es Gyuri besser geht als je zuvor.

5. Die Kepes: Als man bestimmte Häuser zu Sternenhäusern deklarierte, waren weder unseres noch das von Mama betroffen (im Haus von Mama zog die *Luftwaffe** ein, so dass sie schon früher zu uns kamen). Danach gingen wir zu den Kepes. Bis zum Ende des Sommers wurde es immer einfacher, wir wurden sternenlos. Ági, Pali Kepes und auch wir bekamen die Wohnung zurück und wir konnten weg. Die überstandene Aufregung verursachte bei Pali K. einen Herzinfarkt. Er war lange krank und kann jetzt mit keinem Ohr mehr hören. Der Mann von Ági wurde zum Arbeitsdienst einberufen. Jancsi arbeitete bei der portugiesischen Botschaft, und als sie aus dem Haus raus mussten, brachte ihn Ági ins Ritz, wo die Beamten der Botschaft wohnten. Onkel Pali ging in ein portugiesisches geschütztes Haus. Zu Weihnachten, als die Belagerung be-

* Deutsch im Original

gann, bekam Ági ein Baby, aber am dritten Tag wurde das Krankenhaus getroffen und Ági mit dem Kind rausgeworfen. Von dort ging sie zu Lia, wo das Kind verhungerte. Aber ihr Mann kam im Frühling (nach 3 Wochen) unter den ersten an. Es geht ihnen gut, obwohl es Onkel Pali im Moment nicht so gut hat wie bisher, weil die Leute dumm sind und nicht gern zu einem tauben Ohrenarzt gehen. Aber Ágis Mann verdient gut. Damit Du siehst, wie schnell die Zeit vergeht, kann ich Dir mitteilen, dass Jancsi K. schon in die 8. Klasse des Gymnasiums geht. Er ist schrecklich klug und begabt, er wird wahrscheinlich Arzt. *(Er ist Arzt geworden, heute ist er ein anerkannter Onkologe in Amerika).*

6. Lili und ihre Familie: Über Lili schreibe ich nicht, sie hat Dir schon ausführlich berichtet. Dezső H. hat den Brief über seinen Sohn Bandi geschickt. Mari geht auch schon in die 8. Klasse. Sie ist sehr hübsch und nett, und wir alle möchten, dass sie den Hotelier-Beruf lernt. Leider ist das hier im Moment nicht aktuell. Ich fürchte, dass auf diese Weise ein begabter Mensch verkommen wird.

7. Mama, Papa und wir: Der Einmarsch der Deutschen traf uns wie der Blitz aus leicht getrübtem Himmel. Wir wussten, dass es noch passieren wird, bevor der Krieg zu Ende geht, aber wir rechneten nicht damit, dass es so früh kommen würde. Wir ahnten, dass sie noch Zeit haben werden, ihre Arbeit gründlich zu verrichten, bevor die Russen sie fertig machen. Mein erstes Gefühl war eine unermessliche Wut, dass ich nun das Ende doch nicht erleben werde, denn wir kannten das Schicksal der jugoslawischen, slowakischen und polnischen Juden damals schon genau und hatten keinen Grund zu glauben, dass gerade wir heil davonkommen werden. Dann fingen sie an, die jüdischen Anwälte anhand einer Liste, die von Pfeilkreuzler-Anwälten zusammengestellt wurde, zu internieren. Sie kamen bis D, dann wurde es eingestellt. Papa hat bestimmt sein so ausgezeichnet christlich klingender Name gerettet. Auf jeden Fall stand für ihn lange das Gepäck mit seinen Sachen im Flur bereit. Falls es doch dazu gekommen wäre, hätte er sich nicht zu beeilen brauchen. Jeden Abend 50 Anrufe, wie es Papa wohl geht. Dann wurden die jüdischen Telefone abgestellt, ausgenommen die der Ärzte, so dass auch diese Unterhaltung aufhörte. Damals waren alle so betäubt, als hätte man ihnen auf den Kopf geschlagen. Niemand dachte daran, wie man illegal flüchten könnte. Alle gingen nur gehorsam in den Schlachthof.

Dann kam die Sache mit dem Sterntragen. Ich kann Dir das Gefühl, das wir hatten, als wir mit dem Stern die Straße entlang gehen mussten, nicht beschreiben. Es bedeutete, dass Dich jeder nach Belieben bespucken oder treten durfte. Das hat aber im Allgemeinen niemand getan. Statt dessen, was noch schlimmer war, ertrugen die Leute unsere Anwesenheit auf der Straße mit einer mit Ekel gemischten Gleichgültigkeit, in der Hoffnung, dass wir sowieso bald abgeholt werden. Die jungen Männer wurden einberufen. Gyuri hätte auch einrücken sollen. Wir verabschiedeten uns, als ob wir beide in den Tod gehen würden. Ich habe versucht, ihn zu überreden, dass wir uns lieber töten sollten. Aber zum Glück war Gyuri optimistisch. Am dritten Tag kam er mit der Nachricht wieder, dass er ins Krankenhaus gehen soll. Dort bekam er einen schlechten Befund (sprich: gesund). Wir verabschiedeten uns wieder für immer, aber am dritten Tag fand sich Gyuri wieder ein. Er bekam zwei Wochen Urlaub bis zur ärztlichen Kontrolle. Nach zwei Wochen kam wieder ein neuer Termin. Nach einem herzzerreißenden Abschied fälschten wir das Datum des Beurlaubungsbriefes. Das bedeutete weitere zwei Wochen. Eigenmächtig verlängerten wir es um zwei Wochen, und Gyuri blieb da. Danach ließ ich nicht mehr zu, dass er einrückte. Inzwischen zogen wir schon zu Kepes. Für Mama und Papa war das schon der zweite Umzug, sie hatten fast keine Sachen mehr. (Man hat nämlich bei jedem Umzug immer mehr von den bis dahin für unentbehrlich gehaltenen Dingen verloren, bis wir zum Schluss mit einem einzigen Beutel herumliefen.) Budapest sah am Tag des Umzugs aus wie ein riesiger Misthaufen. Die eine Hälfte der Stadt zog um, und die andere Hälfte schaute mit Schadenfreude zu. In den jüdischen Häusern wollten dann die Leute im Allgemeinen nur noch gut leben. Es hatte keinen Sinn, Geld zurückzulegen. Sie kauften keine Waren für den längeren Gebrauch, sondern ausschließlich Lebensmittel. Da wurde wahnsinnig gegessen und getrunken. Im Jahr zuvor haben viele gut verdient. Sie waren der Meinung, dass sie erst einmal satt werden sollten, bevor sie deportiert werden.

Mitte des Sommers ging die Anspannung zurück. Es fing mit der Entfernung der Sterne an. Gyuri tauschte seinen unsicheren Status als Fahnenflüchtiger gegen den sicheren eines paraguayischen Staatsbürgers, den wir dann auch auf Mama, Papa und Ági Kepes erweiterten. Gyuri, der sich nun frei bewegen konnte, schloss sich der Widerstandsbewegung an und arbeitete auch beim Internationalen Roten Kreuz. Es ist ihm gelungen, viele Menschen aus den Internierungslagern herauszuholen. Die Wohnung bekamen wir zurück, aber wir konnten sie nicht lange genießen. Am 15. Oktober kam Szálasi. Von diesem Zeitpunkt an bis zur Befreiung lebte ich wie in einem Alptraum. Die Pfeilkreuzler-Luftschutzkommandantin teilte uns sofort mit, dass wir die Wohnung innerhalb von 24 Stunden verlassen müssten. Außer uns, Mama und Papa wohnten dort noch eine Menge Fahnenflüchtige und entflohene Arbeitsdienstler. Zu den Letzteren gehörte auch Gyuri K. Diese sind freilich auch alle obdachlos geworden. Gyuri ging ins Nonnenkloster zu Klári. Wir gingen noch am selben Abend los, um ein Obdach zu suchen, und besprachen, dass Gyuri am nächsten Tag Mama und Papa abholen soll. Leider schmiss sie die Luftschutzkommandantin raus, bevor Gyuri ankam, und sie ließ sie auch einen Stern annähen. Sie wurden in ein wildfremdes jüdisches Haus getrieben. Von hier wurde Papa an einem bestimmten Tag, als die Männer gesammelt wurden, weggebracht. Gyuri schaffte es erst nach zwei Wochen, ihn nach Hause zu bringen, gerade im letzten Moment, weil sich die Kompanie noch in der Nacht auf den Weg nach Transdanubien machte. Von ihnen kamen insgesamt zwei Leute zurück. Mama und János (*der kleine Bruder meiner Mutter*) gingen in ein vom Internationalen Roten Kreuz geschütztes Lager. Papa stieß auch zu ihnen. Im Laufe der Zeit kamen auch Lili, Marika, Imre H. dorthin. Wir zwei, Gyuri und ich, wohnten mal hier, mal da, fast jeden Tag woanders. Zu diesem Zeitpunkt habe ich bereits beim Roten Kreuz gearbeitet, ohne jedes Papier, und hoffte auf das Wunder. Ich hatte auch Glück, einmal kam ich gerade nach der Razzia an und ein anderes Mal ging ich zwei Minuten vor der Razzia weg. Gyuri warb auch ein paar Gendarmen für die Widerstandsbewegung an. So konnte er sorglos herumlaufen. Täglich ging er in die Ziegelfabrik (von dort wurden die Juden deportiert) und brachte die Leute, vor allem Kinder, zurück. Jeden Tag kamen die kleinen Kinder zu Dutzenden, von denen wir nicht einmal die Namen wussten. Ihre Eltern oder Bekannten ließen sie im Treppenhaus da. Im Dezember nahmen dann plötzlich Pfeilkreuzler das Lager, wo Mama und Papa waren, ein. Die Leiter erschossen sie, die anderen trieben sie in Waggons. Gyuri ist es schließlich gelungen, diejenigen, die man bis dahin noch nicht weggebracht hatte, im Ghetto unterzubringen. Mama, Papa und János, sie kamen alle dorthin. Dort holten wir sie heraus und brachten sie in ein Krankenhaus des Roten Kreuzes, das unter dem Schutz der Pfeilkreuzler des Bezirks stand. Sie wollten nämlich auch Pluspunkte sammeln nach dem Motto: ‹Man kann ja nicht wissen, wie alles endet.› Dort blieben sie dann ganz bis zum Schluss. Das Krankenhaus wurde zwar mehrmals getroffen, ihnen ist aber, Gott sei Dank, nichts passiert. Gegen Weihnachten artete dann alles aus. Wen die Pfeilkreuzler nur in die Hände bekamen, den richteten sie hin. Ab und zu gelang es auch den Unseren, einen Pfeilkreuzler zu töten, aber das war nur ein kleiner Tropfen im Meer.

Die Belagerung ist die unangenehmste Erinnerung meines Lebens. So wenig Angst ich vor den Pfeilkreuzlern hatte, so sehr war ich überzeugt davon, dass ich die Belagerung nicht überleben werde. Um ein Haar hätte ich recht gehabt. Der Bombenkeller bekam einen Volltreffer. Diejenigen, die dort waren, starben alle oder wurden verletzt. Wir hatten das Glück, dass wir im Bombenkeller keinen Platz mehr bekamen. Deshalb suchten wir in einem Raum des Kellergeschosses Schutz. Den Einmarsch der Russen konnten wir nicht entsprechend genießen, weil wir noch am selben Tag von den Deutschen wieder eingenommen und erst am nächsten Morgen endgültig befreit wurden. Dann war alles auf einmal wunderschön. Es überrascht mich immer noch, dass ich am Leben bin, und ich kann mich darüber freuen wie über ein Geschenk, das ich mir erst noch verdienen muss. Ich danke dem Schicksal, dass ich erleben konnte, wie diese tote, hungernde, zu Ruinen geschossene Stadt langsam wieder zu leben begann. Seitdem habe ich ein bisschen das Gefühl, dass dieses Budapest auch mir gehört, und seitdem liebe ich es so, wie ich es früher hasste.

Nach der Belagerung konnte man zuerst Kalender und Taschenkämme kaufen, freilich auf der Straße. Dann Pogatschen, vor allem aus Mais. Dann füllte sich die Große Ringstraße mit Händlern. Es sah aus wie auf einem Jahrmarkt, nur war es noch belebter. Wenn man zum Ring hinausging, traf man lauter Bekannte. Am Anfang konnten wir uns nur freuen. Erst langsam wollte unser Bewusstsein wahrhaben, dass dies weg ist und jenes weg ist. Und richtig weh tut es erst jetzt, da sich die Umstände wieder normalisiert haben und die Anstrengung, die man für die bloße Lebenserhaltung aufbringen muss, die Energien nicht völlig erschöpft.

Auf jeden Fall sind wir ein bisschen abgehärtet. Aber jetzt weiß ich schon, dass man an der Gestaltung des eigenen Schicksals auch selbst aktiv teilhaben muss. Ich werde nicht noch einmal hilflos sein. Ich werde es nicht noch einmal zulassen, dass ich hilflos hin und her geworfen werde, und wenn – Gott möge es verhüten – in meinem Leben noch einmal irgendein Gräuel vorkommen sollte, dann haben die Erfahrungen gar nicht geschadet.

Meine Tochter Anna Mária ist eine ‹richtige›, 5 Wochen alte ‹Dame›. Gyuri arbeitet bei der Partei. Ich gehe zur Universität (ich studiere Medizin, früher war ich nämlich OP-Schwester und Krankenschwester). Anna Maria entwickelt sich gut. Ich küsse euch vielmals,

Zsuzsa»

(Ich weiß nicht, was passiert wäre, wenn damals jemand den Vorhang weggezogen hätte, der die Zukunft verdeckt. Wie die anderen hat auch sie vieles erlebt: Letztlich weiß ich gar nicht, welches Fazit sie am Ende ihres Lebens gezogen hätte.)

Anna Aczél
Anna Aczél lebt mit ihrer Familie in Budapest. Sie beschäftigt sich mit der Resozialisierung von devianten Jugendlichen und ist Direktorin eines Erziehungsheims für Mädchen.

Mária Herczog

DIE ZWEI ANNAS

Diese Geschichte ist eine Erinnerung an und für meine Mutter, denn sie konnte leider nicht mehr erleben, dass ich so reif und verständnisvoll wurde, um ihr zu zeigen, wie viel ich inzwischen von den Dingen verstehe und auch akzeptiere, auf die ich als Kind und später als Jugendliche mit so viel Wut und Trotz reagiert habe. Weder für das Kind noch für die Mutter ist es ein Trost, wenn jemand durch die Umstände und durch von der Geschichte verursachte Verletzungen, nicht verarbeitete oder eben nicht zu verarbeitende Traumata nicht in der Lage war, sich zu einer Mutter, einer emotionalen Stütze zu entwickeln, wie ein Kind sie braucht. Auch deshalb – oder eben: trotzdem – wäre es sehr wichtig, dass wir die Geschichten erzählen, die anderen vielleicht helfen können, sowohl die eigenen Schwierigkeiten als auch die anderer zu verstehen. Dass ich jetzt meine eigene Geschichte erzähle, ist vor allem um derjenigen Eltern und Kinder willen wichtig, die oft nicht aus eigener Entscheidung unlösbare Beziehungskonflikte, nie heilende Wunden verursachen, sich auch während des eigenen Lebens mit schmerzvollen Selbstbeschuldigungen zu Tode quälen und auf diese Weise verdorbene, freudlose Leben, Schicksale wiederholen. Denn nur so kann verhindert werden, dass diese Schicksale sich wiederholen.

 Meine Mutter wollte nie über das Konzentrationslager reden. Nicht nur mit mir, sondern auch mit anderen sprach sie darüber nicht gern. Meine Großmutter aber erzählte mir nach dem Verlöschen des Lichts in unserem gemeinsamen Zimmer oft, wie es war, als sie in ein Sternenhaus ziehen mussten, alles abhanden kam und meine Mutter abgeholt wurde. Sie erzählte auch, was während der Belagerung passierte und als die Russen einmarschierten, als man die Juden befreite und sie nichts zurück bekamen – weder ihre Habseligkeiten, die sie an einem «guten» Platz untergebracht hatten, noch ihre Wohnungen –, schließlich berichtete sie darüber, wie es war, als meine Mutter zurückkam.

Ich hatte auch sonst Gründe genug, mich beklemmt zu fühlen, aber diese Geschichten haben mich schrecklich aufgewühlt. So ist es kein Wunder, dass ich auch noch 15 Jahre nach dem Krieg mit den Puppen, die ich unter den mit einer Bügeldecke bedeckten Esstisch schleppte, ausgerüstet mit Lampe und Proviant, stets «Bunker» gespielt habe. Das Essen, das Verstecken und das Flüchten bekamen eine zentrale Rolle in diesen Spielen. Meine Mutter war einmal schrecklich erschüttert, als sie beim Aufräumen in einem Puppenkoffer, den sie unter meinem Bett hervorholte, einen für verloren gehaltenen Pullover und ein paar Konserven fand, die ich für den «Notfall» sichergestellt hatte, so dass ich sofort aufbrechen konnte, falls die Pfeilkreuzler und die Deutschen zurückkommen sollten. Sie dachte – wie so viele andere –, wenn sie ihre Erlebnisse mit mir nicht teilte, dann existiert die ganze Sache gar nicht und sie wird dann nicht «weiter vererbt»; außerdem machte sie immer eine überlegene Bewegung mit der Hand: Das kann nicht noch einmal passieren, es ist überflüssig, Angst zu haben, Blödsinn! Deshalb habe ich über die Geschehnisse und ihre Dämonen nur sehr sporadische und aus einer späteren Zeit stammende Informationen.

Die Grundgeschichte erklärt aber viel über die Ursachen der Abwehr. Als der Ungarisch-Jüdische Kulturverein gegründet wurde und Teréz Virág Vorträge über die Verarbeitung des Traumas, über die Schwierigkeiten der zweiten Generation hielt, bat ich meine Mutter mitzukommen, aber sie war nicht bereit – obwohl ich auch heute noch glaube, dass es ihr viel geholfen hätte, und vielleicht wäre meine Mutter dann nicht so jung verschieden.

Nichts passiert zufällig, besonders dann nicht, wenn dieser Zufall von vielen willentlich herbeigeführt wird. Trotzdem liegt es oft am Zufall, wem, was und wie passiert. Seine Folgen fallen den Nicht-Zufällen, jenen Ereignissen, die bis zum Tod dauern, zum Opfer.

Einige Wochen nach dem 19. März 1944 sind die beiden Annas im Teenageralter in dasselbe Haus gezogen. Der Zufall spielte dabei bloß insoweit eine Rolle, als beide Familien die Wohnung, in der sie ursprünglich wohnten, verlassen und in eines der als Sternenhaus ausgewiesenen Häuser umziehen mussten; sie hatten nicht viel Zeit zum Überlegen. Sie bekamen 24 Stunden, um ihre Habseligkeiten zusammenzupacken und ihr ursprüngliches Zuhause zu verlassen.

Meine siebzehnjährige Mutter und meine verwitwete Großmutter zogen mit einem Bruchteil ihrer Habe in eins der ausgewiesenen Häuser in der Visegrádi utca, in dem schon Verwandte von ihnen wohnten. An einem Oktobertag waren aus dem Erdgeschoss des Hauses Schreie zu hören: «Alle Frauen zwischen sechzehn und vierzig sollen sofort herunterkommen, sie werden zur Arbeit gebracht.» Meine Mutter wusste, was sie erwartete, sie hatte viele Informationen. Sie meinte, wer die Ohren nicht verschloss, der war sich über die Tatsachen im Klaren. Aber die meisten «Erwachsenen» wollten nicht zur Kenntnis nehmen, dass die Leute in Konzentrationslager verschleppt wurden und es kaum Chancen gab zu überleben. Meine Großmutter packte das Notwendigste in einen akkuraten Vulkanfiber-Koffer und schickte sie, wie es sich für ein gutbürgerliches Fräulein gehört, im Kostüm und in Trotteurschuhen – mit Wolldecke und Proviant versorgt – auf den Weg, als würde sie auf einen Ausflug oder in den Urlaub gehen.

Die Gruppe meiner Mutter ging lange zu Fuß. Dann ging es mit dem Zug weiter nach Spandau, in ein Arbeitslager, das in einem Außenbezirk von Berlin eingerichtet worden war. Das Lager wurde am Ende des Krieges von den Russen befreit, und meine Mutter lag drei Monate mit Fleckfieber im Bett, irgendwo auf dem Nachhauseweg. Was ihr im Lager passierte, kann man nicht so recht wissen, nur ahnen – es war unmöglich, mit ihr darüber zu sprechen. In den wenigen Erzählfragmenten geht es um viel Arbeit, demütigende Behandlung, viel Misshandlung und vor allem um Frieren, Hunger und Angst einflößende Wolfshunde. Sie sagte, dass die Mädchen einander abends über ihre Partys aus der Kindheit erzählten. So haben sie die Leckerbissen von damals noch einmal «gegessen». Andererseits erfuhr sie wenig Solidarität seitens der gutbürgerlichen Mädchen, wie sie selbst eines war, und wurde deshalb oft enttäuscht. Stattdessen sprach sie von den Partisanenmädchen, Prostituierten und Zigeunerinnen im Nachbarlager mit Hochachtung; das hat ihre spätere Weltanschauung und Identität mitbestimmt.

Sie kam erst im August nach Hause, wog 35 Kilo und war kahl geschoren. Sie klingelte bei den Verwandten – meine Großmutter war nämlich nicht zu Hause. Sie erkannten sie nicht wieder.

Auf ihr weiteres Leben warfen nicht nur der Krieg und das Konzentrationslager ihre Schatten, sondern sie betrachtete auch die Entscheidung ihrer Mutter, sich «den Gesetzen» zu beugen, als Lieblosigkeit. Ihre ausgezeichneten Fähigkeiten, ihre Bildung und Sensibilität konnte sie nie zur Geltung bringen. Ihre Ambitionen, Theaterregisseurin und Dramaturgin zu werden, blieben nur Träume. Das Verbot des Schwangerschaftsabbruches in den fünfziger Jahren machte sie zur Mutter. Das hat keiner von uns beiden das Leben erleichtert. Mein Vater verließ uns 1956. Das war eine weitere Belastung, und alles andere, was danach kam, kann man nicht so einfach als Episode einer Seifenoper betrachten.

Die andere Anna wohnte mit ihren Eltern im zweiten Stock. Sie und meine Mutter waren gleich alt. Die Familie dieser Anna war mit dem Hausbesitzer verwandt. So zogen sie in einen Teil seiner Wohnung ein. Anna wurde von ihrer Familie in einem ausschließlich zu diesem Zweck errichteten Verlies in der Wohnung versteckt. Sie ließen sie nicht hinaus. Als die Pfeilkreuzler, die zu dieser Zeit schon sehr in Eile waren, die jungen Frauen zusammentrieben, hoffte die Familie, dass Anna nicht gesucht und so nicht gefunden wird. Die Befreiung erlebte sie in der Wohnung, weil sie es nicht wagte, in den Keller hinunterzugehen, damit der Hausbeauftragte die Familie nicht anzeigen konnte. Die russischen Soldaten, die nach Pfeilkreuzlern und Deutschen suchten, fanden sie, und sie wurde von mehreren mehrmals vergewaltigt. Sie bekam Syphilis und wollte nie Kinder haben. Aus ihr wurde eine verbitterte, freudlose, harte Frau, und ihre Ehen scheiterten. Als Kind war ich oft zu Besuch bei dieser Familie, ohne dass ich die Geschichte gekannt hätte. Niemand erwähnte, was ihr passiert ist, und ich weiß es nicht durch sie.

Es gibt keine gute Antwort darauf, was man hätte tun sollen und was nicht, was geholfen und was ein noch größeres Unheil verursacht hätte. Alle haben getan, was sie konnten, wozu sie in der Lage waren und was sie für richtig hielten. Es ist unnötig, in dieser Angelegenheit zu urteilen, und es ist bestimmt nicht unsere Aufgabe. Aber wir sollten mehr darüber sprechen, was uns schützt, wie die Wunden geheilt werden können – wenn das überhaupt möglich ist –, oder zumindest darüber, womit diese tief einschneidenden Erlebnisse und ihr Erbe erleichtert werden können.

Mária Herczog
Mária Herczog wurde 1954 in Budapest geboren. Sie ist Kandidatin der Soziologie und leitende Mitarbeiterin des Nationalen Instituts für Kriminologie und des Nationalen Familien- und Sozialpolitischen Instituts. Ihr Forschungsgebiet umfasst die Kinderfürsorge und den Kinderschutz. Sie ist Lehrbeauftragte an der Eötvös-Loránd-Universität Budapest. In der Organisation «Familie, Kind, Jugend» leitet sie u.a. Forschungsprojekte, organisiert Tagungen und arbeitet dort als Mediatorin und Fachberaterin. Seit 1983 ist sie Chefredakteurin der gleichnamigen Zeitschrift der Organisation.

Klári László

AUF DER FUSSBANK SITZEND

Ich bin als Kind des Holocaust aufgewachsen. Ich ging in verschiedenen Lagern ein und aus und fühlte mich dort heimisch. Es gab Orte, Namen, Gesichter, Speisen, mit denen ich vertraut war. Nein, Speisen gab es nicht, stattdessen eher komische Bezeichnungen, zum Beispiel *«dörgemüse»*. Und ich kannte Lagerkommandanten, SS-Soldatinnen, Kapos. Ich lernte komische Wörter: *«appelplatz»*, *«heftling»*, *«blockalteste»*. Ich sah Baracken von innen und von außen. Ich ging im Fußmarsch, stand mehrmals vor der «Selektion». All die Meinen gingen immer nach rechts. Wir kamen nach Hause. Das ist unser Glück.

Ein typisches Bild aus meiner Kindheit. Meine Großmutter erzählt, und ich sitze zu ihren Füßen auf der Fußbank. Das Geschichtenerzählen begann schon sehr früh. Ich mag fünf Jahre alt gewesen sein, als meine Großmutter damit anfing. Nachts klopfte man ans Fenster, erzählte sie, und sie machte sich mit ihren beiden erwachsenen Töchtern auf den Weg in die Kossuth-Lajos-Grundschule in Esztergom. Diese Schule war als Ghetto für die Juden der Stadt und der Gegend ausgewiesen. Großmama warf alles Gold der Familie in die Toilette der Schule und spülte es hinunter. Was kann sie gewusst haben? Dann, einmal bei Tagesanbruch, damit die Leute es nicht sehen, gingen sie alle zum Bahnhof und stiegen in die Waggons ein. In Viehwaggons, sagte meine Großmutter, und ich hörte, wie die Waggontüren zuschlugen, und sah den jungen Gendarmenburschen, dem Großmama sagte: «Warum tust Du uns das an, mein Sohn, wir sind doch auch Ungarn?» Der Zug fuhr zuerst nach Komárom, dann konnte man viele, viele Tage lang nicht wissen, wohin er fuhr. An dieser Stelle fiel ihr immer Mutter ins Wort, wenn sie gerade in der Nähe war: «Ja, wir wussten nicht einmal, wohin wir fahren, aber wir waren sehr viele. Ich bin auch in die Ecke gedrückt worden, und mir wurde die Schulter gequetscht, so dass sie mir seitdem noch immer wehtut.» Wenn meine Mutter dann hinausging, wandte sich meine Großmutter zu mir: «Hast Du gehört, was sie gesagt hat? Dass sie in die Ecke gedrückt wurde? Sie stand überhaupt nicht in der Ecke. Aber ich glaube ihr, dass ihr die Schulter immer noch wehtut, denn sie hat stundenlang die tote Mutter Deines Vaters, Deine Großmutter, die Fáni Sulc, gehalten.» «Aber das war nicht meine Großmutter», sagte ich dann immer, «sondern die Mutter meines Vaters. Ich kann nicht sagen: meine Großmutter.» «Wenn Du es nicht willst, dann sag es nicht. Aber da war im Waggon auch die erste Frau Deines Vaters und ...», hier brach sie immer ab. Wenn mein Vater ins Zimmer trat, hörte meine Großmutter sofort mit dem Erzählen auf und rief meiner Mutter zu: «Psst, nicht vor dem Zoli ...» So umhüllten sie meinen Vater mit der Stille des Vergessens.

Und schon kommen wir irgendwo an. Die Schienen hören auf, Endstation. Seltsamer Ort. Auf der einen Seite brennen riesige Scheiterhaufen. Ein Tor, eine Rampe. An dieser Stelle unterbrach meine Mutter Großmutter immer zum zweiten Mal. «Ich ging vorne», pflegte sie zu sagen, «nach mir Julika, hinten unsere Mutter. Als wir am Beginn der Reihe vor einem adretten, großen, prächtigen Mann in Uniform ankamen, winkte dieser nur mit dem Zeigefinger. Rechts – Links. Rechts – Links. Ich ging nach rechts, aber in dem Moment erstarrte ich. Ich verlor Zeit, Raum, Ort. Ich ging nur, ich weiß nicht wie lange und wie weit. Tausend Jahre standen auf dem Spiel. Langsam blickte ich nach hinten, hinter mir Julika und das Gesicht meiner Mutter über ihrem Kopf. Ich seufzte auf. Jetzt kann nichts Schlimmes mehr passieren», sagte sie immer. Ich sitze auf der Fußbank. Meine Großmutter schweigt jetzt ausnahmsweise. Plötzlich verwirrt sich etwas in mir. Das Rechte und das Linke. Ich bin doch Linkshänderin, in welche Richtung gehen wir dann? Und was ist auf der linken Seite? Wer ist dort? Wer geht wohin? Und wo sind das Feuer, der Lärm, der Geruch, der Rauch, Dinge von denen ich zuvor schon gehört hatte? Aber ich frage nicht. Auch das ist mehr als genug.

«Wir stehen auf dem ‹appelplatz›, bei Tagesanbruch, nackt, kahl. Die Sonne ist noch nicht aufgegangen, wir zittern. Wir haben keine Haare, die uns wärmen könnten.» Ich höre die Stimme meiner Mutter. Ich sehe den ‹appelplatz› und mir gegenüber das Gesicht meiner Großmutter, weil ich jetzt nicht auf der Fußbank sitze, sondern im Bett zittere. Ich bin krank. Die Sonne ging inzwischen auf. Es ist sehr warm, eine furchtbare Hitze. Die Sonne brennt. Ich habe Fieber. Es gibt welche, die nicht mehr stehen können. Sie fallen in Ohnmacht. Sie verschwinden. Wenn die Zahl endlich stimmt und wir fortmarschieren – auf dem Boden liegende Körper. Ich schlafe ein.

«Drei Wochen sind vergangen», so pflegte meine Großmutter die eine Folge zu beginnen. «Bis dahin hätte Deine Tante Julika beinahe den Verstand verloren. Zum Abendessen bekamen wir nämlich im Allgemeinen Sauermilchkäse, aber danach keine Flüssigkeit, kein Wasser. Und an den Wasserhähnen im Lager stand geschrieben, dass das Wasser infiziert ist. Es ist verboten, davon zu trinken. Deine Tante Julika wurde regelrecht rasend. Sie schrie, dass der Durst schlimmer ist als der Hunger. Dann rannte sie zu einer Pfütze, um etwas zu trinken. Ich hielt sie fest. Ich drückte sie so stark, bis sie sich etwas beruhigte.

Glücklicherweise gingen wir an diesem Tag ins Bad. Aus den Duschen floss abwechselnd warmes und kaltes Wasser. Julika interessierte nicht, wie das Wasser war. Sie bog den Kopf nach hinten, öffnete den Mund und trank nicht, sondern saugte, schlürfte, nahm die Wasserstrahlen in sich auf. Währenddessen liefen ihr die Tränen, Tränen der Freude, zusammen mit den Wasserstrahlen über die Wangen und trösteten ihr gequältes Inneres. Nach einigen Tagen erschienen Ausschläge auf ihrem Körper. Nicht überall. Vor allem an den Armen und an den Beinen. Ihre Beine sahen sehr schlimm aus, sie waren voller roter Flecken, aus denen Flüssigkeit kam. Ich tauschte meine Brotration gegen Papier und klebte die Wunden mit bespuckten Papierfetzen zu», pflegte meine Großmutter zu erzählen. Gestern als ich bei meinem Sohn zu Besuch war, schnitt er sich mit einer alten Säge in die Hand. Verzweifelt schaute er mich an und fragte: «Ich werde davon doch keine Blutvergiftung bekommen?» Ich sagte ihm, er soll ein Papiertaschentuch bespucken und dagegen drücken. Auf dem Heimweg fiel mir die Fortsetzung der Geschichte mit den Wunden ein. Diesen Teil erzählte meine Großmutter viel häufiger, deshalb lebt er in mir als eine runde Geschichte. Das Tragische daran fesselte mich, und ich werde immer verlegen, wenn ich sie wachrufe.

«Einmal kam irgendeine Delegation ins Lager», fing meine Großmutter immer an oder fuhr fort, je nachdem, ob ich länger zu ihren Füßen saß oder die Fußbank nur für eine kurze Weile zu ihr hingezogen hatte. Das war nämlich mein Vorrecht. Ich hätte vor dem Erzählen für immer weglaufen können. Aber ich wollte es nicht.

«In der Delegation gab es mehrere SS-Offiziere, unter ihnen einige Frauen», erzählte meine Großmutter weiter. «Wir traten an, ausnahmsweise nicht hintereinander, sondern in einer Reihe. Das war ein unheilvolles Zeichen. Doch keine Delegation. Doch kein ‹appel›. Eine ‹Selektion›. Bald erschien auch der erforderliche LKW. Er wurde gebraucht, um die Aussortierten wegzufahren», sagte meine Großmutter dann immer. Ich hasste dieses Wort: «Selektion». Noch heute geht es mir so. Tausend Vorstellungen, Stimmen, Schreie und Tränen sind damit verbunden. Und dieses Unerträgliche. «Während dieser Zeit schritt eine hagere, große Soldatin, ihre Haare hatte sie unter der Mütze zu einem strengen Knoten gebunden, langsam in entsprechender Entfernung an der Reihe vorbei und musterte dabei die Beine», pflegte meine Großmutter fortzufahren. An dieser Stelle wurde ihre Stimme leise, begann zu zittern, aber das dauerte nicht lang, weil sie schreiend wiederholte: «Sie musterte die Beine!» Als sie zu Julika kam, zeigte sie mit ihrem Kinn Richtung LKW. Das war eine winzige Gebärde im Vergleich dazu, dass es das Todesurteil bedeutete. Meine Großmutter, und hier geriet ich immer in Verlegenheit, rannte vor die Frau, warf sich auf die Knie und schrie: *«Meine Tochter!»** Das ist meine Tochter.» Die Soldatin nickte, und Julika blieb an ihrem Platz.

«Schon seit Tagen marschierten wir im Fußmarsch Richtung Osten», fing meine Großmutter diese Geschichte zu erzählen an, und während ich dieser Geschichte zuhörte, schaute ich nur und staunte, und ich konnte nie glauben, dass die Person, über die sie erzählte, sie selbst war. Denn das war in Wirklichkeit nicht sie, sondern jemand anderer. «Wir gingen in Fünferreihen – wir zu dritt an der einen Seite, weil es Deine Mutter nur an der Seite aushielt, auch damals hatte sie schon Klaustrophobie.» «Das stimmt nicht ganz», pflegte meine Mutter sie zu unterbrechen, «sondern weil

* Deutsch im Original

mich einige Kilometer vorher ein Mädchen, das an der Seite ging, bat, mit ihr den Platz zu tauschen, weil sie Angst hatte, dort draußen zu liegen; der zweite Platz sei vielleicht sicherer. Wir legten uns nämlich auf den Boden, weil gerade Fliegeralarm war und die Flugzeuge so niedrig flogen, dass ich die Gesichter der Piloten auch heute noch sehe. Wir tauschten also die Plätze, und sie wurde erschossen, gerade an der Stelle, an der Minuten vorher noch ich gelegen hatte, an der zweiten Stelle von der Seite her gerechnet. Und ich nahm mir vor, dass ich immer an der Seite sein werde. Ich kann auch im Kino und im Theater nirgendwo anders sitzen, nur auf dem ersten Platz», sagte meine Mutter, und mir ist sofort eingefallen, wie sie eine Kinokarte löst und zur Kassiererin sagt: «Den ersten Platz bitte». Und jetzt fällt mir meine Tochter ein, die mich einmal viele Jahre später fragte: «Mama, warum nimmst Du immer den ersten Platz?» Ich konnte ihr nicht antworten. Wenn ich es gekonnt hätte, hätte ich ihr nur sagen können: «Weil ich die Gesichter der Piloten auch heute noch sehe.» Aber das wäre vielleicht nicht zu verstehen gewesen. «Und wie wir da im Fußmarsch gingen», pflegte meine Großmutter weiter zu erzählen, «befand ich mich in der Mitte, auf einer Seite Magda Kövesi, auf der anderen Julika Kövesi. Ich hatte ein aus einem Sack genähtes Kleid an, in der Hand einen Stock und um die Taille einen Gürtel, an dem mein Becher hing. Wir gehen, an der Seite fährt ein Militärjeep mit, in dem eine Soldatin mit einer Pistole sitzt. Sie hat die Aufgabe, diejenigen zu erschießen, die zu Boden fallen. Manchmal waren auch von hinten Schüsse zu hören, auch mehrere nacheinander. Dann war es still. Viel zu still. Ich schaute nach links. Wo vorher Magda Kövesi ging, ist niemand mehr. «Ach, was werde ich denn zu Hause sagen, wenn die Leute mich fragen: ‹Wo hast Du die Magda Kövesi gelassen? Warum hast Du nicht besser aufgepasst?› Was werde ich dann sagen? Ich war wie ein Roboter.» Diesen Satz von ihr verstand ich nicht, bis ich dann einmal in einem Film Skelette sah, die mit ihren eckigen Bewegungen und unvorstellbaren Körpern wie Roboter marschierten. Frau Kövesi ging zurück bis ans Ende der Reihe. Da sah sie einen Verschlag. Und sie stach solange an den lebenden Körpern, die dort lagen, herum, bis sie die ihr anvertraute Magda Kövesi fand und in die Reihe zurückschleppte, die gerade anhielt, um zu rasten, weil es inzwischen Abend wurde. «Am Morgen waren alle, die im Verschlag lagen, tot», pflegte meine Großmutter diese Geschichte zu beenden. Und mich, dort auf der Fußbank, fröstelte es vor Kälte. Keine Worte wie *Mutter** und *Tochter**, und *meine Tochter**, stattdessen: *Jemand war neben mir* und *Jetzt ist sie nicht da* und *Was soll ich sagen, wenn man mich fragt, wo ich sie gelassen habe?*

Meine Mutter hat nur eine eigene Geschichte. Eine schmerzliche, selbstquälerische, sich selbst beschuldigende Geschichte, die sich ereignete, als der Fußmarsch in die Nähe der Stadt Pilsen kam. Da hatten sie schon seit Tagen kaum etwas gegessen. Meiner Großmutter zufolge lebte meine Tante Julika von Kartoffelschalen, die sie unterwegs aufsammelte. Sie aß Gras, später leckte sie an einer Zahnpastatube. Aber das größere Problem war auch jetzt, dass es nichts zu trinken gab. «Auf einmal, wie im Märchen», pflegte meine Großmutter zu sagen, «erscheint von irgendwoher ein großer, mit Bierkästen überladener Pferdewagen. Die Kutscher betrachten den taumelnden Zug mit Entsetzen. Dann fangen sie an, mit einer vorsichtigen Bewegung Kästen auf den Boden zu werfen. Aber die Flaschen fallen dabei heraus und rollen auseinander, die Frauen rennen hinterher, und die Soldaten schlagen sie, wo sie nur können.» An dieser Stelle unterbrach sie meine Großmutter, weil es von da an schon ihre Geschichte war. «Bei all dem Lärm, Wehklagen und Rennen sehe ich auf einmal, dass ein Soldat Deiner Großmutter einen so harten Schlag gibt, dass der Aluminiumbecher an ihrem Gürtel zerdrückt wird. Inzwischen rollt eine Flasche bis zu meinem Fuß. Das Ganze dauert eine Sekunde. Es geht mir durch den Kopf, dass das Getränk verloren geht, wenn ich zu meiner Mutter laufe, und während ich die Flasche aufhebe, um sie in die lange Tasche an meinem Hosenbein zu schieben, helfen schon andere meiner bewusstlosen Mutter. Bis heute nicht …» Hier bricht der Satz ab, und meine Mutter weint. Und ihre Geschichte ist immer im Präsens erzählt.

Meine Großmutter hat nie geweint. Meine Kraft habe ich von ihr – aber eigentlich bin ich aus den Tränen meiner Mutter entstanden.

* Deutsch im Original

Klári László
Klári László ist 1947 in Esztergom geboren und arbeitet als Soziologin. Sie betrachtet sich als Angehörige der zweiten Generation der Holocaust-Überlebenden. Mütterlicherseits kamen drei – Großmutter, Mutter, Tante – aus Auschwitz und anderen Lagern zurück. Ihre Familie väterlicherseits hüllt sich in Schweigen. Dieses doppelte Erbe prägt ihre heutige Arbeit in Gruppen mit Holocaust-Überlebenden und deren Rettern.

Júlia Vajda

AUF UNS ALLEIN GESTELLT

Seit einiger Zeit denke ich wieder und wieder daran, was aus uns wird, wenn sie alle gestorben sind. Wie werden wir ohne sie sein? Wir werden hier allein zurückbleiben. Es ist wie ein Gefühl aus der Kindheit, so, als würde man als letzter vom Kindergarten abgeholt. Das ist mir eigentlich nie passiert. Höchstens, dass ich nicht unter den ersten war. Aber wenn immer weniger Kinder da waren, begann ich mich jedes Mal ängstlich zu fragen: Was passiert, wenn ich nicht abgeholt werde? Nein, es stimmt nicht, dieses Gefühl ist viel weniger greifbar. Ein Kloß im Hals. Drücken am Magenausgang. Brechreiz. Immer stärker. Ich muss mich sofort übergeben. Ich mache nichts, ich starre nur aufs Fenster. Man kann nicht hinaussehen, es ist weit oben und mit Glasziegeln zugemauert, die totale Existenzunsicherheit.

Ja, das ist dasselbe Gefühl. Was wird mit uns sein, mit mir, wenn die, die die Shoah erlebt haben, nicht mehr da sind? Ich habe ein beklemmendes Gefühl. Manchmal bin ich mit diesem schlechten Gefühl auch aus einem Traum aufgewacht. Könnte ich davon geträumt haben? Ich weiß es nicht. Vielleicht. Ich war in Schweiß gebadet. Und für dieses Gefühl ist man nie zu erwachsen. Ja, es ist ein kindisches Gefühl. Wir sind *nur* Kinder. Richtig erwachsen sind die, die *das* erlebten. Und wenn es sie nicht mehr gibt, dann werden wir alle Kinder sein. Zumindest diejenigen von uns, die wir dieses Gefühl verstehen. Und die anderen, für die die Shoah nicht oder zumindest nicht in so starkem Maße zählt – Gott behüte, sie leugnen sie sogar! –, werden vielleicht erwachsen –, aber sie sind unbedeutend.

Dann rief mich eines Tages meine Freundin Éva Kovács an – sie wusste von meinen beklemmenden Gefühlen –, und teilte mir die Nachricht mit, dass wir mit Leuten, die nach Mauthausen deportiert worden waren,

Interviews machen werden. Sie wurde ins Team des Holocaust-Archivs von Mauthausen aufgenommen, mich hatte man ebenfalls berücksichtigt. Wir wurden «die ungarische Abteilung». Wir haben die Aufgabe, Interviews mit Überlebenden zu führen. Es hört sich absurd an, aber ich war außer mir vor Freude. Wie morbid es auch immer klingen mag, ich habe mich sehr gefreut. Denn wir werden sie ja zumindest befragen, bevor sie uns hier alle verlassen.

Später habe ich dann die Erfahrung gemacht, dass nicht nur ich allein so denke – oft war genau das der Grund, weshalb sie in das Interview einwilligten. Sie wollten ihre bislang unerzählten Geschichten nicht mit ins Grab nehmen.

Ein paar Tage, nachdem wir «die Arbeit» übernommen hatten, traf ich Ági [Agnes] Heller und bat sie, mir dabei zu helfen, «die Betroffenen» zu finden. Es war natürlich ein schlechtes Gefühl, dass «die anderen jetzt nicht zählten». Ob jemand in Auschwitz war oder eben in Theresienstadt, das interessierte uns jetzt nicht. Aber zumindest machten wir die Überlebenden von Mauthausen ausfindig. Ági hatte gerade vor, im Altersheim in der Páva utca einen Vortrag zu halten – am nächsten Tag rief sie mich jubelnd an: Sie hatte sogar zwei Überlebende gefunden.

Beklemmt rief ich Frigyes A. an. Sein Bruder war kürzlich verstorben. Mit Rücksicht darauf bat er mich, unser Gespräch zu verschieben. Er versprach, mich anzurufen. Für diesen Tag war es auch erschöpfend genug. Frau A. rief ich erst am nächsten Tag an. Sie erklärte sich sofort bereit, aber sie kündigte schon am Telefon an, dass sie bereits von der Shoah-Stiftung befragt worden sei und auf das Interview nur eingehe, um ihre Erfahrungen weiterzugeben, bevor sie diese Welt verlässt. Und sie machte zur Bedingung, dass wir uns nur ein Mal treffen – das vorige Interview hatte sie schon sehr aufgewühlt.

An einem Sonntagvormittag im Frühling besuchte ich sie in ihrer kleinen Wohnung in der Tompa utca. Ihre Lebensumstände machten mich betroffen. Wie klein, arm; man könnte sagen, es war ein elender Ort, an dem sie wohnte.

Sie empfing mich sehr herzlich, bot mir Kaffee an. Dann erzählte sie wieder, dass das Interview der Shoah-Stiftung sie sehr belastete und sie nicht möchte, dass wir uns ein zweites Mal treffen. Anschließend fingen wir sofort mit der Aufnahme an. Sie war ungeduldig, wollte die Sache schnell hinter sich bringen. Ich hatte ein beklemmendes Gefühl, einerseits im Hinblick auf das, was ich hören würde, und andererseits darauf, wie es meine Interviewpartnerin – für mich jetzt schon Tante Márta: sie bat mich, dass wir uns duzen, weil sie so besser erzählen könne – verkraften würde. Ob sie eine ganze Sitzung lang aushalten wird? Und ob ich dann bei diesem einen Mal auch alles fragen kann, was ich fragen möchte, bzw. das, was ich nach den von mir selbst aufgestellten Regeln meines Berufs fragen muss? Wegen dieses letzteren Gedankens fühlte ich mich beschämt. Denn zählte das wirklich? Das Wesentliche war ja Tante Márta.

Sicher, aber es war eben auch wichtig, dass sie es erzählt. Für uns, aber vielleicht auch für sie. Ja – beruhigte ich mich –, die Dinge zu erzählen, sie auszusprechen, ist oft, wie eine Salbe auf die Wunde zu legen. Aber auch für diese Wunden? Kann das, nach fast 60 Jahren, noch etwas wert sein? Und werde ich den Mut haben zu fragen? Meinen Studenten lehre ich, dass sie immer ungehemmt fragen sollen – die Interviewperson wird schon die Grenze ziehen, sie wird schon die Grenze bestimmen, bis hierher und nicht weiter. Tja, sicher, aber das sind keine Shoah-Überlebenden. Ja, aber auch die Gräuel der Shoah sollten besser ausgesprochen werden, als sie jahrzehntelang schweigend mitzuschleppen. Meine Großmutter, die «nur» im Ghetto war – das «nur» ist einzig aus diesem Blickwinkel gerechtfertigt –, erzählte ihre Geschichten, solange sie lebte. Als Kind, als junge Erwachsene fand ich sie schon langweilig. Ich hatte das Gefühl, dass ich sie alle längst auswendig kannte. Ich fragte auch nicht nach Details, nach gar nichts. Heute tut es mir freilich leid. Nun gut, dann muss ich eben Tante Márta Fragen stellen.

Ich muss mich darauf verlassen, wenn das Aussprechen bei anderen Problemen und Traumata hilft, dass es auch im Fall ihrer Erlebnisse helfen wird. Und immerhin kann mir diese Erkenntnis nutzen, keine Angst davor zu haben, wie ich mich dabei fühlen werde, und davor, dass ich möglicherweise nicht weiß, was zu tun ist. Ich weiß es ja, und als Interviewerin, als Psychologin habe ich unzählige Male erlebt, dass das Weinen hilfreich ist und noch mehr als das: die beste Medizin. Es bringt Erleichterung.

Tante Márta erzählt ruhig und gesammelt, in chronologischer Ordnung, mit der glücklichen Kindheit beginnend, auf die der Antisemitismus, der auch ihr Dorf erreicht hatte, seine Schatten warf, von der stufenweisen Ausgrenzung im Freundeskreis der Familie, in der Elite des Dorfes. «In Jászjákóhalma gab es eine reiche jüdische Familie, die ein Radio hatte, mit dem Sendungen aus aller Welt empfangen werden konnten. Dort gab es auch Strom. Nur nicht bei uns, wir hatten lediglich ein Radio mit Batterie. Sie sprachen verzweifelt davon, dass die Juden nach Polen in die Gaskammer gebracht würden. Und wir sagten: ‹Ach was, das ist nicht wahr.› – Wir waren überaus dumm, uninformiert und naiv.» Gestern besuchte Máté, mein junger Kollege, Onkel Gyuri. Er hatte erzählt, dass es nicht wahr ist, dass sie wie die Schafe in den Schlachthof gegangen wären. Man habe sich ja nicht vorstellen können, dass so etwas geschehen kann.

Es ist auch egal, wer von den beiden Recht hat. Mich beschäftigt es trotzdem. Als würde ich den Film vor meinen inneren Augen immer wieder abspielen, vielleicht wird dann das Ende anders. Vielleicht wendet sich zum Schluss alles zum Guten. Ich lese zwanghaft Memoiren. Nicht nur Imre Kertész, Primo Levi und die anderen «Großen». Auch die schlecht geschriebenen. Mit derselben Erwartung. Oder mit dem perversen Wunsch, dass ich immer wieder erlebe, was ich selbst nicht erlebte. Weshalb ich mich irgendwo in der Tiefe meiner Seele schäme.

Später geboren zu sein, gilt nicht. Das ist einfach Betrug. Weil die Frage dann immer kommt, was hätte ich damals gemacht, dort und dann. Meine Situation ist freilich einfach. Für eine Jüdin ist diese Frage nicht so krass. Aber es gibt sie. Zuerst habe ich es erlebt, als ich schwanger war. Als ich vor dem Sprechzimmer meines Gynäkologen eine Stunde im Stehen warten musste. In meiner Hand hatte ich *«Die Untergegangenen und die Geretteten»* von Primo Levi. Es fiel mir schwer zu stehen. Da tauchte zum ersten Mal die Frage auf: Wie hätte ich es DORT und DANN aushalten können? Und seitdem schon mehrfach. Besonders, seitdem ich krank geworden bin und es mir schwer fällt, auch nur 100 Meter zurückzulegen. Wäre ich erschossen worden, weil ich das Tempo nicht hätte halten können? Oder wäre ich vielleicht sofort in die Gaskammer gekommen? Oder wäre ich gesund geworden, weil, wie man weiß, in extremen Situationen bestimmte Probleme in den Hintergrund gedrängt werden?

Tante Márta erzählt. Immer schrecklichere Details kommen hervor. Wir sind in Auschwitz auf der Rampe – sie wird von ihrem Vater getrennt. Dann bekommt ihre Schwester Scharlach und wird von ihr und von der Mutter getrennt. Sie bekommt auch Scharlach. Sie begegnet ihrer Schwester in der Scharlachbaracke, aber wird von ihrer Mutter getrennt. Wie wir heute wissen, für immer. Sie genesen vom Scharlach. Zurück in die Baracke. «Selektion». Ihre Schwester nach links, sie nach rechts – von Mengeles Seite aus betrachtet. Aber aus der eigenen Perspektive betrachtet umgekehrt. Das ist wichtig. Denn dann verliert sie sich nicht im Tod ihrer Schwester. Sie kann über die Unglaubwürdigkeit der Shoah-Darstellungen reden. Und das ist eine Hilfe. Denn sie hat ja seitdem stets Gewissensbisse, dass sie nicht mitgekommen ist. Obwohl sie es so klar in Erinnerung hat, dass ihre Schwester ihr zuwinkt, sie soll doch mitkommen.

Aber was ist der Grund, dass sie ihr nur einfach so zuwinkt: «Komm!»? Damit auch sie stirbt?

Und das ist noch nicht alles. Dann kommt die nächste Geschichte. Die Gaskammer. Sie wird da rausgeschleppt. «Ich möchte nicht vergessen, dass es etwa vor 25 Jahren – ich weiß das Datum, weil ich damals noch einen Schwarzweißfernseher hatte – im Fernsehen eine Sendung gab, in der es darum ging, wie die Auschwitzer Peiniger verurteilt wurden, und in Nahaufnahme wurde auch der Obersturmbannführer gezeigt, der uns fünf aus der Gaskammer rausschleppte. Es wurde gesagt, dass er freigesprochen wurde, ohne Kommentar. Und dann wurde alles dunkel.» Und das ist noch nicht genug. Jetzt kommt noch ein getöteter Säugling. Er wurde getötet, bevor er aufschreien konnte. Und Tante Márta musste ihn zur Latrine hinausbringen. Und Mengele kam auf sie zu. Aber sie kam heil davon. Nein, das war selbst mir schon zuviel. Die Tränen traten mir in die Augen.

Und Tante Márta erzählt nur und erzählt. Die Front erreicht Auschwitz, das Lager wird «gerettet» – Mauthausen, dann Lenzing. Fabrik, Arbeit. «Lass uns ein bisschen erholen!» Die Erholung dauert nur ein, zwei Minuten. Beide gehen wir auf die Toilette, dann machen wir weiter. In Fünferreihen marschieren sie, sie werden unter den Zug getrieben. Ein schwäbischer Bauernbursche, der Ungarisch kann, ist anfangs nett zu ihr, dann schlägt er sie mit dem Gewehrkolben halbtot. Dann sagt er, wer sich unter Tiere mischt, wird selbst eines. Bin ich fähig, noch all das zu hören?

Und wie lange kann es Tante Márta noch? Ihre Ruhe ist unerschütterlich. Diese Disziplin, die sie sich aufzwingt, macht sie fähig, die Geschichte bis zu Ende zu erzählen. Aber es sind schon Stunden vergangen. Werden wir noch Zeit zum Fragen haben? Wie lange hält sie es noch aus? Wir machen wieder eine Pause. Es tut gut, aber ich habe auch Angst, dass wir nicht zu Ende kommen. Ich biete an, gerne noch einmal zu kommen. Aber nein, bitte nicht. Es soll dabei bleiben, soviel wir heute machen können. Nun gut. Obwohl ich eigentlich nicht mehr kann. Diese Säuglingsgeschichte, die war schon zu viel. Aber wie komme ich dazu, dass ich nicht mehr kann. Tante Márta kann noch aushalten, und damals hat sie auch ausgehalten.

Und dann kommen die Geschichten nach der Heimkehr und die von heute. Dass ihr Onkel ihr selbst das Wenige gestohlen hat, das ihr noch blieb. Dann das Mädchenheim Anikó Szenes, wo es lauter solche – ich wollte sagen, kleine Mädchen – gab. Was ihr Alter betrifft, waren sie es vielleicht, aber mit all diesen Erlebnissen, die sie bereits hinter sich hatten? Wenn es das forcierte Erwachsenwerden gibt, dann ist es das. Mir fällt meine Mutter ein. Als Kind verstand ich nicht, was das Problem ist, oder überhaupt, dass es ein Problem gibt. Ich fürchtete mich nur immer, auch im Kindergarten. Heute weiß ich oder glaube zu wissen, dass auch meine Mutter die ganze Zeit ihres kurzen Lebens über – sie wurde nur 53 Jahre alt – in Angst lebte. Ja, sie musste mit zehn Jahren erwachsen werden. Im Vergleich zu Tante Márta hatte sie freilich auch Glück. Denn das Budapester Ghetto war kein Auschwitz, kein Mauthausen. Und ihre Mutter blieb am Leben. Allerdings hat sie immer für ihren Vater geschwärmt. Zumindest glaube ich das. Sie habe ich freilich nicht um den Bericht ihrer Lebensgeschichte gebeten. Nicht nur auf Tonband nicht, sondern gar nicht. Über das Ghetto erzählte immer meine Großmutter. Und ich habe sie nicht gefragt. Ich wusste noch nicht, dass ich fragen sollte.

Heute frage ich natürlich. Doch von meiner Familie kann ich jetzt nur noch meinen Vater fragen. Er aber sagt immer, dass er keine Kindheitserinnerungen hat. Erst nach dem Einmarsch der Deutschen. Seitdem die Panzer in der Nádor utca erschienen.

Jetzt ist aber nun mal Tante Márta da. Ist es pervers, dass ich das Grauen genieße? Dass ich es genieße, ihr zuzuhören? Dass ich zumindest sie erzählen lasse, was ich die Meinigen nicht erzählen ließ? Es kann sein. Die

Familie meiner Großmutter, die Schwester, die Eltern, sie starben auch in Auschwitz und gingen durch den Schornstein. Ach, es ist schrecklich, dass ich mich auch mit diesem morbiden Gerede schütze.

Jetzt aber kann ich anfangen, Tante Márta Fragen zu stellen. Sie kam mit ihrer Geschichte zu Ende. Sie machte es geschickt, sie kam in die Gegenwart zurück. Sie schimpft auf Viktor Orbán. Und den Nachbarn, der seitdem Orbán und seine Leute hetzen, den Kopf wegdreht, wenn sie sich begegnen. Das ist die Hölle. Mit 80 Jahren muss sie auch das noch erleben. Und das alles nur, weil sie niemanden hat, weder einen Mann noch ein Kind noch irgendwelche anderen Verwandten. Ihre Freunde sind alle nach und nach gestorben... Da bleibt das Altersheim in der Páva utca. Ihre Augen werden schlecht, sie kann kaum mehr sehen. Ich kann ihr nicht widersprechen, als sie «genug» sagt. Obwohl ich möchte, dass sie ewig lebt. Es ist nicht schön von mir, denn nicht ihretwegen, sondern meinetwegen möchte ich es. Obwohl ich verstehe, dass es für sie wirklich genug ist.

Ich mache Fotos von den wenigen Fotos, die sie noch hat. Und auch von Tante Márta. Sie will es nicht, sie sei dafür schon zu hässlich. Ich freue mich, dass es mir gelingt, sie zu überreden. Für mich ist sie nicht hässlich. Nein, sie ist sogar schön. Es ist bewundernswert, wie sie sich nach all dem noch halten kann.

Ich verabschiede mich. Ich habe Angst, denn ich weiß nicht, in welchem Zustand ich sie hier lasse. Sie begleitet mich hinunter. Ich weiß nicht, ob wir uns noch einmal im Leben treffen werden. Sie hat ja gesagt, dass sie das Interview nicht fortsetzen will. Es hätte uns beinahe umgebracht. Ach ja, sie versprach, dass sie eine Landkarte für mich kopiert, wo auch Lenzing drauf ist. Das war das Nebenlager von Mauthausen, wo sie in der Fabrik gearbeitet hat. Und sie wird mich dann anrufen. Das ist gut, dann werde ich zumindest mal sehen, dass sie (auch das) überlebt hat. Aber vielleicht ist sie, wie ich auch, nur erschöpft.

Auf dem Weg nach Hause taumele ich auf der Straße. Die Lebensgeschichte von Tante Márta schwirrt in meinem Kopf. Als sehnte ich mich dorthin, als sehnte ich mich danach, dass ich den Gräuel aller Gräuel auch erlebe. Denn so fühle ich mich wie ein Weichling, irgendwie wie ein Taugenichts. Und gleichzeitig ist mir auch nicht wohl dabei – denn darüber zu jammern, nun, das ist die richtige «Jüdische-Krankenschwester»-Rolle.

Ich komme zu Hause an. Meine Kinder erwarten mich schon. Meine Tochter ist elf, mein Sohn siebzehn. Ich erzähle ihnen, was ich gehört habe. Aber das von dem Säugling, das nicht. Da habe ich das Gefühl, dass meine Tochter das nicht hören darf. Obwohl ich normalerweise schon den Mut habe, alles zu erzählen. Ich glaube fest daran, dass das Schweigen eine größere Last ist. Aber das jetzt lieber doch nicht. Selbst der Rest ist schon zuviel. Obwohl sie wollen, dass ich erzähle. Als ob dieses Gefühl «Ich-muss-mir-all-diese-Geschichten-anhören» in uns allen da wäre, zumindest in meiner Tochter.

Ich erzähle jedem, was ich gehört habe. Tagelang, wochenlang. Vielleicht solange, bis das nächste Interview kommt. Von da an werde ich dann schon von beiden Geschichten erzählen.

Inzwischen ist Tante Márta mit der Kopie der Landkarte fertig. Ich gehe zu ihr in die Páva utca, um sie abzuholen. Sie freut sich sehr über mich, führt mich herum. Sie zeigt mir, wo kürzlich ihr Seder-Abend stattfand. Obwohl ihn ihre Familie, als sie Kind war, auch nicht so richtig beging. Jetzt ist dies aber die einzige Gemeinschaft, zu der sie gehört.

Der Besuch beruhigt mich. Tante Márta geht es gut. Sie freut sich über mich. Dann war es für sie bestimmt gut, dass sie mir alles erzählt hat.

Die Wochen kommen und gehen, die anderen Interviews werden geführt. Ich tauche in ihnen unter. Plötzlich klingelt das Telefon – es ist Tante Márta. Sie ruft mich nur an, um sich für das Interview zu bedanken. Denn es war die erste Erleichterung seitdem. Weil mein «System» sehr gut sei. Dass ich sie reden ließ und nur nachgefragt habe, wenn ich etwas nicht verstand. Die Fragen der Interviewer von der Shoah-Stiftung hätten sie immer verwirrt. Wobei sie eigentlich nett waren. Und sie hofft, dass ich weiterhin mit diesem «System» arbeiten werde.

Ich freute mich wie ein Schneekönig. Tante Márta hatte sich ja dadurch richtiggehend beruhigt, dass sie mir ihre Geschichte erzählen konnte – ich wollte kaum glauben, was sie sagte. Und dann freilich auch das Berufliche. Dass ich nicht vergeblich dafür eintrete, dass diese Interviewtechnik sinnvoll ist.

In den nun schon bald zwei Jahren, die seitdem vergangen sind, sprechen wir uns von Zeit zu Zeit, ich besuche sie. Sie sieht immer schlechter, nur noch peripher ein wenig. Sie geht schon mit einem weißen Stock. Kürzlich – ich habe schon an diesem Text gearbeitet – rief sie mich an. Dass sie das «Material» in die Páva utca gebracht hat. Auch unsere Kassetten und die von der Shoah-Stiftung. Weil sie nicht weiß, was die Zukunft bringt. Und sie hier von alldem sowieso schon genug hat. Aber die Nachbarn sollen nicht über sie lachen.

Mir wurde es schwer ums Herz. Wir fangen an, uns darüber zu unterhalten. «Die kleine Dame» in der Páva utca fragte sie, warum die Nachbarn lachen würden. Selbst ein Budapester, ein Ghetto-Überlebender, kann sie nicht verstehen, geschweige denn diese kleine «Junge» – wie gutwillig sie auch immer sein mag. Ein ganzes Leben in diesem Nicht-Verstanden-Sein. Ich versuche, sie zu verstehen – zumindest bin ich mir bewusst, dass es fast unmöglich ist. Ich argumentiere nicht rational und ich beruhige sie nicht. Während ich eigentlich auch nicht denke, dass die Nachbarn über sie lachen. Aber ich lasse es sein. Ich erzähle auch nur zögernd, dass ich jetzt über die dritte Generation und ihre Probleme geschrieben habe. Sie hört es auch kaum. Vielleicht ist es besser so. Sie braucht das nicht zu hören.

Nicht nur deshalb, weil – was offensichtlich ist – das Leiden im Lager mit nichts zu vergleichen ist. Sondern auch deshalb nicht, weil sie sterilisiert wurde und aus diesem Grund – weil das für sie unerzählbar blieb – keinen Partner fand. Sie hat und hatte nie irgendjemanden richtig.

Die Befreiung erlebte sie auf einen Leichenhaufen geworfen. Sie war so schwach, dass sie sich nicht einmal bewegen konnte. Dann wurde sie aufgepäppelt, «gerettet», damit die amerikanischen Befreier kommen und versuchen konnten, sie zu vergewaltigen, damit ihr dann ihr einziger überlebender Verwandter alles nimmt – und trotzdem, all das ist nichts im Vergleich dazu, dass sie seit 60 Jahren mit dem Schuldbewusstsein lebt, die Mörderin ihrer Schwester zu sein, nur deshalb, weil sie nicht mit in die Gaskammer gegangen ist. Und natürlich ist sie unbewusst auch ihrer Schwester böse, der Fünfzehnjährigen, die für immer so alt blieb. Nein, so kann man wirklich nicht fühlen, dass das Leben schön ist.

Ja, ich kann diese von Tante Márta vermittelte Welt der Gräuel provisorisch betreten, aber mich umgibt auch dort eine Art Sicherheit. Tante Márta ist ja bei mir, ich kann mich auf sie stützen – und ich habe einen Ausweg. Ich habe – im Gegensatz zu ihr – auch eine andere Welt.

Epilog

Tante Márta ist im Mai gestorben. Sie konnte das Erscheinen dieses Textes nicht mehr erleben. Ob sie sich darüber gefreut hätte? Ich bin mir nicht sicher. Auch nicht, ob sie eingewilligt hätte, dass ich unter ihrem wirklichen Namen über sie schreibe.

Ihre ärmliche kleine Wohnung in der Tompa utca steht jetzt leer. Die Kommune sucht über eine Annonce die nicht existierenden Erben. Da sie kein Testament hinterlassen hat, fällt ihr «Vermögen», der Rest ihrer Entschädigung, dem ungarischen Staat zu. Auch das Seniorenheim in der Páva utca kann es nicht bekommen – obwohl es dadurch vielleicht hätte gerettet werden können und die Gemeinde es nicht wegen Unrentabilität hätte schließen müssen.

Denn Tante Márta hatte ihre Grabstätte auf dem Friedhof in der Kozma utca schon gekauft. Zwei Monate vor ihrem Tod hat sie das Interview, das mit ihr geführt wurde, im Museum in der Páva utca untergebracht – «damit die Nachbarn darüber nicht lachen können» –, aber einen letzten Willen hinterließ sie nicht.

Júlia Vajda
Júlia Vajda wurde 1960 in Budapest geboren und studierte Mathematik, Soziologie, Psychologie und Psychoanalyse. Sie unterrichtet an der Eötvös-Loránd-Universität in Budapest. Darüber hinaus führt sie eine psychoanalytisch orientierte Psychotherapiepraxis. Im Fokus ihrer Forschungen steht die jüdische Identität.

Zsófia Bán

KÜSTE, LEER

Es gibt Sätze, die sich ins Gedächtnis einprägen, ohne dass uns ihre Bedeutung sofort klar wird. In ihnen steckt eine geheimnisvolle Kraft, die in uns das Gefühl weckt, dass sie im Moment vielleicht keine erkennbare Bedeutung haben. Aber umso bedeutungsvoller sind sie. Deshalb lohnt es, sie sich einzuprägen. Das Einprägen dieser Sätze erfolgt natürlich nicht bewusst, sondern wie von selbst, rettungslos bleiben sie auf dem Fliegenpapier unseres Gedächtnisses kleben. In einem bestimmten Moment tauchen sie dann – wer weiß, wann und wie – auf, und ihre Bedeutung klärt sich, kristallisiert sich wie von Zauberhand heraus. Und von da an können wir gar nicht begreifen, wie sie bis zu diesem Moment verschleiert bleiben konnten.

Meine Mutter war 1944 20 Jahre alt und, wie Fotos beweisen, eine der schönsten Frauen, die ich jemals sah. Von dieser Schönheit bewahrte sie sich später vieles, was ich auch selbst sehen konnte. Aber im Vergleich zu ihrem früheren Glanz waren es Perlen einer abgerissenen Kette, die mal hier, mal da auftauchten. Mein Großvater war Tierarzt. Zu Beginn der vierziger Jahre übersiedelte die Familie aus Siebenbürgen nach Ungarn. Sie wohnten eine Weile in Túrkeve. Aus dieser Zeit stammt eines meiner Lieblingsfotos von meiner Mutter, auf dem sie und meine Großmutter auf der Straße gehen und an beiden Seiten einen Korb zwischen sich halten. Weil der Korb noch leer ist, waren sie offensichtlich auf dem Weg zum Markt. Nun, meine Mutter kam auf jener staubigen Straße in ihrem Kleid, in dem sie zum Markt ging, wie eine Diva auf die Kamera zu (wer kann wohl das Foto gemacht haben?), wie ein Modell auf dem Laufsteg der Pariser Modeschau zur Sommerkollektion des Jahres. Aber auch später bewunderte ich ihre gertenschlanke Figur, ihre anmutigen, langen Glieder, ihren unfehlbaren Geschmack und ihre Eleganz. In meine Bewunderung und meinen Stolz mischte sich auch etwas Traurigkeit, verursacht durch die schon relativ frühe Erkenntnis, dass ich sie in all diesen Bereichen nie würde einholen können. Ich bin eher das Kind meines Vaters, von der Erscheinung, aber auch vom Gemüt her, doch was ich unbestritten von meiner Mutter habe, sind das Sprachgefühl und die Liebe zu den Sprachen; sie selbst konnte sieben Sprachen. Es ist eine Ironie des Schicksals, dass ich die Person, von der ich meine Muttersprache und mein Talent zum Erlernen anderer Sprachen vererbt bekam, praktisch in keiner Sprache verstehen konnte. Wir konnten im eigentlichen Sinne des Wortes nicht miteinander kommunizieren. Wir sprachen zwar oft miteinander, zueinander, aber gesagt haben wir nicht allzu viel. Sie deshalb, weil sie nicht in der Lage war, ich aber – denke ich –, weil ich diesen Zustand widerspiegelte. Ich hatte also meine Muttersprache (sogar gleich zwei, weil ich von meiner schwarzen brasilianischen Amme auch gleich Portugiesisch lernte; dort in Brasilien, wo ich geboren bin), aber die Sprache meiner Mutter, dass sie mit mir spricht, vermisste ich. Aus meiner Sicht war meine Mutter im Grunde genommen stumm.

Ich erzähle die Geschichte ihrer Deportation und der ihrer Familie nach Theresienstadt nicht im Detail, eben weil meine diesbezüglichen Kenntnisse äußerst lückenhaft sind. Sie wurden irgendwann gegen Ende 1944 – ich weiß nicht genau, wann – zu viert vom Lande weggebracht; meine Mutter, ihre Schwester und meine Großeltern. Dann kehrten irgendwie alle vier zurück. Davon erwähnte meine Mutter nie ein Wort. Ihr Schweigen war so strikt, dass es mir nie einfiel, auch nur den Versuch zu unternehmen, es zu brechen. Es wäre nicht gelungen. Wenn irgendwo etwas Ähnliches zur Sprache kam, hüllte sie sich in Schweigen; wenn im Fernsehen ein Kriegsfilm lief, verließ sie demonstrativ das Zimmer. Wenn mir bezüglich dieses Themas etwas unklar war, bin ich gar nicht auf die Idee gekommen, sie danach zu fragen. Obwohl ich im Gymnasium alles Mögliche darüber las, nistete sich die Sache in meinem Kopf tief ein. Das bezeugen auch meine wiederkehrenden Träume aus dieser Zeit, in denen ich oft träumte, dass die Gestapo in die Schule kommt, die Juden auffordert, von den Bänken aufzustehen, und sie wegbringt. Seltsamer-, man könnte sagen morbiderweise ist es so, als hätte ich mich eigentlich danach gesehnt, dass es tatsächlich passiert. Ich denke, auf diese Weise wollte ich ein gemeinsames Schicksal mit jenen haben, denen es wirklich widerfahren ist. Außerdem war es von einer gewissen heldenhaften Aura umgeben, das kam mir damals, im Ungarn der siebziger Jahre, irgendwie interessant vor (im Sinne von: «wenigstens *passiert* mal etwas»). Aber was sich in meinem Gedächtnis aus meiner Kindheit am Tiefsten einprägte, war, dass «die Nerven» meiner Mutter stets geschont werden mussten. Wenn ich etwas angestellt hatte, tadelte mich mein sanfter Vater immer mit den Worten: «Du weißt doch, dass Deine Mutter geschont werden muss.» Warum eigentlich, das stellte sich nie heraus, ich bekam nur unklare Hinweise darüber. Und es gab nicht viele Dinge, die ich mehr hasste, als sie jedes Mal um Verzeihung bitten zu müssen, wenn ich etwas «angestellt» hatte. Mein Vater, der in der ganzen Stadt vor allem für seinen Humor und seine unversiegbaren Geschichten und Anekdoten bekannt und beliebt war, erzählte auch nichts oder kaum etwas. Das Wenige, das ich weiß, habe ich trotzdem von ihm. Zum Beispiel, dass er aus dem Arbeitslager entlaufen und der russischen Front folgend nach Hause zurückgekehrt ist. Ich habe erst viel später erfahren, dass Onkel Dezső und seine Frau, zu denen wir oft wie zu Verwandten zu Besuch gingen, eigentlich die Verwandten der ersten Frau meines Vaters waren, die in Auschwitz starb. Über sie schwieg er konsequent, sogar ihren Namen musste ich richtiggehend ermitteln. Ich unternahm mehrere zum Scheitern verurteilte Versuche, dieses und jenes von der Schwester meiner Mutter zu erfahren, die nach Israel emigriert war. Sie aber fragte meistens nur zurück: «Hat denn die Vica davon nichts erzählt?» Nun, die Vica, wie sie in ihrer Familie genannt wurde, hat nichts erzählt; sie hat nie etwas erzählt. «Warum soll man in diesen alten Geschichten herumstochern?», fragte meine Tante, und damit schloss sie das Thema ab. So hatte ich als Quelle nur erhalten gebliebene Anträge, Ansuchen, Geburts- und Sterbedaten und Briefe zur Verfügung, in denen ich stöbern konnte, durch die sich aber das Bild immer wieder nur lückenhaft oder überhaupt nicht zusammenfügte. Für ihre nicht erzählten Geschichten soll also hier diese, meine kleine, bis jetzt unerzählte Geschichte stehen. Sie kann kaum eine Geschichte genannt werden, sie zeigt vielmehr nur den Platz des Fehlenden, des fehlenden Ganzen. Wie auf dem Gemälde «*Der Sturz des Ikarus*» von Brueghel das kleine Bein, das aus dem Meer herausragt.

Mein Vater kam als Außenhandelskaufmann mit staatlichem Auftrag in den fünfziger Jahren nach Brasilien, wo ich geboren bin. Meine Mutter wurde erst im vierten Jahr ihrer Ehe und im zweiten ihres Aufenthalts in

Brasilien schwanger, und ich bin mir fast sicher, dass es nur den segensreichen Verhältnissen dort und der Entfernung von zu Hause zu verdanken war. Meine Mutter war damals 33 und mein Vater 49 Jahre alt. Aber selbst diese eine Geburt hat meine Mutter physisch sehr mitgenommen. Die Ärzte rieten ihr ab, es mit einer weiteren Schwangerschaft zu versuchen. So bin ich also Einzelkind geblieben. Meine Mutter liebte es, dort zu leben; das Klima, das Meer, die märchenhaft schöne Stadt, unseren Wohlstand, die Menschen, und ich habe den Verdacht, nicht zuletzt auch die Entfernung, die sie von Europa trennte.

Einmal brachte sie mich zum Strand in der Nähe unserer Wohnung, zu jener Stelle, zu der wir oft gegangen sind. Es wird wohl Wochenende gewesen sein, weil es unglaublich voll war. Allerdings ist der Strand von Rio auch an Werktagen nicht menschenleer. Ihre Gedanken müssen abgeschweift sein, denn während ich so herumschlenderte, merkte ich auf einmal, dass ich sie verloren hatte; ich sah meine Mutter nirgends. Ich mag sechs oder sieben Jahre alt gewesen sein, und so überkam mich sofort die Verzweiflung. Laut heulend ging ich die Küste entlang, um sie zu suchen. Ich war schon geraume Zeit auf der Suche, als wohlgesinnte Erwachsene versuchten, mir zu helfen, und mich fragten, wie meine Mama aussieht und wann ich sie zuletzt gesehen habe. Plötzlich erblickte ich sie, sie stand mit dem Rücken zu mir. Vor Freude und Erleichterung stockte mir sogar der Atem. Ich ging sprachlos auf sie zu. Meine Mutter schluchzte, und – bevor sie mich bemerkte – hörte ich sie immer wieder sagen: «Mein Gott, auch hier, selbst hier?!» Diese Worte waren für mich unverständlich, und ich habe mich auch nicht besonders bemüht, sie zu deuten; stattdessen warf ich mich glücklich in ihre Arme. Ich wurde gefunden, allein das zählte, weil der Ozean so für sie wieder zu einer wohltuenden, Entfernung schaffenden Kraft werden konnte und nicht zu einer neuerlichen Quelle des Schmerzes. Und sie ist auch wiedergefunden worden. Das war wichtig, denn wenn sie gefunden wurde, dann wurde ich es auch, dann bin ich nicht verloren. Das ist die besondere Fähigkeit der Mütter, ob sie reden oder nicht. Und wenn sie verloren sind, dann bleibt nur die leere Küste.

Die Bedeutung des Satzes wurde mir erst nach vielen Jahren klar, als er mir einmal, wer weiß wodurch, wie ein gestrandeter, seltener Fisch plötzlich einfiel. Aber damals war meine Mutter nirgendwo mehr. Nachdem der zweite Außendienst meines Vaters abgelaufen war, entschied er sich, dass wir endgültig nach Hause, nach Ungarn ziehen. (Den Grund dafür zu nennen, wäre schon eine andere, man könnte sagen, eine komplizierte Geschichte, aber ich fürchte, meine Kenntnisse darüber sind ähnlich lückenhaft.) Von da an sammelte meine Mutter mit unheilvoller Geschwindigkeit immer schwerere Krankheiten ein. Schließlich starb sie mit 61 Jahren an Krebs, 15 Jahre nachdem wir nach Hause gekommen waren.

Zsófia Bán
Zsófia Bán ist Literaturwissenschaftlerin und Literaturkritikerin und lehrt als Dozentin am Lehrstuhl für Amerikanistik an der Eötvös-Loránd-Universität Budapest. Sie beschäftigt sich darüber hinaus mit visueller Kultur, mit der vergleichenden Analyse von Bild und Text sowie mit postmoderner Theorie. Regelmäßig publiziert sie Studien, Essays und Kritiken in ungarischen und internationalen Zeitschriften. Bisher erschienen zwei Bücher von ihr: «Desire and De-Scription: Words and Images of Postmodernism in the Late Poetry of William Carlos Williams» (Amsterdam, Rodopi, 1999) und «Amerikáner» (Budapest, Magvető, 2000).

Nicole Katz

KONVERGENZ

Sagt einmal ein Jude, nur um zu diskutieren – denn Gott weiß, die Juden mögen gute Diskussionen sehr:
 «Frau sein und jüdisch sein, das sind zwei verschiedene Sachen.»
 «Wieso das denn?», fragt der andere.
 «Das eine ist eine Last und das andere ein Fluch.»
 «Ach, das ist wohl wahr. Aber eines Tages wird aus der Frau und dem Jüdischen eine jüdische Frau.»
 «Na, und wann wäre das dann?», fragt der andere. «Wenn sie in der Küche was kocht? Oder wenn sie in der Synagoge auf der Empore der Frauen betet? Oder vielleicht, wenn sie in der Mikwe ist?»

Aber Stopp! Das kann doch nicht Dein Ernst sein! Nicht in meiner Familie, nicht mit meiner Erziehung. Schon als Kind war mein Kopf voll mit liberalen und weltlichen Gedanken, Reiseerlebnissen und Kultur. Gleichzeitig habe ich aber auch einige schöne Erinnerungen an Frauen, die in der Küche jüdische Speisen zubereiten. Meine Mutter traf mit der ihr eigenen geschäftigen Genauigkeit die Vorbereitungen für die Herbstfeiertage, backte Kremzli und *«csúsztatott palacsinta»*, und die Küche füllte sich mit dem Duft der alten Heimat. Ich erinnere mich, wie ich zusammen mit meinen drei Schwestern Charosset und Mazzekuchen für Pessach zubereitete. Meistens aber haben wir nur genascht und Witze gemacht, aber immer in der Küche. Darüber, was es eigentlich bedeutet, ein Jude zu sein, haben wir nicht so richtig geredet, später aber kam die Politik zur Sprache; die Feinde von Israel. Was es bedeutet, eine Frau zu sein, haben wir vor allem durch die Veränderung unseres Körpers verstanden. Aber im Allgemeinen ging es darum, einander zu überflügeln. Da das Zusammensein für uns eine lustige und vertrauensvolle Atmosphäre schaffte, amüsierten wir uns ausgezeichnet.

Die Klischees über die jüdischen Frauen und die jiddischen Mámes passten einfach nicht zu meiner Mutter. Sie war dünn, und selbst der Gedanke daran, dass ihre Kinder dick sein könnten, erfüllte sie mit Abscheu. «Überflüssige Kalorien!», sagte sie immer, und ihre Worte prägten sich in meinem Gehirn auf ewig ein. Sie hat uns nie in die Backen gekniffen, weil wir *so süß* waren. Sie beklagte sich nicht und klammerte sich nicht krampfhaft an uns, und sie dachte schon gar nicht, dass wir geborene Genies seien. Ihre Erziehung baute nicht auf Tränen und Schuldgefühlen auf, sie hat lieber geschrieen! Alles in allem war sie eine ziemlich bedrohliche Erscheinung, die nicht nur streicheln konnte.

Für die anderen jüdischen Frauen in unserer Familie gelten die jüdischen Stereotypen ebenfalls nicht. Ich grub in meiner Vergangenheit, und so kam ich nach Siebenbürgen, um die Vorfahren meiner Mutter ausfindig zu machen. Es stellte sich heraus, dass es Christen sind, die früher mal Juden waren und noch früher Christen. Kurz: die Geschichte ist verworren.

In diesem Zweig meiner Familie sind die Frauen nicht nur in der Überzahl, sondern haben auch in allen Bereichen das Sagen. Sie sind groß, laut, sie reden schnell und klug, und wenn Dir ihr Essen nicht geschmeckt hat, tust Du gut daran, wenn Du Dir noch einmal etwas nimmst. Sie waren nicht allzu sehr jüdisch, aber umso mehr waren sie Frauen.

«Nun, dann sag mal, wann wird aus einer Frau, die jüdisch ist, eine jüdische Frau?»

«Wenn sie unter der Chuppa steht. Sie hat ja die Pflicht, einen jüdischen Mann zu wählen und die alte Linie fortzusetzen, denn erst dann vereinigen sich in ihr das Jüdische und die Frau.»

Obwohl dieses strenge und unflexible Gebot gerade das Gegenteil meiner weltlichen, liberalen Erziehung ist, stand es nie zur Diskussion. Hier, wie in so vielen anderen Angelegenheiten, war die Meinung meines Vaters ausschlaggebend. Entschlossen, aber sanft und lächelnd brachte er seinen Willen zur Geltung. Es war schwer, ihm gegenüber «Nein» zu sagen. Unser Judentum nährte sich aus den Überresten seiner orthodoxen Erziehung. Es war mehr als einfach seine Liebe zur und seine Verehrung der

Tradition: Er war fest davon überzeugt, dass die starke Identität grundsätzlich Vorrang vor allem anderen hat. Es ging um die Shoah. Sie war immer anwesend bei uns. Unterschwellig, aber unumgehbar. Als eiskalte Lanze stach sie hinein in unser sonniges Dasein in Sydney. Die sechs Millionen waren nicht ums Leben gekommen, damit wir einfach verschwinden. Dieser selten ausgesprochene, aber stets anwesende Gedanke stellte uns in unserem liberalen, großstädtischen Leben auf seltsame und bedrückende Proben. Unsere verdrängten Gefühle vergifteten und verdarben Freundschaften und Liebesverhältnisse.

Meine Eltern brachten mir bei, dass man nicht hassen darf. Wie kann man aber nicht hassen? Mein Vater war im Allgemeinen übertrieben höflich, er schimpfte nie, ab und zu rutschte ihm trotzdem mal ein «Verdammte Nazis! Verdammte Tiere!» heraus. Ganz anders meine Mutter. Von ihr lernten wir in Stereo die alten und die neuen Flüche und Gotteslästerungen. Lange bevor ich nach Ungarn kam, konnte ich schon schimpfen wie ein Kutscher.

«In unserem Haus sind alle gern gesehen», hat man mich gelehrt. Gut, aber wie lange? Und in welchem Ausmaß? Darüber haben wir nicht geredet. Ich glaube nicht, meine Mutter hätte die Ausdauer und den Glauben gehabt, darauf zu bestehen, dass wir einen jüdischen Ehemann wählen; nicht so sehr wegen irgendwelcher liberaler Impulse, sondern vielmehr aufgrund ihrer atheistischen, kommunistischen Erziehung, die irgendwie an ihr haften geblieben sein muss. Sie wuchs ohne Mutter und im Grunde genommen ohne Vater auf, aus der jüdischen Kultur sickerte nur sehr wenig in die Wildnis ihrer Kindheit durch. Eine Chuppa hat sie auch erst bei ihrer Trauung gesehen.

Wie sehr mir dieses göttliche Gebot widerstrebte und wie sehr ich mich danach sehnte, mich davon zu entfernen! Von dem Gebot selbst und all den Xenophoben, die daran festhielten. Ich wollte den giftigen Beißzangen entlaufen, die mich auch in meinen intimsten Momenten verfolgten, sie flößten mir Angst und Misstrauen gegenüber denen ein, die ich liebte. Ich wollte die stickige Mauer des Ghettos zerstören, damit ich mit der pulsierenden Masse der Menschheit eins werden kann. Mit jedem Jungen, den ich mit nach Hause nahm, kämpfte ich dagegen an.

Da war meine erste Liebe, Pedro. Ein Spanier, Katholik und ein großer Macho. Er war viel zu jung, um sich groß darum zu kümmern, obwohl seine Eltern ihn gewarnt hatten, dass Juden gern unter ihresgleichen heiraten. Das Gesicht von Lucio war das eines Renaissance-Prinzen, seine Manieren dagegen die eines Zuhälters. Er nannte mich rassistisch, nur, um mich von meinem Judentum abzubringen. Und da war John, der angelsächsische Protestant, der meine Herkunft für altmodisch hielt, allerdings schon fast für etwas exotisch. Die Sache ließ ihn im Grunde genommen kalt. Dann kam Ali, der Semit, der verliebt in mich war und wütend gegen Religion und Autorität kämpfte. Er träumte von einer besseren Welt, in der wir semitische Brüder und Schwestern glücklich in Harmonie und Liebe miteinander leben. Wäre denn das nicht wunderbar?! Nicht darüber zu rätseln, wer Jude ist und wer nicht, ob wir zu einem Stamm, zu einer Religion gehören oder nicht? Er war überzeugend und voller Temperament – aber er stammte nicht aus dem passenden Semitenstamm.

Als ich auf der Suche nach meiner Vergangenheit nach Ungarn kam, fand ich auch einen Jungen aus Pécs. Seine Augen mit den dichten Wimpern waren melancholisch und lebhaft. Er sprach das Englisch genau so aus wie mein Vater. Wir verliebten uns ineinander. Er nahm mich an der Hand und führte mich unter die Chuppa. In dem Moment wurde ich zu einer jüdischen Frau, mein Schicksal hat sich erfüllt.

Nicole Katz
Nicole Katz hat jüdisch-siebenbürgische Vorfahren. Sie wuchs in Australien auf, lebt aber für ein paar Tage, Monate oder Jahre in vielen Ecken der Welt. Nach Aufenthalten in London, New York und Budapest wohnt sie seit Januar 2009 zusammen mit ihrem Mann und ihren vier Kindern in Sydney. Sie studierte Kulturpolitik und möchte Schriftstellerin werden.

Katalin Katz

MEIN ERSTER BEWUNDERER

So gut mein Vater als Arzt auch war, so schlecht war er als Geschäftsmann. Obwohl er damals, als wir nach Israel kamen, eine gute Stelle beim Kupat Cholim (Poliklinik des staatlichen israelischen Gesundheitswesens) bekam, nahm er auch den Ratschlag meines «Vatik»-Onkels an (ein «Vatik» ist jemand, der schon lange in Israel lebt), dass es besser wäre, nur eine Dreiviertelstelle zu übernehmen, um nebenbei noch eine Privatpraxis führen zu können. Da kamen die Patienten tatsächlich in Scharen: aus dem Bezirk der benachbarten armen jemenitischen Juden und die armen Jeschiwa Bocher aus Jerusalem. Einmal holte ihn die Polizei, damit er den Tod eines Verunglückten bestätigte. Vater nahm dafür von keinem Geld an.

1959 war ich dreizehn Jahre alt. Wir wohnten «schon» drei Jahre in Israel. An einem heißen Sommertag, so gegen zwei, kaum dass ich von der Schule nach Hause gekommen war, klopfte es bei uns an der Tür. Ein Jeschiwa Bocher stand dort, er mag 16 oder 17 Jahre alt gewesen sein. Er litt sehr unter dem heißen Sommerwetter und drehte seinen fettigen, abgenutzten Hut in den verschwitzten Händen. Sein ursprünglich weißes, jetzt schon graubraunes Hemd war unter dem bis zum Hals zugeknöpften Kaftan und seinen langen Pejes kaum zu sehen. Er wollte meinen Vater sprechen, weile er Ohrenschmerzen hatte.

«Meine Eltern sind nicht zu Hause», sagte ich, «mein Vater hat nur am Dienstag und Donnerstag Sprechstunde.»

«Wann kommen sie nach Hause?», überhörte der Bocher die zweite Hälfte meiner Antwort.

«Erst spät am Abend. Sie sind zu Verwandten nach Netanja gefahren.»

«Kein Problem. Ich warte.», und er stand weiterhin in der Tür herum.

Ich habe es nicht übers Herz gebracht, ihn wegzuschicken. Aber mich kitzelte auch die Neugier: Ich hatte noch nie persönlich mit einem orthodoxen Juden gesprochen, obwohl ich – als ich in Budapest erfuhr, dass wir nach Israel auswandern – dachte, dort würden alle Pejes tragen. Ich war ganz erstaunt, als sich herausstellte, dass im Hafen von Haifa lauter normale Leute herumlaufen.

Der Junge setzte sich aufs Sofa und starrte vor sich hin. Ich versuchte, mich mit ihm zu unterhalten.

«Woher kommst Du?»

«Aus Jerusalem», antwortete er und heftete seinen Blick auf den Teppich.

Unschlüssig ging ich in mein Zimmer. Ich lauschte und versuchte herauszufinden, was ich machen könnte. Er rührte sich nicht.

Gegen vier tat er mir schon ziemlich leid: Der Arme, am Ende stirbt er noch vor Langeweile! Ich schlich mich ins Wohnzimmer und schaltete das Radio an. Es lief gerade das tägliche Bibellesen mit Kommentaren. Besorgt blickte ich auf meinen Gast, was er wohl dazu sagt, wenn der Heiligen Schrift eine unorthodoxe Erklärung hinzugefügt wird. Der Junge hörte offensichtlich mit Interesse zu, dann murmelte er etwas vor sich hin:

«Meschugge, meschugge ...»

Ich erschrak.

«Soll ich es ausschalten?», fragte ich ihn.

«Nein, bitte nicht, wir haben kein Radio! Es ist interessant.»

Die dürfen also auch kein Radio hören, nicht nur keine Mädchen anschauen – entnahm ich seiner Antwort. Aber ihn interessiert es doch. Vielleicht beides. Mit der Unterhaltung wollte es trotzdem nicht vorangehen. Ich ging zurück in mein Zimmer, aber zwischendurch lauschte ich stets in Richtung Wohnzimmer. Nichts, nur das Radio. Dann kam ich darauf, dass ihn nicht nur die Neugier quält, sondern auch der Hunger. Ach ja, ich habe doch völlig vergessen, etwas zu Mittag zu essen! Soll ich jetzt in der Küche mit dem Geschirr herumklappern, das könnte ihn vielleicht stören?! Während ich so grübelte, fiel mir ein, dass der Junge ja bestimmt lange nichts gegessen hat. Vielleicht hat er auch Hunger, und wie hungrig wird er erst bis zum Abend sein, wenn mein Vater und meine Mutter nach Hause kommen! Aber jetzt konnte ich es nicht riskieren, ein Gespräch zu beginnen. Ich ging geradeaus in die Küche, machte zwei riesige belegte Brote und schnitt auch Tomaten dazu. Auf einem großen Tablett brachte ich das Essen ins Wohnzimmer.

«Hab' keine Angst, es ist koscher, bei uns ist alles koscher», stellte ich den Teller vor ihn hin. Endlich sah er mich an.

«Und wurde davon auch der Ma'aser genommen?», zeigte er auf die Tomate.

«Natürlich!», log ich und lief schnell zurück in die Küche. Ich wusste, was der Ma'aser bedeutet, wir hatten es in der Schule gelernt. Von der Ernte, von jedem Obst, Gemüse und Getreide soll ein Zehntel den Armen gespendet oder auf dem Acker gelassen werden, damit es von jedem, der vorbeigeht, eingesammelt werden kann.

Ich nahm schnell eine schöne, große, reife Tomate aus dem Kühlschrank und warf sie in den Müll. Dabei versuchte ich, die Sache auch mit Gott ins Reine zu bringen: «Sei ihm doch nicht böse, er hat keine Sünde begangen – und wenn es doch eine Sünde ist, dann bin ich schuld daran. Aber sei doch bitte auch mir nicht böse, ich wollte nur etwas Gutes tun!»

Als ich ins Wohnzimmer zurückging, war auf dem Tablett keine Krume mehr zu sehen. Wir waren beide zufrieden.

Meine Eltern kamen abends um acht nach Hause. Verwundert hörten sie, dass der Patient mit den Ohrenschmerzen schon seit sechs Stunden auf Vater wartete.

«Nichts Schlimmes», sagte Vater, als der Junge mit den Pejes wegging. In ein bis zwei Tagen wird er gesund sein.

Eine Woche später, wieder am Mittwoch, so gegen zwei, klopfte der Bocher erneut an die Tür. Ich öffnete ihm.

«Jetzt ist mein Vater zu Hause», lud ich ihn ein.

Vater ließ ihn ins Sprechzimmer gehen, dann verabschiedete er sich schon nach wenigen Minuten von ihm:

«Ich sehe da kein Problem, ich weiß nicht, warum Dir die Ohren immer noch wehtun. Es wird bestimmt bald aufhören.»

Nächste Woche öffnete ihm meine Mutter die Tür. Ich war in meinem Zimmer und hörte, wie sie zu ihm sagte, dass mein Vater zwar zu Hause ist, aber heute keine Sprechstunde hat.

«Und Ihre Tochter, ist sie nicht zu Hause?», rutschte es ihm heraus.

Mama holte Papa, und er untersuchte noch einmal die kerngesunden Ohren des Bochers. Ich flüchtete mich ins Bad. Durch das Schlüsselloch sah und hörte ich, wie Vater dem Jungen beim Abschied auf die Schulter klopfte:

«Jetzt brauchst Du wirklich nicht mehr kommen, mein Sohn. Wenn Du in der Jeschiwa schwänzen willst, dann denke Dir etwas anderes aus! Gott sei mit Dir!»

Katalin Katz

Katalin Katz wurde in Budapest geboren und wuchs in einer orthodoxen Familie auf. 1956 machte sie als Grundschülerin mit ihren Eltern Alija nach Israel. Sie studierte Psychologie und Sozialarbeit und unterrichtet dieses Fach an der Hebräischen Universität Jerusalem. Seit früher Jugend ist sie linke Aktivistin. Neben ihren Spezialthemen beschäftigt sie sich auch mit Forschungen zum Holocaust an den Roma. 2005 veröffentlichte sie dazu ein ungarischsprachiges Buch mit dem Titel «Visszafojtott emlékezet» [Verdrängte Erinnerung] (Pont Kiadó). Sie kommt regelmäßig nach Budapest und lehrt hier als Gastvortragende an der Eötvös-Loránd-Universität.

Anna Salát

ALIJA

I.

Es geschah 1992, das heißt 5752, aber es kommt mir so vor, als wäre es erst vor einigen Monaten gewesen. Es ist mir ganz lebhaft im Gedächtnis geblieben. Besonders die Erinnerung der ersten Tage. Láálot bedeutet auf Hebräisch «aufsteigen». Wir sind mit dem Flugzeug eines Tages auch «aufgestiegen». Es war die Reise, für die die Sochnut das Ticket nur für den Hinflug kauft und es den Einwanderern als Geschenk gibt. Nach einem lang gehegten Traum, als Ergebnis einer schnellen Entscheidung machten wir uns auf den Weg, weil auf der Mechina der Vorbereitungskurs für die Universität anfing und meine Tochter kein Jahr versäumen wollte. Eszter war damals sehr religiös. Mit großer Strenge führte sie in unserer Zwei-Personen-Familie die koschere Ernährung ein und war von oben bis unten als Gläubige gekleidet. Der Rock reichte bis unter die Knie, die Ellbogen waren verdeckt, das Gebetbuch stets griffbereit. Also sind wir geflogen. Mit unseren schönen, großen Zionistenherzen. Im Flugzeug musste ich ganz hinten sitzen, weil ich auch meine Nähmaschine mitnahm und es dafür an Bord nur an dieser Stelle Platz gab. Ich wagte nicht, sie als Gepäck aufzugeben, denn ich hatte Angst, dass ich viel Geld für Übergepäck zahlen muss. Da schleppte ich sie lieber. Eszter hegte etwas Verachtung für das Verhalten ihrer praktisch gesinnten – das heißt eine Nähmaschine schleppenden – Mutter; deshalb setzte sie sich getrennt von mir. Auch sonst brach in ihr gerade zu dieser Zeit der Anspruch des Erwachsenwerdens durch. Dementsprechend organisierte sie bei der Sochnut, dass sie getrennt von mir in einem Kibbuz wohnt, wenn wir in der neuen Heimat angekommen sind. Mir wurde ein provisorisches Heim des Einwanderungsamtes angeboten, das ich dann auch annahm. Wir sind also geflogen, nur noch Minuten blieben, bis sich unsere Zwei-Personen-Familie trennen sollte und jeder sein eigenes selbständiges Leben leben würde. Ich war voller Sorge, Eszter voller Hoffnung ...

Das Flugzeug landete. Registrierung und Geschenk, Geld, um die Anfangsschwierigkeiten zu überbrücken. Dann kam die Zollkontrolle. Dabei stellte sich sofort heraus, in welcher Form sich die ersten Schwierigkeiten melden würden. Fast bis zum letzten Schekel musste ich mein Geld für den Zoll ausgeben, für jene Gegenstände, die ich im Laufe meines Lebens zusammengetragen hatte: den Fernseher, den Videorecorder, den Staubsauger und die ominöse Nähmaschine. Ich war nur ein bisschen enttäuscht. Was bedeutet diese Kleinigkeit für ein so unendlich großes Zionistenherz!

Wir betraten den Ben-Gurion-Flughafen. Palmen und die salzige Meeresluft. Euphorie!!! Endlich sind wir zu Hause! Das ist jetzt der Zustand «Und nun kneifen wir uns!», der Zustand «Ich träume wirklich nicht!». Ich bin eine israelische Staatsbürgerin! Das Land braucht uns! Wir werden hier erwartet, alle sind freundlich, wie wir es von unseren früheren Besuchen gewohnt sind. Die Leute sind heiter, in den Bussen ist fröhliche Musik zu hören, und die Sonne scheint immer! Eszter setzte sich glücklich in den Bus, der sie abholte, und ich winkte ihr mit einem Kloß im Hals nach. (Bis jetzt hatte ich sie allein erzogen – und jetzt entschwindet meine Tochter ... seit ihrer Geburt habe ich für diese Situation trainiert. Deshalb weiß ich nicht, warum es mir jetzt dennoch so sehr weh tut.) Ich wurde wie versprochen mit einem Taxi abgeholt. «‹Aschdod, merkaz klita› – das heißt Einwanderungszentrum», sagte der Taxifahrer. Mein Gepäck war in diesem Augenblick schon im Taxi. Dann, nach kurzer Zeit, wieder raus aus dem Taxi – so etwa 50 bis 100 Meter vom Eingang des «merkaz klita» entfernt. Ich stand wie gelähmt da. Vor mir der Gepäckhaufen. Ich hätte auch zwei von meinen Koffern alleine kaum heben können. Die Tür war zu weit weg. Wie komme ich da hin? Um mich herum pulsiert die Stadt. Für meine europäischen Ohren ist das unentwegte Hupen, das viel lautere Reden der Menschen ungewöhnlich, in meiner Nase mischt sich der Duft der Falafelgewürze und des Meeres. Alles ist bunt, alles bewegt sich, und es ist laut. Es ist 7 Uhr morgens, aber die Stadt ist schon wach. Wie werde ich jetzt ins Gebäude kommen? Soll ich vielleicht jemanden ansprechen? Ich kann mich nicht erinnern, wie lange ich da im Getümmel herumstand – schaute mir die vergegenständlichten Stücke meines bis dahin gelebten Lebens an, als mir einfiel, dass ich meine immer besseren Hebräischkenntnisse hervorholen und jemanden ins Einwanderungszentrum schicken könnte, um Hilfe zu holen. Da kam auch eine sympathische ältere Frau, die ich auf Hebräisch ansprach.

«Seien Sie bitte so nett, könnten Sie mir helfen, ich habe ein kleines Problem.»

«Sagen Sie es doch auf Ungarisch», antwortete sie in einem perfekten Ungarisch, «ich bin vor etwa 50 Jahren auch so aus Ungarn gekommen.»

Sie hörte an meinem Akzent, woher ich kam. Sie hat mir geholfen. Ich kam hinein. Im Gebäude liefen die Hühner rauf und runter – das schien mir ein bisschen ungewöhnlich. Und auch die Gerüche! Man konnte daraus erahnen, aus welcher Ecke der Welt die Bewohner der verschiedenen Zimmer kamen, je nachdem, ob man den Duft einer indischen oder eben griechischen Speise roch. Ich bekam auch mein Zimmer. Es stellte sich heraus, dass wir es zu zweit bewohnen werden. Damit hatte ich nicht gerechnet. Meine Mitbewohnerin war nicht zu Hause. Ins Zimmer passten gerade zwei Betten rein. Es gab da eine Kochplatte und eine Duschkabine am Eingang. Das Fenster ging direkt auf die Straßenkreuzung. Es war schwül, heiß, die Luft voller Abgase, weil die Busse und die LKWs, die ununterbrochen klapperten und ratterten, dort abbogen. Mir fielen die Wohnung mit Aussicht und guter Luft auf dem Schwabenberg und die nicht große, aber sichere Existenz ein, die ich zu Hause zurückgelassen hatte. Mit allem Drum und Dran war es hier trotzdem das Glück selbst.

II.

Bald traf auch meine Mitbewohnerin ein. Sie stammte aus Argentinien und versorgte mein schönes, großes Zionistenherz mit praktischen Ratschlägen wie z.B.: «Kauf Dir Spülmittel und Waschmittel, Du kannst es da und da kaufen, weil ich es nicht mag, wenn andere meine benutzen.» Oder: «Die Jungs werden wir ‹einteilen› – deshalb werden wir uns bestimmt nicht zerstreiten.» (Sie kann vielleicht die Einteilung des Zimmers und nicht die der Jungs gemeint haben.) Sie hatte 16 Haarbürsten und 23 Kämme, ich habe sie gezählt. Im Falle der Kajals, Eyeliner und Lippenstifte habe ich es nicht mehr gemacht. Ach, und außerdem sagte sie: «Wenn ich zu Hause bin, darf niemand ins Zimmer rein. OK?» Dann klopfte es. In der Tür stand meine wunderschöne Tochter vom Scheitel bis zur Sohle in Religionstracht. (Sie war wirklich wunderschön, sie hatte schon zwei Filmhauptrollen hinter sich.) Als sie zu reden begann, hatte sie einen Ton drauf, als wollte sie zum Beispiel ankündigen, dass der Krieg ausgebrochen sei! Sie sagte aber nur soviel: «Mama, die in dem Kibbuz essen Schweinefleisch!» Na, das wäre selbst mir zuviel gewesen! Einige Stunden, und schon war es vorbei mit unserem getrennten, selbständigen Leben! Das machte mich ein bisschen glücklich, sie fühlte sich niedergeschmettert. Aber eins stand fest: Diese Situation war unhaltbar. Ich wollte weder die Jungs noch das Zimmer einteilen – und meine Tochter wollte kein Schweinefleisch essen, das war schon mal klar. Wir mussten sofort etwas tun. Mir ist die nette Frau eingefallen, die mir bei der Ankunft mit meinem Gepäck geholfen hat. Sie gab mir auch ihre Adresse, und so gingen wir zu ihr. Sie hatte keine Idee, bot uns aber an, uns mit ihrem Auto überall hinzufahren, wohin wir nur wollten. Durch den Landesverband der Kibbuzim und mit der Empfehlung eines religiösen Bekannten kamen wir in einen religiösen Kibbuz und hofften, dass es Probleme wie früher (Schweinefleisch, Hühner, die in der Wohnung herumlaufen, und die Einteilung von Jungs) nicht mehr geben wird. Die tauchten dann tatsächlich nicht mehr auf. Stattdessen aber andere.

Bekanntlich ist die Welt der Religiösen auch in Israel sehr vielfältig. Wir kamen in einen Kibbuz, den man mittelstreng nennen könnte.

In den Kibbuz kamen wir im Rahmen des Programms «Erstes Heim in der neuen Heimat». Die Zuständige seitens des Kibbuzes hieß Rivkit, eine junge Frau in ihren Dreißigern. Ihre Eltern kamen aus Deutschland hierher nach Erez Israel. Sie organisierte die Unterbringung der Einwanderer. Wir trafen sie, nachdem wir all das Bürokratische erledigt hatten. Ich freute mich, endlich einmal einem Menschen aus Fleisch und Blut gegenüberzustehen. Endlich mal etwas Persönliches. Sie wird uns die Freude eines ganzen Landes vermitteln, dass wir endlich angekommen sind. Der Kibbuz ist, wie jeder weiß, eine Art Dorf. Die Leute kennen einander – es wird da alles bestimmt sehr menschlich, dachte ich. Ich war voller Erlebnisse, die ich mit jemandem teilen wollte, so, wie man bei Verwandten auf dem Land ankommt und es kaum erwarten kann, die Unbequemlichkeiten der Reise zu erzählen. Dazu gab es aber keine Gelegenheit. Rivkit funktionierte wie ein Präzisionsinstrument. Wenn ich irgendeine Frage von Mensch zu Mensch stellte, dann wusste sie in ihrer

Antwort schon, ob es ins Programm – ich meine ins Programm «Erstes Heim in der neuen Heimat» – gehört oder nicht. Wenn nicht, blätterte sie sofort weiter. So kam es, dass sie am ersten Tag die Hausordnung des Kibbuzes vortrug und sie uns auch gleich unterschreiben ließ. Aber es war ein hebräischer Text, und so gut war ich noch nicht, dass ich davon hätte etwas verstehen können. Ich war gerade erst soweit, dass ich sagen konnte, ich heiße so und so und ich wohne da und da usw. Bald erfuhr ich, dass die wenigen Monate, die wir dort verbringen können, streng begrenzt sind, genau so viel und keinen einzigen Tag länger, und auch, dass wir dort keine Gäste empfangen dürfen, und noch weitere unzählige strenge Regeln. In Anbetracht der Hausordnung hörte meine Lust, Freunde zu finden, prompt auf, und ich begann, mich wie ein Eindringling zu fühlen. Wie ich später erfuhr, wurde dem Kibbuz das «Programm» vom Staat aufgedrängt. Wahrscheinlich hatten sie unangenehme Erfahrungen gemacht, bevor wir kamen; deshalb empfing uns Rivkit so unfreundlich.

Ich habe mich über den kleinen Caravan, den wir bekamen, sehr gefreut. Das ist eine Art Wohnwagen ohne Räder. Er hatte zwei kleine Zimmerchen und eine kleine Wohnküche. Er war sauber – weder herumlaufende Hühner noch stechender Küchengeruch! Ein kleines, selbständiges Heim für eine kleine Familie. So konnte es mit unserem Leben im Gelobten Land losgehen. Dann erst fielen mir die unzähligen Leute in Ungarn ein, die mich vor den Schwierigkeiten der Immigranten gewarnt hatten und mir von der Alija abraten wollten. Wie sehr sie mir leid taten. Jetzt zirpten die Grillen des Heiligen Landes, blühten die allerschönsten Blumen des Kibbuzes nicht für sie.

Es gab nur wenige, die mich zur Einwanderung ermunterten. Unter ihnen war ein gewisser Gábor F. Ich lernte ihn kennen, als ich auf einer früheren Studienreise das Büro des Einwanderungsamtes in Netanja besucht hatte, um mich über die Verhältnisse in Israel und über die Lebensumstände der Einwanderer zu informieren. Ein Beamter, der aus Russland stammte, flehte mich mit zusammengefalteten Händen an, bloß nicht nach Israel zu kommen, weil wir hungern und weder für ein Buch noch für das Kino Geld und Zeit haben würden. Mir konnte er sagen, was er wollte. Ich nahm es ihm übel; wie kommt er dazu, dass er über mein Heiliges Land in diesem Ton redete?! Dann hat man mich zu Gábor F. überwiesen, weil er auch Ungarisch spricht. Ich bekam also direkt dort beim Amt Hilfe. Er hatte eine schöne, gehäkelte Kippa und Zizit, wie es vorgeschrieben ist. Er machte den Eindruck eines echten und ordentlichen Gläubigen. Er munterte mich auf: Er sagte, es wäre besser, wenn mehr Leute aus Ungarn da wären. Zum Abschied überreichte er mir ein schönes, selbst gemachtes Geschenk mit den Worten: «Wir sehen uns bald wieder in Israel». Als ich nach Budapest zurückkam, rief er mich oft an und bestärkte meine immer festere Entscheidung für die Alija. Wir waren also gerade dabei, im Caravan auszupacken, als das Telefon klingelte. Am anderen Ende der Leitung war Gábor F. Nach einer freundlichen Begrüßung fragte er mich, ob er ein Päckchen bei mir unterbringen könne, weil er in dieser Gegend gerade auf der Durchreise sei und ich ihm mit diesem kleinen Gefallen eine große Hilfe wäre. Es war das Allerselbstverständlichste der Welt, dass ich dazu Ja sagte. Innerhalb von einer halben Stunde kam er mit einem PKW und fing an, seine Habseligkeiten, die er im Laufe seines Lebens zusammengesammelt hatte, in den Caravan hineinzutragen – und nicht ein einzelnes Päckchen, mit dem ich gerechnet hatte. Als ich endlich zur Besinnung kam, konnte ich nur noch zu drastischen Mitteln greifen. Ich musste die Tür mit dem Schlüssel absperren – und zwar in einem arglosen Moment, als er gerade außerhalb des Caravans stand. Er schimpfte herum, dass manchen, kaum, dass sie hier angekommen sind, schon ein so toller kleiner Caravan in den Schoß fällt, während er schon mindestens seit anderthalb Jahren hier schuftet und ihm niemand hilft, weil er allein ist. Das Programm «Das erste Heim in der neuen Heimat» half tatsächlich nur Familien, nicht aber Alleinstehenden. Jetzt würde er sofort beweisen, dass auch er nicht allein ist, er würde sich schon etwas beschaffen, wo er wohnen kann! Ich war sehr erschrocken, obwohl mein Bekannter schon außerhalb des Caravans war. Es war offensichtlich, dass er sich nicht in einem normalen Zustand befand. Später stellte sich heraus, dass er Drogen nimmt. Ich wusste nicht, was ich tun sollte. Dann fiel mir die nette, alte Kibbuz-Bewohnerin ein, die ich an diesem Tag kennen gelernt hatte. Ich dachte, ich bitte sie mal, mir schön im Stillen zu helfen, meinen ungebetenen Gast wieder loszuwerden. Ich sagte ihr, dass ich es begrüßen würde, wenn daraus kein Skandal wird. Ich ahnte, dass diese Geschichte nicht in die vielen strengen Regeln des Kibbuzes hineinpassen würde. Die nette Dame rief dann auch unverzüglich die Kibbuz-Leitung an. Sofort erschienen einige muskulöse Männer und transportierten die unerlaubt abgestellten Sachen weg.

Ich war seit einem Tag Bewohnerin des Kibbuzes und hatte schon erreicht, dass alle mit dem Finger auf mich zeigten und einander hinter meinen Rücken zuflüsterten. Aus dem Zwischenfall wurde nämlich ein Skandal. Und zwar ein ganz schön großer. Am nächsten Tag wurde ich zur Polizei gebracht und dort wie eine Verbrecherin verhört. Ich konnte sagen, was ich wollte, von da an waren meine Tage im Kibbuz gezählt. Aber wie bei den meisten schrecklichen Dingen so hatte auch diese Sache ihr Gutes. Jemand hörte davon, dass eine Einwanderin gekommen ist, die ihr neues Leben sofort mit einem Skandal begonnen hat. Er war gespannt, wer das ist. Und so fing eine lange, schöne und große Freundschaft an. Aber die Geschichte dieser Freundschaft wäre schon ein weiteres Kapitel in der wahren Geschichte meiner Alija.

Epilog

Das Ende des Abenteuers bestand darin, dass ich nach Ungarn zurückging. Wie viele Joredet – auf Deutsch die, die zurückgegangen sind – könnte auch ich das Gefühl haben, betrogen worden zu sein. Bei der Sochnut hatte man uns etwas anderes versprochen. Wir konnten nämlich Hunderte von rührenden Geschichten hören, welch ein weiches, warmes Nest Israel als Einwanderungsland für uns sein würde ... Wenn ich aber diesen Versprechungen nicht geglaubt hätte, dann hätte ich viele Erlebnisse versäumt. Ich hätte zum Beispiel nicht das Gefühl kennen gelernt, wie es ist, ein paar schöne Früchte vom Markt mit nach Hause zu nehmen, ohne dafür zu bezahlen. In Israel ließ man damals am Ende des Markttages für die Einwanderer oder die Armen Lebensmittel da – und es war überhaupt nicht peinlich, sie anzunehmen. In mir überwiegt also nicht das Gefühl der Enttäuschung, sondern dass ich ohne die Erfahrungen, die ich als Einwanderin in Israel gemacht habe, viel ärmer wäre.

> *Anna Salát*
> *Anna Salát wurde in Budapest geboren. Sie ist Dramapädagogin und leitet Theateraufführungen. Zurzeit arbeitet sie mit SchülerInnen und StudentInnen an der Gründung einer jüdischen Theaterwerkstatt.*

Júlia Lángh

EIN FEINER, VORNEHMER ANTISEMITISMUS

Die zweite Frau meines Onkels mütterlicherseits war eine kleine, lebhafte, stets zum Lachen aufgelegte Frau mit großen dunkelbraunen Knopfaugen, dunklen Haaren und dunklem Teint. Ich wurde als Blondine mit blauen Augen geboren, hatte aber schon sehr früh die fixe Idee, dass es sich um ein Missverständnis handeln muss: Denn eigentlich bin ich in meinem wahren, versteckten Wesen dunkelhäutig, habe eine tiefe Stimme und schwarze Haare. (Das mit der tiefen Stimme wurde später wahr, ich habe es mit den täglich ein bis zwei Packungen Zigaretten im Laufe einiger Jahrzehnte erreicht.) Meine Tante hat also allein schon mit ihren Farben etwas davon zum Ausdruck gebracht, wie ich mich zur Zeit meiner beginnenden Pubertät, wenn die Selbstkreierungsmaschinerie unter Volldampf arbeitet, selbst sehen wollte.

Mein Onkel und meine Tante nahmen mich oft zu langen Ausflügen in die Berge mit, damit ich die Gedanken an meine kranke Mutter und die Erinnerungen an meinen kürzlich verstorbenen Vater hinter mir lasse. Einmal, als die Frühsommersonne süß schien und ein streichelnder Wind wehte, knöpfte meine Tante unterwegs ihre Bluse auf. Ich war verblüfft: Was tut sie da, so was macht man doch nicht! Sie zog die Bluse dann sogar aus, band sie sich um ihre Taille und ging mit nacktem Oberkörper weiter über die lichterfüllte Wiese. «Ach, wie schön, ach, wie schön», sagte sie wie ein Dankgebet und schwang ihre Arme zum Himmel. An ihrem kleinen, spitzen Busen schwollen die Brustwarzen riesig an, sie waren überraschend dunkelbraun und es schien, als hätte sie um sie herum Gänsehaut. Ich wurde verlegen, hatte ich doch bis dahin noch nie weibliche Brüste so frei ausgestellt gesehen, noch dazu begleitet von einer solch unbändigen Freude. Neidisch ging ich neben meiner Tante her. Mein Gott, wie mutig sie war und wie gut es ihr dabei ging; aber ich wagte nicht, es ihr gleichzutun. Obwohl sie mich ein bisschen aufmunterte. «Zieh Dich doch ruhig aus!», sagte sie. Aber dann forcierte sie es nicht mehr. Sie sah, was ich damals noch nicht sah, dass ich auf Männer wartete, die mich dann befreien.

Bis dahin aber versuchte ich, mich so gut ich konnte selbst zu befreien. Ich wollte anders sein als meine Familie, und zwar so anders wie nur irgend möglich.

Meine Mutter berief sich immer auf ihre Mutter, als sie versuchte, mein Benehmen in jene Bahnen zu zwingen, die sich für ein vornehmes Fräulein schickten. Wenn ich mir zum Beispiel die Augen mit der Schwärze eines verbrannten Streichholzes schminkte (etwas anderes gab es nicht), seufzte sie und sagte: «Tu mir das nicht an!». Sie presste ihre müde Hand an ihr immer kränkeres Herz: «Du weißt doch, dass Deine Großmutter mir Deinetwegen Vorwürfe macht. Ich möchte nicht schon wieder einen Streit!» Vom Tadel der Großmutter habe auch ich mehr als genug abbekommen. «Du siehst aus wie eine H.» – sagte sie, und es dauerte, bis ich das Wort Hure überhaupt kennen lernte und es mit dem Anfangsbuchstaben identifizierte, den Großmutter immer wieder erwähnte. «Wenn Dein armer Vater das sehen würde! Da sind wir in einer Familie ohne Mann und wie Du Dich benimmst!»

Großmutters Benimmregeln wurden davon bestimmt, was die Welt sagt, das heißt die feinen Herrschaften auf dem Rosenhügel. Und für meine Mutter war wichtig, was ihre Mutter sagt, und so versuchte sie, mich an Großmamas Werteordnung anzupassen. Das nahm ich ihr übel. Ich hätte es gern gesehen, wenn sie mich so akzeptiert hätte, wie ich war, und auch, dass sie meine erste Liebe – den jungen Dichter mit den dichten, krausen Haaren, der eine kanariengelbe Jacke trug – akzeptiert und nicht irgendwelche Bemerkungen darüber gemacht hätte, warum dieser junge Mann die Universität abgebrochen hat. Meine Großmutter formulierte ihre Einwände schon krasser: «Dieser jüdische Junge hat keine Existenz.» Dass er ein Dichter ohne Arbeit und ein Jude war, machte ihn in ihren Augen gleichermaßen abschreckend.

Später, als ich zu Hause ankündigte, dass ich heirate – aber nicht den Dichter mit der gelben Jacke, sondern meine nächste Liebe, von der ich schon auf den ersten Blick ahnte, er würde der Mann meines Lebens sein (später bekamen wir dann zwei vortreffliche Kinder) –, bemerkte meine Großmutter, er scheint schon ein sympathischer, anständiger junger Mann zu sein, aber leider ist er ein Jude. Bald stellte sich heraus, dass meine zukünftige Schwiegermutter eine ähnliche Bemerkung im Zusammenhang mit mir gemacht hat: «Wie nett dieses Mädchen ist, schade, dass sie eine Christin ist.» Darüber lachten wir dann herzlich, freilich nur zu zweit, in der Abwesenheit von Schwiegermutter und Großmutter.

Meine Großmutter war antisemitisch, wie es die christliche obere Mittelklasse in der ersten Hälfte des 20. Jahrhunderts im Allgemeinen war: unabsichtlich und unbewusst, man könnte sagen «instinktiv». Dafür war sie aber ebenso instinktiv anständig während des Krieges. Im Luftschutzkeller unter den Ruinen eines fünfstöckigen Hauses, der eigentlich für 80 Leute gebaut war, in dem sich aber 200 drängelten, wurde sie von der Gemeinschaft, die aus Frauen, alten Invaliden und Kindern bestand, zur Kommandantin gewählt. Meine energische Großmutter war streng, aber in ihrer Ordnung gab es keine Ungerechtigkeit. Man konnte sich ihren Anordnungen nicht widersetzen. So war es ihr möglich, in einem zugemauerten Verlies einige Männer – Juden und Fahnenflüchtige – zu verstecken. Niemand kam auf die Idee, sie anzuzeigen, wenn diejenigen, die sich im Luftschutzkeller legal verkrochen, über das Verlies überhaupt etwas gewusst hatten. Aber wahrscheinlich wussten sie eher nichts.

Mit zwei Jahren bekam ich Typhus. Meine Großmutter lief zu diesem Verlies, aus dessen Mauer sich einige Ziegel herausnehmen ließen, um das Essen hineinzureichen. Von dort holte sie Hilfe. Der jüdische Arzt rettete Dir das Leben, sagte sie später immer wieder. Medikamente hatte auch er nicht, dafür aber einen klugen Rat: «Bringen Sie das Mädchen aus diesem überfüllten, ungesunden Keller, sie soll zumindest saubere Luft haben. Glauben Sie mir, so wird sie von selbst wieder gesund.» Sie haben es ihm geglaubt. Meine Mutter spazierte mit mir mehrere Tage durch die zerbombte Stadt, bis sie eine luftige Wohnung fand, wo wir aufgenommen wurden.

Meine Großmutter begriff nicht, dass man nach dem Krieg nicht mehr so reden und denken durfte wie zuvor. Angesichts des Todes der Mutter ihrer Schwiegertochter schauderte ihr, und sie betrauerte ihren unannehmbaren Tod (sie wurde in die Donau geschossen). Aber unabhängig davon machte sie ihre Bemerkungen über die Juden, nur auf eine feine Art, wie es sich für eine Dame schickt. «Der Jude» war in ihrem Wörterbuch identisch mit dem Anderssein, eigentlich wie «der Zigeuner», aber etwas anders. Obwohl sie es nicht wollte, war gerade sie diejenige, die mir bewusst machte, dass ich anders bin. «Du bist nicht so wie wir», sagte sie jedes Mal, wenn sie fand, dass ich für mein Benehmen getadelt werden müsste. «Ich schaue Dich nur an und muss sofort daran denken, dass der Familienklatsch wahr ist, die Urgroßmutter hätte sich zum hinteren Tor geschlichen und den Itzig-Juden oder den Wanderzigeuner reingelassen. Dieses Blut kommt bei Dir wieder zum Vorschein, das sticht bei Dir durch!» In diesen Momenten warf ich mich insgeheim stolz in die Brust, nur so für mich.

«Ich möchte bemerken», sagte Großmutter – sie begann ihre Geschichten oft so: Ich möchte bemerken –, «der arme Béla hatte mal einen jüdischen Kumpan an der Börse. Er war zwar ein Jude, aber ein sehr anständiger Mensch. Die können doch auch anständig sein, nicht wahr, und mit dem Geld, da hat er sich sehr gut ausgekannt!» Den armen Béla, ihren früh verstorbenen Mann, erwähnte Großmutter verhältnismäßig selten. Viel öfter erinnerte sie sich an ihre Brüder. Man konnte keinerlei Trauer an ihr bemerken, wenn sie über ihre Toten redete, sie vermisste sie schon lange nicht mehr, blieb aber in einem vertrauten Verhältnis mit ihnen. In einer ihrer oft erzählten Anekdoten ging es um ihren Bruder Józsi, der während der Räterepublik, die die Großmutter immer nur «Kommune» nannte, in der überfüllten Straßenbahn einem Bekannten auf der anderen Seite über die Köpfe der Leute hinweg zurief: «Was sagst Du bitte schön dazu, wie penetrant es hier nach Proleten stinkt!» In meiner Großmutter löste dieser mutige Akt des Widerstandes gegen den roten Terror Anerkennung aus. Ihr Lieblingsbruder Géza war Musiker. Er spielte jahrzehntelang samstags in der Synagoge in der Dohány utca Orgel. Großmutter sagte immer stolz: «Die Juden sind anspruchsvolle Leute und verstehen viel von Musik. Du kannst Dir vorstellen, wie gut mein Gézuka gespielt hat, wenn er, der Goi, der Organist der Budapester großen Synagoge war!»

Manchmal rutschten ihr Bemerkungen heraus, bei denen meiner Mutter – sie war die politische Korrektheit in Person, schon ein halbes Jahrhundert vor der Existenz dieses Begriffes – die Augen funkelten und die Haare zu Berge standen. Ich verstehe es nicht, brabbelte Großmutter mit unschuldigem Gesicht nach der zweiten Hochzeit ihres ältesten Sohnes, warum er immer nur jüdische Frauen heiratet, wo es doch so viele anständige christliche Mädchen gibt … Das hat sie aber nur so vor sich hin gemurmelt, ihrem Sohn gegenüber hätte sie das nicht zu sagen gewagt. Allerdings hat sie zur jüdischen Abstammung der Frau ihres Sohnes nie etwas Negatives geäußert, während sie ihre andere Schwiegertochter gnadenlos als Proletin beschimpfte, freilich nicht direkt, nur hinter ihrem Rücken. Ihr jüngerer Sohn stach aus der Familie heraus, weil es ihm nicht gelang, seine Schulen zu absolvieren. Er versuchte sich in allen möglichen Berufen, angefangen vom Kanalisationsarbeiter bis zum Metzgergehilfen und Blumenverkäufer, und heiratete schließlich eine Putzfrau. Meine Großmutter sagte ihren Freundinnen: «Meine kleine Schwiegertochter arbeitet in der Apotheke.» Es stimmte. Sie arbeitete in einer Apotheke, aber eben als Putzfrau.

Irgendwie schlugen alle in der Familie aus der Art, zumindest im Vergleich zu den Normen meiner Großmutter.

Ihr älterer Lieblingssohn, dessen Frau mich während der Bergwanderung mit ihrer Freiheit so faszinierte (für mich war er mein Lieblingsonkel), wurde durch die moralische Empörung über die Ereignisse in den dreißiger Jahren Kommunist. In der Bewegung lernte er Vera, ein großes, stark gebautes jüdisches Mädchen mit markantem Gesicht kennen, die er dann bald auch heiratete. Damals war es noch möglich, eine gemischte Ehe zu schließen und zu glauben, dass es etwas bringt. Dann tauchten sie gemeinsam unter, und als die Pfeilkreuzler sie fanden, behauptete mein Onkel, ein Jude zu sein, damit er nicht von seiner Frau getrennt wird. «Sie haben seine Hose runter gezogen», erzählte meine Großmutter empört. Sie konnten zwar sehen, dass er kein Jude war – ich verstand nicht, was sie meinte, wagte aber auch nicht nachzufragen –, zur Donau haben sie ihn trotzdem gebracht.

Diese Geschichte bestimmte meine ganze Kindheit, obwohl kaum darüber geredet wurde. Ich habe sie aus den Satzfragmenten meiner Mutter und Großmutter wie ein Mosaik zusammengesetzt.

Mein Onkel steht mit seiner Frau und seiner Schwiegermutter an der Donau, auf der Treibeis schwimmt. Die Pfeilkreuzler schießen einen Menschen nach dem anderen in den Fluss. Jetzt stürzt Vera's Mutter in das eisige Wasser. In diesem Moment kreischt die Bremse eines Militär-LKWs. Diese Gefangenen gehören uns, schreit ein Mann vom Wagen herunter. An seiner Uniform sieht man, dass er ein hoher Offizier ist. Grob treibt er die Leute, die noch am Leben geblieben sind, auf den LKW – unter ihnen meinen Onkel und meine Tante, die sich nicht vom Wasser mit den Eisschollen trennen will –, dann lässt er einige Ecken weiter alle auf einen Wink hin laufen. Die Familie hat auch später nicht ausfindig machen können, wessen Rettungsaktion das war.

Mein Onkel sprach nie über seine erste Frau, die in den Jahren nach dem Krieg Selbstmord beging. Darüber hat dann wirklich niemand mehr in der Familie etwas erzählt, aber für mich war die Szene an der Donau Erklärung genug.

Ich kann mich nicht mehr erinnern, wann ich das erste Mal den Traum hatte, den ich dann später in drückenden Nächten lange Zeit immer wieder träumte. Wir, die hingerichtet werden sollen, stehen zahlreich in einer Reihe nebeneinander. Ich stehe ganz am Ende. Das Erschießungskommando ist nicht vor uns oder hinter uns, sondern an der Seite, am anderen Ende der Reihe aufgestellt. Sie schießen also von der Seite durch uns durch. So habe ich noch die Chance, dass die Kugeln von der neben mir stehenden langen Reihe aufgefangen werden. Ich weiß nicht, was quälender war: die Angst vor der Hinrichtung oder die Qual, dass ich vielleicht heil davon komme, aber die anderen durch die Kugeln sterben, die für mich bestimmt waren. Dieser Traum verschwand zusammen mit einem anderen Alptraum und kehrte nie mehr in mein Leben zurück, als ich Ungarn in den siebziger Jahren verlassen hatte.

Júlia Lángh
Júlia Lángh wurde 1942 geboren. Sie war Lehrerin, Werbefachfrau, Übersetzerin, Sozialarbeiterin und Journalistin und lebte ab 1977 in Paris. Seit 1984 war sie Mitarbeiterin bei Radio Free Europe, bis der Sender eingestellt wurde. Mitte der neunziger Jahre lebte und arbeitete sie in Nigeria, u. a. als Kindergärtnerin, anschließend im Tschad, in einem Dorf in der Baumsteppe, und unterrichtete dort Behinderte in Rundfunkjournalismus. Zurzeit lebt sie in Budapest, wo sie als Übersetzerin und Publizistin arbeitet. In den vergangenen Jahren veröffentlichte sie vier autobiographische Werke. Das letzte 2009 handelt von ihrem Pariser Exil in den siebziger Jahren. Diese Geschichte erschien in ihrem Buch «Egy budai úrilány» [Ein vornehmes Fräulein aus Buda] (2003).

Anna Valachi

DAS BEKENNTNIS EINER «SEELENJÜDIN»

Ich war fünfzehn, als ich erfuhr, dass meine Mitschüler mich für eine Jüdin hielten. Damals wusste ich noch nichts von den Szekler Sabbatariern, die von der Welt des Alten Testaments so fasziniert waren, dass sie freiwillig zum jüdischen Glauben konvertierten. Sie lebten nach den religiösen Vorschriften des Buches Moses und teilten während des Holocaust das Schicksal der geborenen Juden. Als ich vor einigen Jahren Géza Szavais Buch «*Székely Jeruzsálem*» [Szekler Jerusalem] las, in dem es um den Kreuzgang dieser «Seelenjuden» ging, nahm ich die Erkenntnis dieser für mich neuen und genauen «Identitätskategorie» mit Freude auf. Aber erst in letzter Zeit begann ich, eine Antwort auf die Frage zu suchen, die für mich immer aktueller wurde: Warum ist es gut, wenn man mich in dieser unserer Welt, die sowieso zum Ausgrenzen neigt, für eine «Andere» hält? Die Erklärung dafür – wie für so viele meiner wichtigen Dilemmas – fand ich in den Erlebnissen meiner sich in der Dunkelheit verlierenden Kindheit.

Ich gehörte nie zu der Herdenwärme und Sicherheit bietenden Masse der Mehrheit. Als Ergebnis einer Aktion meiner tiefgläubigen Tante wurde ich zwar nach meiner Geburt – «im Jahr der Wende» – in einer reformierten Kirche getauft, meine Eltern erzogen mich aber im Geist des Atheismus. Ich war neun Jahre alt, als man meinen Vater zur wichtigsten Person unserer Ortschaft ernannte. Von da an erwartete mich das Schicksal der Auserwählten – gleichzeitig aber auch das der Stigmatisierten. Es genügte, mich vorzustellen, und schon wussten alle, woher ich kam. Mein Familienname glich einem gelben Stern, den ich immer obligatorisch tragen musste.

Meine «privilegierte» gesellschaftliche Position war für mich eher ein Hindernis als eine Hilfe, um Kontakte zu knüpfen und mich selbst zu verwirklichen. Ich konnte nie wissen, warum die Erwachsenen freundlich zu mir waren. Oder sogar meine Altersgenossen, denen ihre Eltern die praktischen Regeln des gesellschaftlichen Verhaltens mit der Devise lehrten: «Es schadet nicht, gute Beziehungen mit der Tochter eines Kaders zu pflegen.» Ich aber fühlte die Verlogenheit und flüchtete vor den heuchlerischen Beziehungen. Vor meinem Vater hatten alle Angst, weil er den Eindruck eines überaus ernsten und strengen Menschen machte – obwohl er im Freundes- und Familienkreis lauthals lachen konnte. Aber das wusste nur ich – seine Untergebenen, meine Lehrer, meine Mitschüler, ihre Eltern sahen in ihm nur den Vertreter der Macht.

Als ich heranwuchs, zog es mich immer mehr von meiner Familie weg. Aber über meine Träume konnte ich mit niemandem reden, obwohl ich, seit ich mit fünf Jahren das erste Mal im Theater war, Schauspielerin werden wollte, weil sie so viele Leben leben kann, wie sie Rollen spielt. Schon in der Grundschule galt ich im Rezitieren von Gedichten als die Beste im Bezirk, und auch später war ich nicht bereit, mir meine Zukunft in einem anderen Beruf vorzustellen.

Ich war in der sechsten Klasse, also 12 Jahre alt, als ich – nach einem Schulwechsel – eine «wahre» Freundin fand, der ich mich ganz offen anvertrauen konnte. Sie brauchte mich auch, weil die Freundschaftskandidatinnen sie nicht unbedingt umschwärmten. Zsuzsis Familie war nämlich jüdisch, und unsere Mitschüler hielten sich ihr «Anderssein» – obwohl sie sie gern hatten – stets vor Augen. Onkel J., der Vater meiner Freundin, galt als wohlhabender Handwerker. Im Vergleich dazu wohnte er jedoch mit seiner Familie in den bescheidenen Verhältnissen einer komfortablen Zwei-Zimmer-Wohnung in einem alten einstöckigen Haus mit Veranda. Es stimmt, in der Gegend waren sie die Einzigen, die damals, zu Beginn der sechziger Jahre, einen Fernseher hatten –, aber alle waren gern gesehen, die bei ihnen an die Tür klopften. An Tagen, an denen gesendet wurde, war ihre Wohnung voll.

Zsuzsi – die am 13. Dezember, dem Namenstag von Lucia, geboren wurde – war dem Kalender nach nur sechs Monate älter als ich, aber in Lebenserfahrung und Weisheit mehrere tausend Jahre. Das hat sie jedoch vor der Welt sorgsam verheimlicht. Ihre langen Haare trug sie zu zwei hüftlangen Zöpfen geflochten; sie war ein blasses Mädchen mit weichem Gesicht, zierlich wie ein Vögelchen und von kränklicher Statur. Aber sie hatte auch ein außergewöhnlich interessiertes, empathisches und offenes

Wesen – von der Grundnatur her ebenso freundlich wie ihre Eltern. Papa J. – das heißt Onkel Náci (eigentlich hieß er Ignác, aber seine Verwandten riefen ihn schon seit seiner frühen Kindheit mit diesem schreckliche Assoziationen hervorrufenden Kosenamen) – empfing mich immer mit einem breiten Lächeln und mit lautem euphorischem Rufen, wenn wir uns begegneten. Seine Frau – klein, mollig und herzensgut –, die immer etwas zu tun hatte und dabei stets lachte, führte den Haushalt. Ich hatte das Gefühl, dass Tante J. um ihre Teenagertochter nicht bange war. Ganz im Gegenteil verehrte sie sie offenbar sehr. Im Gegensatz dazu verhätschelte sie ihren neun Jahre alten rothaarigen und sommersprossigen Sohn wie ein Kindergartenkind.

Ich ging gern zu ihnen, weil ich in ihrem Kreis ein echtes Gefühl von zu Hause hatte: viel mehr als bei uns daheim. Meine Eltern arbeiteten von morgens bis spät abends in verantwortlichen Positionen und kamen müde und gereizt nach Hause. Ich hatte keine Ahnung, und es interessierte mich auch nicht, weshalb ihnen der Kopf weh tat, was alles zwischen den fünfziger und sechziger Jahren im politischen Leben passierte – ich war mit meinen eigenen emotionalen Stürmen beschäftigt. Am meisten störte mich, dass mein Vater – auf den ich im Grunde genommen stolz war, obwohl seine Erwartungen mich bedrückten – von mir und meiner Schwester forderte, problemlose Musterschülerinnen mit ausgezeichnetem Betragen zu werden, die unsere Lehrer als Vorbilder für die anderen Schüler hinstellen konnten. Ich litt unter den Verboten und Verpflichtungen, die an die Erwartungen der Außenwelt angepasst wurden, vor allem aber am Mangel einer elterlichen Liebe, die sich für meine Probleme wirklich interessieren und sich verständnisvoll zeigen würde. Meine heiß geliebte Großmutter, die mich, als ich klein war, immer gefunden hat, wenn ich verbittert «in die weite Welt hinauszog», war zu dieser Zeit schon sehr krank, mit ihrer Fürsorge konnte ich nicht mehr rechnen.

Zsuszi übernahm ihre Rolle.

Meine Freundin besuchte ich vorwiegend am Nachmittag. Ich fand sie immer über ihren Büchern. Sie gab mir jedoch nie das Gefühl, dass ich sie störe. Wenn sie mich mit ihren neugierig glänzenden, braunen Augen anschaute und ermunternd anlächelte, überwältigte mich mein Mitteilungsdrang, obwohl ich sonst gegenüber anderen ungern über mich selbst erzählte. Ich habe nur ihr verraten, dass ich in Tamás, den Jungen, der auch im selben Hof wohnte, verliebt war. Er konnte wunderschön Gedichte rezitieren: Von ihm hörte ich zum ersten Mal *«Ode»* von Attila József, und nachdem er das Gedicht – wie vom Schauspieler Tibor Bodor gelernt – dort im Hof vorgetragen hatte, erklärte er mir auch begeistert, wie in diesem seltsamen Liebesgedicht die geistige Ebene der körperlichen Metaphern zu verstehen ist. Ich fühlte, dass Tamás meine «Herkunft» störte, und war meinen Eltern deshalb fast böse. Ich konnte es kaum erwarten, dass ich endlich volljährig war und dieses Stigma, «die Tochter des Vaters» zu sein, loswurde.

Das dämmerige Zimmer von Zsuzsi erscheint in meinen Erinnerungen wie der intime Raum der Praxis eines Psychoanalytikers, in dem der Therapeut eine gegenseitige Analyse mit seinem ihm gegenüber sitzenden Patienten durchführt. Meine Freundin erzählte zwar weniger über sich selbst, aber sie verriet doch so viel, dass sie Schriftstellerin werden wollte. Ich kann mich noch erinnern, wie es mich überrascht hat, weil es mir bis dahin gar nicht eingefallen war, dass man auch so einen Beruf wählen könnte. Dann habe ich erfahren, dass die zur ungewöhnlichen Berufswahl inspirierende Lektüre das Tagebuch der Anne Frank war. Aber alles in allem sprachen wir über das jüdische Schicksal und über die religiösen Traditionen ziemlich wenig.

Einmal klopfte ich bei ihnen zum falschen Zeitpunkt an. Tante J., die immer gut gelaunt war, öffnete mir mit einem erschrockenen Lächeln und in peinlicher Verlegenheit die Tür und schloss sie sofort hinter sich. Sie bat mich, am nächsten Tag wiederzukommen, weil sie jetzt Besuch und daher keine Zeit hätten. Unterdessen war aus der Küche ein seltsamer Singsang zu hören, und als ich neugierig hineinlauschte, heftete sich mein Blick auf einen Alten mit langem Bart und Hut, der sich in der Wohnung offensichtlich heimisch fühlte und die geheimnisvolle Zeremonie zelebrierte.

Als ich zu Hause erzählte, was ich bei Zsuzsi erlebt hatte, sagte mir mein Vater mit feierlichem Gesicht: «Meine Tochter, was Du gesehen hast, kann eine religiöse jüdische Zeremonie gewesen sein. Erzähle niemandem etwas davon!» (Als ich im Kindergarten war, gab er mir in einem ebenso bedeutungsvollen Ton zu verstehen, dass es das Christkind nicht gibt, ich solle den anderen dummen Kindern nicht glauben; das Weihnachtsfest sei ein religiöses Fest, und an Gott würden nur die kurzsichtigen, irregeführten Menschen glauben. Zu meinem Glück nahm er mir nicht den Glauben an den Weihnachtsmann – vielleicht, weil er ihn für ein politisch neutrales Wunderwesen hielt ...)

Beim nächsten Treffen mit Zsuzsi entdeckte ich in ihrem Gesicht dieselbe peinliche Verlegenheit wie am Tag zuvor anstelle des Lächelns bei ihrer Mama. Meine Freundin bat mich mit gedämpfter Stimme, während sich ihr Blick seltsam veränderte, dass ich meinem Vater nichts davon erzählen möge, was ich gestern bei ihnen gesehen habe, weil sie deshalb Probleme bekommen könnten. Betroffen nahm ich zur Kenntnis, dass selbst zwischen uns die «listige Angst waltete». Ich verriet nicht, dass ich zu Hause schon von meinem seltsamen Erlebnis erzählt hatte und gerade meine Eltern mir einschärften, es geheim zu halten.

Seit dieser «Einweihung» weiß ich aber, dass es sich nicht schickt, zu einer religiösen jüdischen Familie am Freitagabend zu Besuch zu gehen.

*

Ich war schon auf dem Gymnasium, als Onkel J. sich entschloss, zusammen mit seiner Familie nach Israel auszuwandern. Zsuzsi – die damals schon eine kurz geschnittene, modische Frisur hatte und viel weiblicher aussah als zu der Zeit damals, in der wir uns kennen lernten – wollte um jeden Preis bleiben, doch gegen den Plan des Vaters zu rebellieren, hatte keinen Zweck. Meine Freundin versprach mir, sobald sie volljährig würde, zurückzukommen, bis dahin würden wir häufig Briefe wechseln; in der Seele würden wir uns nicht voneinander trennen. Die Trennung hat uns aber beide mitgenommen. Ich fühlte mich ohne Zsuzsi richtiggehend «amputiert». Lange Zeit mied ich sogar ihr Haus, obwohl auch Tamás dort wohnte. Einmal klagte ich gegenüber einer Mitschülerin, wie sehr ich meine Freundin vermisste. Sie starrte mich daraufhin verständnislos an: «Warum folgt ihr ihnen denn nicht?»

Jetzt erst verstand ich, dass sie auch unsere Familie für jüdisch hielten – wahrscheinlich wegen meiner engen Freundschaft mit Zsuzsi. Ich stritt es nicht ab, weil es mir warm ums Herz wurde, als sie mich mit ihr identifizierten. Danach war es irgendwie leichter, ihre Abwesenheit zu ertragen, weil ich sie ja in mir trug: Für andere hatten wir dieselben Wurzeln.

Wie sehr Zsuzsi es bei unserem Abschied auch immer beteuert hatte: Sie kam nicht nach Hause zurück, nur einmal zu Besuch nach 20 Jahren. Lange schrieben wir einander Briefe. So habe ich erfahren, dass sie zum Militärdienst einberufen wurde. Ich konnte mir nicht einmal vorstellen, wie sie mit ihrer zierlichen Figur überhaupt eine Waffe halten konnte. Aber der begeisterte Ton ihrer Briefe und besonders ein Photo, auf dem sie in Uniform zu sehen war und eine lustige Miene dazu machte, überzeugten mich, dass sie in ihrer neuen Heimat ein Zuhause gefunden hatte. Sie wurde nicht Schriftstellerin, sondern Sozialarbeiterin. Ihr Mann hingegen – den sie während ihres Militärdienstes kennen gelernt hatte – schreibt ab und zu. Sie haben Zwillinge, die mit Hilfe künstlicher Befruchtung gezeugt wurden, weil ihr Mann wegen einer Kriegsverletzung an den Rollstuhl gefesselt ist, Zsuzsi pflegt ihn.

Vieles über sie erfuhr ich erst nachträglich und indirekt, weil unser Briefwechsel Anfang der achtziger Jahre abgebrochen ist. Seitdem höre ich mir jede Meldung über die endlos scheinende israelisch-palästinensische Fehde, über den Krieg und Terroraktionen voller Sorge um sie und um ihre Familie an. Nun stellte sich auch der Grund des Schweigens heraus. Von Tamás, ihrem alten Nachbarn und meiner ehemaligen Liebe – mit dem mich das Schicksal nach 40 Jahren erst kürzlich wieder zusammengeführt hat – erfuhr ich, dass Zsuzsi seit den Achtzigern eine unerklärliche Angst befiehl: Sie wagte es einfach nicht, Briefe nach Ungarn zu schreiben. Sie hatte Angst davor, damit ihren Freunden zu schaden. Ihr Bruder Tomi, der inzwischen erwachsen ist, hält regelmäßig Kontakt zu Tamás. Ich hoffe, dass wir uns durch seine Vermittlung früher oder später wieder treffen.

*

Wenn ich jetzt von der erhofften Zukunft in die erlebte Vergangenheit zurückblicke, dann sehe ich, dass mein «Seelenjudentum» ein bestimmender Faktor meiner Lebensgeschichte ist. Seitdem meine Freundin weggegangen war, wurde es mir immer bewusster, dass mich durch meine äußere Erscheinung und meine Mentalität viele immer noch für «Zsuzsi» hielten. So konnte ich am eigenen Leib erfahren, wie Leute sich in meiner nächsten Umgebung zu Mädchen oder Frauen verhalten, die sie für eine Jüdin halten. Ich nahm niemandem die Illusion, getreu der Regel, dass ein

Jude der sei, der dafür gehalten wird. Als eine meiner Kolleginnen mich vertraulich fragte, was für ein Heft sie für den Hebräischkurs besorgen soll, sagte ich ihr entschuldigend, dass ich es nicht weiß, weil ich diese Sprache nie gelernt habe. Weder meine eigene Religion noch die anderer betrachtete ich als Gesprächsthema.

Als Frau war ich manchmal jedoch gezwungen, «Farbe zu bekennen» – und diese Momente blieben mir als unangenehme, traurige Erlebnisse in meinem Gedächtnis haften.

In meinen Zwanzigern verliebte ich mich in einen netten, klugen Jungen mit Sinn für Humor. Unsere Beziehung wurde schnell ernst, und wir planten schon unsere gemeinsame Zukunft, als er einmal bei einem Abendessen in einem Restaurant erklärte, er bestehe darauf, dass wir nach den jüdischen Riten und Traditionen heiraten. Mir war es eigentlich egal – ich zuckte mit den Schultern –, ich hatte keine Ahnung, wie so etwas abläuft. Als kleines Mädchen ging ich samstags mit meinen Freundinnen in die katholische Kirche, um die Hochzeitszeremonien zu bewundern. Aber ich bin protestantisch und nahm an keiner Hochzeitszeremonie einer anderen Religion teil.

Er starrte mich an, als hätte er mich nicht richtig verstanden. Wieso hatte ich das erst jetzt gesagt? Wie hätte ich zulassen können, dass er glaubt, ich sei eine Jüdin? Ich könne doch nicht glauben, dass er mich jetzt noch seinen Eltern vorstellen kann. Die Tradition sei Tradition. Es tue ihm leid, dass es sich so entwickelte, er habe mich sehr gern, aber von einer Ehe könne nicht mehr die Rede sein ... Inzwischen brachte der Kellner das Abendessen, ich aber bekam keinen Bissen hinunter: Den ganzen Abend schluckte ich nur meine Tränen.

Dieser «Korb» war ein traumatisches Erlebnis für mich. Ich entschloss mich also, von nun an nicht mehr die Katze im Sack zu verkaufen. Ein anderes Mal war gerade das das Problem.

Lange und standhaft schlich einer meiner Bekannten um mich herum und machte mir so lange den Hof, bis wir eines Abends tatsächlich essen gingen. Wir haben mit Kognak begonnen, zum Essen tranken wir Wein – und er hat sich möglicherweise etwas betrunken, denn am Ende des Abendessens platzte er damit heraus, er sei zwar verheiratet, ich würde ihm aber sehr gefallen und er möchte um jeden Preis mit mir gehen, weil er – er gäbe es zu – noch nie mit einer Jüdin zu tun gehabt habe. Wir sollen ja sehr wollüstig sein und uns auf künstlerischem Niveau auf die Liebe verstehen.

Verblüfft hörte ich ihm zu: Zsuzsi und Tante J. erschienen vor mir, die ersten und wichtigsten «Jüdinnen» meines Lebens, die ich auch aus nächster Nähe kannte. In Zusammenhang mit ihnen hätte ich zuallerletzt an Sexualität gedacht. Mit meinem heutigen Verstand ahne ich freilich schon, dass die entstellten literarischen Muster die Vorstellung meines Verehrers erhitzt hatten. Er hatte wohl in dem berüchtigten Roman *«Az elsodort falu»* [Das fortgeschwemmte Dorf] von Dezső Szabó etwas über die Wollüstigkeit der modernen Budapester Jüdinnen, zum Beispiel über ihre «Vampirsinbrunst», gelesen. Ich finde es verblüffend, dass diese fixen literarischen Ideen, die ihre Blütezeit im 19. Jahrhundert hatten, auch heute noch ein empfängliches Publikum finden.

Damals, in meiner frischen Empörung, konnte ich nur eines tun: Ich enthüllte mein Geheimnis. Ich warf ihm etwas an den Kopf wie: Es täte mir leid, wenn ich ihn enttäuschen müsse, aber in unserer Familie gäbe es keine Juden. Außerdem sei es demütigend, wenn er mich nur als sexuelles Objekt anziehend fände.

Ungläubig schaute er mich an. Offensichtlich wartete er darauf, dass ich zugeben werde, ich hätte nur einen Witz gemacht. Als er sah, dass ich felsenfest blieb, schob er seinen Teller lustlos beiseite. Ich hatte ihm den Abend verdorben – seine Illusionen waren zerstört. Ich sah aber an seinen Augen, dass er nicht aufgeben und so lange keine Ruhe finden würde, bis er eine echte Jüdin erobert hat, die ihm seine männlichen Hoffnungen erfüllt.

Und wie gerecht das Leben doch ist: der «falschen Jüdin» führte es einen ebensolchen Ehemann zu. David halten viele wegen seines Vornamens für einen Juden, obwohl er diesen Namen erst später annahm. In seiner Geburtsurkunde steht er, nach seinem Vater benannt, als József. Er suchte aber zu seinem Allerwelts-Nachnamen einen besonderen Vornamen. Vor mir hatte er sogar eine «echte» jüdische Frau – sie ließen sich scheiden, aber nicht wegen der «Mischehe». In unserem Freundeskreis kümmern wir uns nicht darum, wer welcher Herkunft ist. Wir suchen die gegenseitige Freundschaft ausschließlich aufgrund gegenseitiger Sympathie und gemeinsamer Interessen.

Und ich denke, dass es so richtig ist.

Gemeinsam mit Géza Szávai vertrete ich die Meinung, dass es das höchste Gebot der Erhaltung der Menschheit ist: «sich dem Schicksal eines Fremden gegenüber zu öffnen». Es gibt nichts Fremderes als einen Mann und eine Frau, die miteinander in keiner familiären Beziehung stehen – durch ihre Kinder aber werden sie für immer und ewig blutsverwandt. Das ist das Pfand des Weiterlebens und der vorbehaltlosen Liebe. Wer mir das nicht glaubt, der sollte einmal darüber nachdenken.

Anna Valachi
Anna Valachi ist Kandidatin der Literaturwissenschaft und Mitglied im Vorstand des Sándor-Ferenczi-Vereins und der Attila-József-Gesellschaft. Sie wurde 1999 mit dem Tibor-Déry-Preis ausgezeichnet. Ihre wichtigsten Forschungsbereiche sind das Leben und Werk von Attila József, die Kunstpsychologie und die Beziehung zwischen Psychologie und Literatur.

Zsuzsa Tamás

BIN ICH EINE JÜDIN?

Für Gábor Németh

«Der Kurzfilm war schwarz-weiß, und im Gegensatz zu der begeisterten Stimme des Erzählers im vorigen Film wurde hier düster und sachlich gesprochen, trocken und mit perfektem Ausdruck. Sie fühlten, man braucht hier nicht viel hinzuzufügen, die nüchternen Fakten sollten folgen, die Bilder würden ihr Übriges tun. Sie erledigen alles, was erledigt werden muss.
Zum Beispiel mich.
An die Worte erinnere ich mich kaum.
An die Bilder aber umso mehr.
Hunderttausend leere Koffer in irgendeinem Drahtkäfig, Berge von Haaren, eine Million nackte Brillengestelle, als wären sie aus dem Draht des Käfigs gebogen, oder eben umgekehrt, so als sei der Käfig aus dem Brillendraht, das heißt aus den Brillen mit Drahtgestell gemacht worden, die Brillen wurden gesammelt, die Gläser präzise heraus gebrochen, dann der Draht auseinander gebogen, geglättet, mit Engelsgeduld, nicht, dass etwas verloren geht, lange Häuser irgendwo, aus einem Schornstein steigt Rauch, Fotos von Männern und Frauen, sie sind unvorstellbar mager, und zum Schluss die Bagger.
Mit Baggern wurden die nackten Menschen in eine Grube geschoben.
Das heißt – nennen wir es ruhig so! – die Leichen.
Die nackten Leichen, leichte Wellen, Meer, Leichenmeer; so als würde man den Schrank öffnen und die Marionetten herausfallen. Es war das erste Mal, dass ich Tote sah. Trotzdem dachte ich nicht, dass sie auch schlafen könnten. Ich dachte nicht das Übliche. ‹Schau!›, sagen wir, ‹Wie schön ruhig Omis Gesicht wirkt, es ist ganz so, als würde sie schlafen!›, und wir werden dabei leise weinen. Nein. Sie schienen nicht ruhig zu sein. Sie sahen nicht aus wie Omis. Sie sahen nicht aus, als wären sie irgendwer. Dazu gab es viel zu viele von ihnen. Diejenigen, die nach irgendwer aus-

sahen, standen am Rand der Grube, elegant gekleidet, sie trugen offensichtlich Uniform. Ich habe es trotzdem so in Erinnerung, dass sie einen leichten Sommeranzug anhatten, einen Strohhut trugen und mit irgendeinem Stock in die Grube zeigten. Nicht mit irgendeinem Zeigestock, mit einem Spazierstock aus Bambus.

Ich habe nicht verstanden, was die Stimme sagte, ich erinnere mich nicht an die Worte, ich kannte sie alle, aber ich kann mich an kein einziges erinnern. Doch, an ein Wort schon, aber das kannte ich nicht. Nur an dieses einzige erinnere ich mich. Vielleicht, weil die Leichen damit bezeichnet wurden. Oder weil ich es bis dahin noch nie gehört hatte. Und wie jeder weiß, ist ein Kind allem Neuen gegenüber aufgeschlossen. Die Stimme sprach es so aus, als würde sie damit nicht nur die Leichen benennen, sondern zugleich auch den Grund, den Grund, warum man mit ihnen so verfahren ist.

Die Stimme nannte sie Juden.

Soviel habe ich zumindest verstanden.

Juden, das bedeutete, dass man sie so behandeln musste.

So stellte es sich zumindest heraus.»

Das hat Gábor Németh geschrieben, nicht ich, und jetzt erscheint trotzdem auf meinem Computer der Hinweis von Word: «Es ist schwer, einen so langen Satz zu analysieren, vielleicht ist das kein Satz.», und das Wort «Jude». Und das Wortspiel oder was das ist – die «Leichen», «leichte Wellen». Als ich das gelesen habe, tat es mir nicht weh, aber jetzt.

Ich sitze im Bálint-Haus, im Jüdischen Gemeinschaftshaus. Ich erzähle über den Holocaust-Unterricht, und jemand sagt, dass es nicht gut ist, wenn Kinder nur im Zusammenhang mit dem Holocaust etwas über das Judentum erfahren. Worauf will er hinaus damit? Dass man darüber meiner Meinung nach so früh wie möglich sprechen sollte. Wenn Gábor Németh diesen Satz eintippen würde, dann würde er sehen, dass es vielleicht doch kein Satz ist. Also der pädagogische Aspekt.

Ich zitiere mich selbst:

«Eines der bedeutenden Ereignisse des Schuljahrs 2000/2001 war die Aufnahme des Holocaust-Gedenktages in die Reihe der Gedenktage der Schulen. Die Einführung dieses Gedenktages bedeutet im Prinzip einen großen Schritt im Bereich des Holocaust-Unterrichts. Was bedeutet es aber in der Praxis? (Und gibt es in Ungarn überhaupt Holocaust-Unterricht?) Die Schüler gewöhnen sich langsam daran, dass der 16. April in Ungarn der Gedenktag des Holocaust ist, denn in diesem Jahr wird ja der Gedenktag zum vierten Mal stattfinden. Aber was weiß der Schüler über den Holocaust? Ist es möglich, an einem obligatorischen Feiertag, im weißen Hemd im Sportsaal stehend, etwas Wesentliches über den Holocaust zu erfahren? Ist es überhaupt möglich, in einer großen Masse des Holocaust zu gedenken? Und wenn das nicht funktioniert, wie kann man diesen Gedenktag in der Schule würdig begehen?

Viele haben schon versucht, diese Frage zu beantworten. Ich habe auch Anträge gelesen, die das Ziel hatten, diesen Gedenktag anders als die anderen Gedenktage zu begehen. Aber darunter waren auch ganz schreckliche, zum Beispiel die Idee eines ‹Werkunterrichts›, in dem jeder Schüler einen gelben Stern anfertigen sollte ...

Meine eigene Antwort ist die Antwort einer Ungarisch-Lehrerin, die an die Kraft der Worte und der Literatur glaubt, an das vertraute Gespräch, das die Klasse und der Lehrer über ein Buch oder im Zusammenhang mit einem Buch führen.» (Zsuzsa Tamás: «*A Rettentő valamiktöl a sorstalanságig, avagy mit mondjunk a holokausztról irodalomórán?*» [Von den schrecklichen Dingen bis zur Schicksalslosigkeit oder Was wir in der Literaturstunde über den Holocaust sagen sollten]).

Hier im Bálint-Haus erzähle ich ihnen all das ein bisschen unvermittelter. Es ist ja ein Gespräch. Der Workshop findet in der Nacht des Thora-Festes statt. Ich weiß, meine Zuhörer sind Juden. Das steht dieses Mal eindeutig fest, denn wenn es wahr ist, dass der ein Jude ist, der sich dafür hält, sind sie Juden. Deshalb sind sie ja hier. Es ist nachts um eins, ich fühle mich gut, sie hören zu und reagieren, sind besser als die Lehrer.

Im Fernsehen habe ich gehört, dass das Wort «Jude» von anderer Art ist als zum Beispiel «Socken» oder «Springbrunnen». Ich fühle tatsächlich, dass es sehr anders ist. So sehr anders, dass ich kalte Füße bekomme, ich habe kaum gewagt aufzuschreiben, dass meine Zuhörer Juden sind.

Dabei frage ich die Kinder immer: «Sagt mal, wer ist ein Jude?» Oder: «Wer ist jüdisch? Wen können wir jüdisch nennen?» Und sie schweigen immer. Dann frage ich sie: «Wie hat man das denn im Zweiten Weltkrieg entschieden?» Dann kommen die schüchternen Antworten: «Aufgrund der Religion und der Rasse.»

«Genau. Zu welcher Zeit hat man es wie entschieden? Die Judengesetze, das ist etwas Neues. Und was bedeutet, aufgrund der Rasse?» «Nun, dass es Juden und Schwarze und Zigeuner gibt …» «Wie kann man einen Juden erkennen?» «Na, der Bart …» «Und die Frauen? Und die Kinder? Die, die keinen Bart haben?» «Naja. Und was bedeutet Rasse?» Schweigen. «Wenn es zwischen den Rassen tatsächlich Unterschiede gäbe, könnten sie sich nicht untereinander vermehren, weil ihr Genbestand zu stark abweichen würde.» Tiefes Schweigen.

Aufgrund meiner Argumentation stellt sich mir die Frage, wie und auf welcher Grundlage sich diejenigen, die jetzt da sind, als Juden betrachten? Wenn sie nicht religiös sind? Aufgrund der Vergangenheit, der Vergangenheit der Familie?

Lange hat man mich gefragt, warum ich mich mit diesem Thema (mit Nachdruck: ausgerechnet mit *diesem* Thema) beschäftige. Ich antworte und ich verstand auch, worauf die Frage zielte (und zwar: Bist Du Jüdin?): Ich weiß es eigentlich nicht. Meine Familie ist nicht betroffen. Ich halte es nur für sehr wichtig. Und damit habe ich auch die unausgesprochene Frage beantwortet. Nein, ich bin keine Jüdin.

Was bedeutet aber, dass meine Familie nicht betroffen ist? Sind nur diejenigen betroffen, deren Eltern, Großeltern oder die selbst in einem Konzentrationslager gelitten haben, gestorben sind oder sich in Kellern oder bei Freunden mit falschen Papieren versteckten?

Mein Mann und ich sehen fern – «*A holokauszt szemei*» [Die Augen des Holocaust]. Den Film habe ich schon einmal gesehen. Damals weinte ich nicht, nur die effekthascherischen Elemente – das rote Wachs, das wie Blut tropft, die kerngesunden, rotbackigen Kindergesichter – störten mich. Jetzt schaue ich zu und heule wie ein Schlosshund, obwohl ich es überhaupt nicht will. Ein alter Mann erzählt, dass sie auf der Straße gingen und, als sie «weggebracht wurden», in den Gesichtern der Menschen kein Mitleid zu sehen war. Es gab auch welche, die grob lachten. Mein Mann sagt: «Unsere Vorfahren lachten dort!».

Und da kam mir plötzlich die Erkenntnis. Es sind doch alle Familien betroffen, auch jetzt noch. Meine Großeltern waren damals alle junge Erwachsene. Was haben sie da gemacht? Grob gelacht? Über die Großeltern gibt es in jeder Familie Geschichten. Warum höre ich keine Geschichte darüber, dass sie jemanden versteckt haben?

Das habe ich dann auch meine Mutter gefragt. Es überraschte mich, dass sie mit 50 aus einer kindischen Perspektive antwortete. Oh doch, ihre Eltern hätten Juden versteckt, sie erinnere sich daran. «Mama, wie kannst Du Dich denn daran erinnern?» «Na, die Vera und ihre Familie klopften eines Nachts bei uns an, und die Zsuzsi, die hatte vor allen Dingen Angst, selbst in Amerika» … «Aber Mama, Du bist doch 1954 geboren …» «Ach, stimmt. Dann kann es vielleicht 1956 gewesen sein. Aber die waren wirklich Juden. Eben deshalb sind sie dann weggegangen; der Péter und die Zsuzsi nach Amerika und die Londoner Tante Zsuzsi nach London. Ich weiß es.»

Unterschwellig weiß ich aber, dass auch etwas anderes in der Familie passiert sein muss. Ich fange an zu recherchieren und ich finde es heraus. Ein mit der Schreibmaschine geschriebener Text auf gelbem Papier. Ich lese ihn.

Erklärung

Die Unterzeichnenden erklären hiermit, dass Frau Lászlóné Göbl, vormalige Máténé Csák, geborene Erzsébet Radics, uns persönlich bekannt ist.

Frau Göbl arbeitete während der Belagerung der Hauptstadt als Mitglied des Internationalen Roten Kreuzes im Kinderheim in der Zoltán utca 6 als christliche Krankenschwester. In der oben genannten Institution hatten seit Oktober 1944 240 jüdische Kinder und 60 jüdische Erwachsene einen ständigen Aufenthalt.

Wir als Augenzeugen bezeugen, dass Frau Göbl am 31. Dezember, zur Zeit der ruchlosen Herrschaft der Pfeilkreuzler, in Erfüllung ihres Berufes auf brutale Weise angegriffen wurde, weil sie die ihr Anvertrauten in Schutz nahm und sich weigerte, sie den Pfeilkreuzlern auszuliefern.

Dieser Angriff seitens der Pfeilkreuzler bestand darin, dass sie ihren Bräutigam, der auch anwesend war, vor ihren Augen erschossen und sie selbst mit Gewehrkolben so heftig schlugen, dass ihr Schädel brach. Deshalb musste sie sich mehreren schweren Operationen unterziehen und mehr als sechs Monate in medizinischer Behandlung bleiben.

Soviel wir wissen, ist sie immer noch nicht vollkommen geheilt, denn sie benötigt ständige medizinische Behandlung.

Budapest, 6. August 1946

Die Echtheit der Unterschriften wurde von einem Oberwachtmeister der Polizei bestätigt, dessen Namen ich ebenso wie die der anderen nicht lesen kann.

Man muss das Papier mit der unmöglichen Rechtschreibung, den schnörkelhaften, mit Tinte geschriebenen Unterschriften und den Spuren der 60 Jahre alten Faltung nur sehen.

Frau Lászlóné Göbl, geborene Erzsébet Radics, ist die Schwester meiner Urgroßmutter, die Tante meiner Großmutter.

Und nun? Ist es jetzt besser? Ist es für mich so, was meine Familie betrifft, besser? Vielleicht ist es besser, als wenn sich herausgestellt hätte, dass irgendeiner meiner Vorfahren während «der ruchlosen Herrschaft der Pfeilkreuzler» ein Pfeilkreuzler gewesen wäre. Schon besser als das. Aber sonst?

Eine Freundin, die sich selbst für eine Halbjüdin hält, erzählte mir, dass sie Bekannte hat, die die Menschen immer noch so beurteilen, ob sie Leute verstecken oder nicht verstecken würden. Panische Angst ergriff mich. Würde ich denn Leute verstecken oder nicht? Das wird keine Familienurkunde aus mir herausbekommen, das könnte nur die Situation entscheiden.

Zurück zu dem Gespräch im Bálint-Haus, wo der Workshopteilnehmer sagte, die Kinder sollten nicht nur im Zusammenhang mit dem Holocaust etwas über die Juden erfahren. Und dann fällt mir meine andere Zielsetzung ein. Die Kinder sollten den Holocaust nicht nur mit den Juden in Verbindung bringen. Aber aus irgendeinem Grund spreche ich es nicht aus. Warum?

Ein Bekannter sagte mir, dass die Juden sich den Holocaust angeeignet hätten. Er meinte damit bestimmt nicht, dass außer den Juden auch die Zigeuner, die Homosexuellen, die körperlich und geistig Behinderten in den Konzentrationslagern systematisch vernichtet wurden. Ihm zumindest wagte ich die Frage zu stellen und ihn damit in Verlegenheit zu bringen: «Wenn es ihnen nun einmal geschehen ist?!»

Dieser Bekannte gab mir auch einen gut gemeinten Rat. «Man wird Dich bestimmt für eine Jüdin halten, pass bloß auf! Aber es kann auch sein, dass es gut für Dich ist, denn sie halten doch immer zusammen. Eigentlich ist das völlig verständlich, es ist nichts Schlimmes dabei, wenn sie das eigene Blut unterstützen.»

Ich habe mich mit ihm gestritten, aber vielleicht nicht vehement genug. Diese Dummheit fand ich widerlich.

Als es sich dann herumsprach, dass ich mich mit dem Unterricht des Holocaust beschäftige, öffneten sich mir tatsächlich Türen. Warum? Weil immer mehr Leute die Wichtigkeit dieses Themas erkannt haben? Aber es gab auch Institutionen, in die ich unbekannterweise eingeladen wurde, nur auf die Empfehlung eines jüdischen Mädchens hin (die sich selbst als Jüdin betrachtete). Warum? Wäre das dieser gewisse Zusammenhalt? Warum muss ich bloß darüber nachdenken?!

Ein anderer Bekannter gratulierte mir dazu, wie gut ich mich «in das Thema eingearbeitet habe». Ich fühlte mich beleidigt. Im Nachhinein stellte sich heraus, dass er es als Kompliment meinte. Was ist denn das? Habe ich Paranoia?

Und übrigens: Wofür ich alles gehalten werde ... Ich war schon in der Grundschule «die Freundin der Móni Molnár mit dem Zigeunergesicht». Dann dachte man im Gymnasium, ich wäre eine ägyptische Schönheit, und es kam auch vor, dass man mich gefragt hat, ob ich Ungarisch kann. Als ich noch studierte, unterrichtete ich die Tochter einer ziemlich berühmten Frau (aber eigentlich ist es egal, wer sie war), und sie sagte zu mir, sie habe es mir sofort angesehen, dass ich es auch sei. Ich sei auch was? Dass ich eine Jüdin sei. Es ging mir durch den Kopf, wie es gewesen wäre, wenn ich es dabei belassen hätte. Eigentlich ist es schwerer, zu einem Mädchen «Nein» zu sagen, das deshalb nicht isst, weil ihr Großvater im Konzentrationslager gehungert hat. Schließlich antwortete ich ihr, ich wüsste nicht, dass es in der Familie ... Juden gäbe. So, mit dieser kleinen Pause. Ich erinnere mich nicht, was sie geantwortet hat.

Nebenbei bemerkt hatte ich auch ein bisschen Angst. Wie wäre es, wenn ich es doch wäre? Man sieht es mir an, aber bis jetzt hat man es vor mir verheimlicht?

«Ich rechnete damit, dass sie heftig weinen werden, die reuigen Sünder werden heftig weinen, dass sie sich durch das Weinen reinigen und befreien und sie mit mir diese jüdische Beschämung teilen, dass sie irgendwie meine jüdische Angst lösen.» (Gábor Németh: *Zsidó vagy?* [Bist du ein Jude?])

Kann es sein, dass ich mich in diesem Augenblick einer halben Sekunde schämte, weil ich keine Jüdin bin? Kann es sein, dass die Angst deshalb noch geblieben ist?

«‹Onkel Aurel bildet sich ein, dass wir Juden sind›, sagte er.
Zsolti lächelte darüber, Ákos, der auf alles stürmischer reagierte, krümmte sich vor Lachen.
‹Papa, ich werde verrückt! Wer hat ihm bloß diesen Blödsinn eingeredet?›
‹Das ist kein Blödsinn›, sagte sein Vater mit strengem Gesicht. ‹Er und ich, das heißt unsere ganze Familie, ist jüdischer Abstammung.›»
(István Örkény: «*Ákos és Zsolt*» [Ákos und Zsolt])

Ich fahre im Bus. Auf meinem Schoß liegt ein Buch, das beste zu diesem Thema – «*Utak a holokauszthoz, történetek a holokausztról*» [Wege zum Holocaust, Geschichten über den Holocaust]. Auf dem Buch liegt eine Tasche, darauf meine Hand. Eine alte Frau setzt sich neben mich und beugt sich mit einer Indiskretion, die jede Grenze übersteigt, zu diesem Buch, das heißt zu meinem Schoß. Sie liest den Titel und bleibt in dieser Position. Ich werde verlegen, nicht wegen des Buchtitels, sondern wegen der Indiskretion, die sie unentwegt auf meinen Schoß starren lässt. Um die peinliche Situation aufzulösen, sage ich zu ihr:

«Ich gehe zum Unterricht.»

«Ausgerechnet darüber?», fragt sie.

«Ja», antworte ich und versuche, das in meinem nicht existierenden neutralen Ton zu sagen.

«Es ist von so viel Lügen umgeben», erwidert sie, und ich weiß nicht, ob sie es pro oder contra meint.

«Ja», sage ich und warte, dass sie fortfährt. Natürlich meinte sie «contra», und sie fängt an, mit den Zahlen zu jonglieren. Dass es gar nicht so viele waren. Und dass nur 300.000 ungarische Juden starben. Und sie beendet das Gespräch mit einem «unwiderlegbaren Argument»: «Das haben mir meine jüdischen Freunde gesagt». Dann stieg sie an der nächsten Haltestelle aus. So etwas ist heutzutage im Bus möglich. Was kann dagegen zu Hause, im Familiennest, innerhalb der eigenen vier Wände gesprochen werden?

Ich gehe und unterrichte den Holocaust. Vielleicht werde ich auch diesen Zwischenfall erzählen, wenn die Gruppe sich dafür eignet. Ich gehe die Üllői út entlang. Es ist erst das zweite Mal, ich bin noch etwas aufgeregt. Ich weiß noch nicht, ob ich die Kinder auf die Stellen im Film aufmerksam machen soll, der aus Dokumentarfilmen der dreißiger Jahre zusammengeschnitten ist und in Fabriken gedreht wurde. Sie zeigen, wie am Fließband Brillengestelle und Schuhe hergestellt werden. Und da sind dann die Bilder der Ausstellung: die Haufen von Brillen und Schuhen, die alle jeweils einen Menschen symbolisieren. Oder soll ich lieber warten, bis sie es von selbst bemerken? Gleich kommt die Páva utca. Ich konzentriere mich auf meine Schritte.

«Inzwischen hatte sie unsere Schritte zum großen Spiegel gelenkt. Dort blieben wir stehen. Beide spiegelten wir uns darin von Kopf bis Fuß, und ich betrachtete sie. Es brauchte nicht viel Kraft, um mit der Hand, die auf meinem Nacken lag, meinen Kopf so zu drehen, daß ich mich von ganz nah sehen mußte, nur mich allein.

Dann schau ihn dir gut an, sagte sie ruhig, da hast du einen Juden, den kannst du hassen, wenn du willst.

Seither schaue ich mich an und frage, wer ich eigentlich bin. Seither denke ich darüber nach, was ich über mich sagen kann und was über andere. Wenn ich in den Spiegel schaue, dann sehe ich seither nicht mich, sondern jenen, der sich im Spiegel sieht.» (Péter Nádas: *Der Lebensläufer. Ein Jahrbuch. Neunzehnhundertsiebenundachtzig, Neunzehnhundertachtundachtzig*)

Zsuzsa Tamás
Zsuzsa Tamás ist 1978 in Budapest geboren. Sie studierte an der ELTE Universität Budapest Ungarisch, begann aber schon vor ihrem Diplom zu unterrichten. Seitdem unterbrach sie den Lehrerberuf zweimal, beides nicht auf eigenen Wunsch. Sie publiziert in literarischen, pädagogischen und karitativen Zeitschriften.

Anna Szász

WAS BEDEUTET ES, JUDE ZU SEIN?

«Die Juden tun mir leid, aber sie sind selbst schuld daran, was passiert ist. Als sie Jesus kreuzigten, sagten sie: ‹Sein Blut ist auf uns und auf unseren Söhnen.›»

Es war entweder Herbst 1945 oder Frühling 1946. Meine Klassenlehrerin in der Grundschule in der Sze. utca, eine kleine, dünne Frau mit Zahnlücken, stand dort vor dem Katheder, weit weg von mir. Aus der Nähe konnte man den kaum zu ertragenden Gestank riechen, der aus ihrem beinahe zahnlosen Mund kam.

Wir waren wohl 40 in der Klasse, alles Mädchen, davon vier Jüdinnen. Wir hatten zu viert vier Elternteile verloren. Zwei von uns den Vater, von einer von uns sind beide Elternteile am Leben geblieben, und Zseni D. war diejenige, die keine Eltern mehr hatte.

Zseni wurde im September 1933 in Berlin geboren als Tochter einer deutsch-jüdischen Mutter und eines Vaters, der aus der ebenfalls jüdischen, weit verzweigten Familie B. stammte, aus der viele Wissenschaftler hervorgingen. In den damaligen chaotischen Jahren heirateten ihre Eltern nicht, deshalb trug Zseni den Familiennamen ihrer Mutter. Sie war anderthalb Jahre alt, als sie nach Ungarn flüchteten. Als ausländische Staatsbürger mussten sie sich regelmäßig bei der gefürchteten KEOKH, der Zentralen Kontrollbehörde für Ausländer, melden. Die Eltern wurden mehrmals interniert, einmal war auch Zseni dabei. Im Jahr 1942 kam ihr Vater in die schlimmste Arbeitskompanie. In jenem Winter wurde er von seinen Aufpassern in der Ukraine erschlagen. Die Mutter wurde im Sommer 1944 weggebracht. Dann musste sie sich erneut bei der KEOKH melden und wurde nicht mehr nach Hause gelassen. Gerda D., eine dünne, epileptische Frau, die geradezu wie für die «Selektion» bestimmt war, starb in Auschwitz. Bis Oktober 1944 blieb der Tochter noch ihre Tante, aber dann wurde auch sie weggebracht. Zseni blieb allein. Die Geschichte ihres Überlebens habe ich 1992 auf Kassette aufgenommen.

Kurz nach dem Schuljahr in der Sze. utca, das wegen der Kohlepausen kürzer war, wurde Zseni von einem Ärzteehepaar adoptiert. Ihre Stiefmutter bestand darauf, dass auch ihr Vorname geändert wird. So wurde aus Zseni D. Zsuzsa L. Ihr Stiefvater starb früh. Sie zerstritt sich mit ihrer Stiefmutter, zog von zu Hause weg und begann mit 16 zu arbeiten. Sie sorgte selbst für sich, wenn man das karge Leben so nennen kann. Zu Beginn der fünfziger Jahre versuchte sie, sich das Leben zu nehmen, sie nahm jede Menge Tabletten. Ihre beste Freundin entdeckte sie und brachte sie ins Krankenhaus, um ihr den Magen ausspülen zu lassen. Kurz danach heiratete sie einen etwas buckligen Musikclown, der viel älter war als sie, aber dessen menschliche Qualitäten und Güte sein unvorteilhaftes Äußeres vergessen ließen. Zsuzsa benutzte jetzt den Nachnamen ihres Mannes. Ihre Freunde und Freundinnen kannten sie als Zsuzsa B. (Dieses B. ist mit dem Familiennamen ihres Vaters nicht identisch.) Ihr Mann, den ich leider nicht kannte, hatte den Künstlernamen Ali – er wurde auch in der Familie so genannt. Als ich im Frühling 1994 eine Todesanzeige erhielt, in der stand, die verw. Frau Mihályné B. sei in ihrem 61. Lebensjahr an einer schweren Krankheit gestorben, dauerte es lange, bis ich endlich begriff, um wen es hier ging.

«Bist Du ein jüdisches Mädchen?» Das wurde Zseni im November oder Dezember 1944 von einer Frau auf der Straße gefragt. «Du bist doch keine Jüdin!», sagen die Leute zu mir, wenn sie antisemitische Bemerkungen machen und ich mich offenbare. Sie verstehen das als Kompliment.

*

Im Sommer 1944 führten die Abiturienten eines Gymnasiums *«Laodameia»*, das Versdrama von Babits auf. Die Aufführung wurde auch im Radio übertragen. Laodameia wurde von Mariann Csernus gespielt. Es war ihre erste Rolle, mit der sie auf sich aufmerksam machte. Selbst nach fast 60 Jahren kann ich mich gut an ihre Stimme erinnern und an diese anderthalb Zeilen: «Ach zurück ich ruf, einen Helden ich such / für einen Moment nur einen ...»

Die letzte halbe Zeile zum Schluss schlage ich in einem Babits-Band nach: «dann kann der Tod erscheinen.»

Dieser Sommer war schrecklich heiß. Nachts schliefen wir nackt unter dem Bettlaken.

Wir hatten eigentlich noch Glück. Wir wohnten zu siebt in der komfortablen Drei-Zimmer-Wohnung meiner Tante S. – sie selbst, meine Cousine M., mein Cousin P., mein Großvater und wir drei, meine Mutter, mein kleiner Bruder und ich. Irgendwann, Mitte des Sommers, wurde uns ein großer, sanfter alter Mann zugewiesen. Er bezog das ehemalige Dienstmädchenzimmer und störte niemanden. Am frühen Morgen benutzte er das Bad. Eines Morgens kam er nicht heraus. Meine Mutter sagte, er sei eingeschlafen, gestorben. Sie und Großvater wollten mich überreden, dass ich ihn mir anschaue: «Er ist ein schöner Toter.» Aber ich gab nicht nach, ich wollte ihn nicht sehen. Ich wollte nicht aus der Nähe sehen, wie der Tod ist. Selbst dann, wenn er schön wäre.

*

Wie kann ein Kind, das in einer assimilierten Familie lebt, wissen, ob es ein Jude ist? Wir hielten die Feste nicht ein. Meine Eltern und mein Großvater gingen nicht zum Gottesdienst.

Wir hatten zu Hause keine Gegenstände, die darauf schließen ließen, dass wir Juden sind.

Vielleicht geschah es während einer Exkursion.

Ich war mit meinem Vater, seinen Freunden und den Kindern meiner Tante E. wandern. Wir erreichten den Gipfel, wo uns sieben- bis achtjährige Jungs etwas zuschrieen, in dem betont das Wort JUDEN vorkam. Die Erinnerung daran blieb uns als die Erinnerung an ihre Steine, die sie nach uns warfen.

Ich glaube, dass ich keine Angst hatte. Ich war nicht empört, eher überrascht. Soweit ich mich erinnern kann, folgte diesem Zwischenspiel seitens der Erwachsenen keine Erklärung. Trotzdem fing ich langsam an zu ahnen, dass mit uns etwas nicht stimmte. Aus irgendeinem Grund mussten wir Angst haben. Aus dem Geflüster und dem Schweigen in der Familie, aus den Gesprächen bei Tante Matild, der Schwester meines Großvaters, sickerten Ausdrücke wie «Tschechoslowakei», «Flüchtlinge», «KEOKH» durch. Was sie verriet, war ihre Betonung. Während die Erwachsenen stillschweigend BBC am Radio lauschten, verkrochen wir Kinder uns unter dem großen Familientisch, und ich fühlte, dass dieses Große, dessen Namen ich nicht kannte, irgendein dunkler Schatten, immer näher und näher kam.

Als ich in die Schule ging, wusste ich schon, dass wir Juden waren. Nur wusste ich nicht, was es bedeutet. Ich habe mich gewundert, dass Großvater die hebräischen Buchstaben kannte. Er half mir, die komplizierten Zeichen zu erkennen und die gedruckten Zeilen von rechts nach links zu lesen. Ich dachte, dass wir – mein Großvater, E., die jüngere Schwester meiner Mutter, die in der Nähe wohnte, ihr Mann und ihre Kinder, mit denen wir tagtäglich zusammen waren – alle Juden sind. Aber von der älteren Schwester meiner Mutter, die geographisch und gesellschaftlich weit von uns entfernt war – solange ihr Mann lebte, wohnte die Familie meiner Tante S. auf dem Rosenhügel –, hätte ich nicht geglaubt, dass sie es auch ist.

Ich ging wahrscheinlich schon zur Schule, als ich einmal Hitler im Radio sprechen hörte. Seine Stimme, das Schreien waren die Drohung schlechthin. Meine Eltern benutzten Deutsch als zweite Muttersprache. Ich habe ziemlich viel verstanden, aber ich war nicht bereit, es zu lernen.

Ich sah im Kino die Filmvorschau, wie deutsche Soldaten im Stahlhelm marschierten. Ich konnte schon gut lesen, als ich die Zeitschrift «*Magyar Futár*» [Ungarischer Bote] in die Hände bekam. Darin war in Fortsetzungen der Roman von Lajos Dövényi Nagy «*Er fuhr los in Tarnopol...*» abgedruckt (heute wird er als Buch herausgegeben). Das Fratzenbild eines Juden diente als Illustration: gebückte Figur, krumme Beine, eine lange krumme Nase, dicke, herunterhängende Lippen. Das hat mich nicht berührt. Meine Mutter und ihre beiden Schwestern waren weithin für ihre Schönheit bekannt. Mein Vater mit seinem südländischen Aussehen, seinen schwarzen Haaren und seinem dunklen Teint war ein attraktiver Mann. Mein Großvater, von zähem Wuchs, war noch als alter Mann ein schöner Mensch.

Nein, ich konnte überhaupt nicht verstehen, was das Problem mit uns war.

Die aufklärerische Überzeugung, dass die Menschen von Geburt an gleich sind, war für mich so selbstverständlich wie die Luft zum Atmen.

Was bedeutet es, ein Jude zu sein?

Ich war vielleicht in der dritten, vierten Klasse, als ich meinen kleinen Bruder am Freitagabend zu einem Gottesdienst mitnahm. Als mein Religionslehrer, Arthur G., uns bemerkte, schlug er seine dicken Hände über dem Kopf zusammen, holte aus seiner Tasche ein schneeweißes Taschentuch und band je einen Knoten an die vier Ecken. So improvisierte er für meinen Bruder als Kopfbedeckung eine Kippa.

Wenn ich irgendjemandem zu verdanken habe, dass der 19. März 1944 mich nicht völlig unerwartet traf, dann war es mein Religionslehrer, Herr G. Dieser untersetzte, runde Mann, der unter seiner Jacke immer eine Weste und quer über die Weste eine Uhrenkette trug, war kein angenehmer Mensch. Den Jungs griff er ab und zu in die Koteletten und zog gehörig daran. Mich hat er wegen meines Namens verspottet. Aber er war wahrscheinlich auch erschrocken und empört über die finstere Unwissenheit dieser Leopoldstädtischen Gesellschaft assimilierter Juden und unterrichtete uns nicht nur in Religion, sondern auch im Lesen auf Hebräisch und in jüdischer Geschichte. Er versuchte zudem, uns ein wenig jüdische Identität einzupflanzen.

Von ihm bekamen wir die Hefte mit rosarotem Einband, in denen es Geschichten über jüdische Helden und Märtyrer in populärem Stil gab – Daniel in der Höhle des Löwen, die drei babylonischen Jünglinge, Königin Esther und Juda Makkabi.

Er brachte uns jüdische Lieder bei, und einmal, vielleicht bei einem Purim-Fest, traten wir im Goldmarksaal auf.

Sein Glaube und seine jüdische Identität haben Herrn G. nicht geholfen. Er kam damals ebenfalls um.

*

Der 19. März 1944, Sonntag. Das Wetter war wechselhaft, mal bewölkt, mal wieder heiter. Gegen elf Uhr vormittags klingelte das Telefon. Mein Vater ging ran. Er stand da, in der linken Hand den Hörer, mit der rechten Hand drehte er am Zipfel seines Taschentuchs, das er aus der Tasche zog. Alle seine Taschentücher waren an den Zipfeln verschlissen.

Das Gespräch dauerte nicht lange.

Er legte den Hörer auf und wandte sich zu meiner Mutter:

«Das war P.» Das war der Mann meiner Tante E. «Unsere Freunde sind angekommen.»

Mehr sagte er nicht. Ich wusste trotzdem genau, was das bedeutete. Die Deutschen zogen ein. Mir waren auch die Folgen klar.

Leise ging ich ins Kinderzimmer. Aus der Schublade meiner Schulbank nahm ich eines der rosaroten Hefte hervor. Welches, daran kann ich mich nicht mehr erinnern. Nur daran erinnere ich mich sehr genau, dass ich angefangen habe zu lesen und mir dabei fest vornahm, als selbstbewusste Märtyrerin, stolz, mit erhobenem Haupt und ohne Angst zu sterben.

Später wollte ich nicht mehr sterben. Ich begann, Angst zu haben.

*

Im Februar 1945 nahm meine Cousine M. aus der Handtasche meiner Mutter eine Phiole Zyankali. Das war ein weißer, kristallisierter Stoff, so etwa zwei bis drei Gramm. Wir warfen die Phiole in die Toilette und spülten sie hinunter.

Meine Mutter verriet später, dass das die Reserve für den schlimmsten Fall war. Sie entschied sich, mit uns bis ans Ende – bis zur Einwaggonierung – zu gehen. Im Sommer 1944 grübelte sie nächtelang darüber nach, welchem ihrer Kinder sie es zuerst einflößen sollte.

Sie hatte auch ein anderes Mittel.

Das nahm sie ein, irgendwann Anfang oder Ende Oktober, als mein Bruder und ich im Lager des Roten Kreuzes in der Kolumbusz utca waren und sie und mein Großvater im schweizerischen geschützten Haus am Újpester Kai. Nachdem sie meinem Vater, der in irgendeiner Ecke von Transdanubien Arbeitsdienst leistete, den gemeinsamen Familienschutzpass geschickt hatte, blieb sie für den Fall einer Pfeilkreuzler-Razzia ohne jedes Papier, das ihr den Aufenthalt dort gestattet hätte.

Den Schutzpass hatte sie durch Tante Kato A. besorgt.

Wer damals welche Rolle spielte, konnte ich als Kind überhaupt nicht begreifen. Das, was lange der Ortsname Auschwitz symbolisierte, was man heute Holocaust oder Shoah nennt, wofür wir in der Gegenwart der Ereignisse kein Wort hatten, war dermaßen unglaublich und so unbegreiflich, dass es mir nicht besonders wichtig vorkam, die Details zu beobachten. Ich lebte von einem Tag zum andern. Ich wollte überleben. Ich war keine Anne Frank. Mir ist nicht einmal eingefallen, irgendwelche Spuren zu hinterlassen.

Aus einer Bemerkung meiner Mutter, die sie einmal fallen ließ, weiß ich, dass sich Tante Kató A. – eine schöne, rotblonde Frau, selbst Jüdin, die zwei Kinder und einen reichen Mann hatte, eine Freundin meiner Tante E. (meine Mutter deutete sogar einmal an, dass zwischen meinem Vater und Tante Kató etwas gewesen wäre) – damals nach der Machtübernahme der Pfeilkreuzler mit der Herstellung – sprich Fälschung – und Verbreitung von schweizerischen Schutzpässen beschäftigt und damit ziemlich großen Mut gezeigt hatte.

Oder die andere Frau, die ich als Magda Bese kennen gelernt habe. Magda war die ganze Zeit ohne Furcht unterwegs. Sie brachte Nachrichten zwischen den verstreuten Familienmitgliedern hin und her. Sie versorgte uns mit Lebensmitteln, solange man sich in der belagerten Stadt überhaupt bewegen konnte. Sie war auch diejenige, die meinen Bruder und mich ins Lager in der Kolumbusz utca brachte. Einen Weg wie diesen, von der Gegend der damals schon aufgesprengten Margarethenbrücke bis Zugló, konnten wir im November 1944 nur deshalb zurücklegen, weil wir an unserem Mantel keinen gelben Stern trugen und keinen Pass dabei hatten. So besaßen wir wenigstens die Chance, uns als Flüchtlinge aus Siebenbürgen auszugeben, wenn wir angehalten würden.

Magda Bese war Haushaltshilfe in dem Haus, in dem meine Tante E. vor der Zeit der Sternenhäuser wohnte. Erst nach dem Krieg habe ich erfahren, dass sie eine ungarische Jüdin aus der Slowakei war. Als 1938 die Leute von Tiso kamen, um sie abzuholen, gelang es ihr zu flüchten, indem ihr Mann, ein Rabbiner, die Tür solange nicht aufmachte, bis Magda durch das Fenster gesprungen war. Meine Mutter hat es so erzählt, und die Szene habe ich bildhaft in Erinnerung. Ich glaubte, sehen zu können, wie die bewaffneten, gestiefelten Männer sich in der Dunkelheit ihrem Haus nähern. In dem verdunkelten Zimmer befiehlt ein bärtiger Mann seiner Frau, keine Widerrede duldend: «Geh! Spring!» Die weiteren Details, wie sie bis zur Grenze und hinüber kam, wie und woher sie sich falsche Papiere besorgte, all das fragte ich meine Mutter nicht. Ich habe auch nie gefragt, wie der richtige Name von Magda war.

Das gewisse Mittel, das meine Mutter einnahm, war kein tödliches Gift. Sie wusste, dass sie aus einer tiefen Betäubung erwachen wird. Ob sie meinen Großvater eingeweiht hat? Hat man einen Arzt zu ihr gerufen?

Konnte man überhaupt für eine jüdische Frau, die in einem geschützten Haus wohnte, im Herbst 1944 den Rettungsdienst rufen? Sie hatte einen Nachweis, dass sie zu dem und dem Zeitpunkt unter ärztlicher Behandlung stand. Später, im spanischen geschützten Haus, als die Pfeilkreuzler eine Razzia durchführten, machte sie einen Verband um ihren Kopf, bereitete das Papier vor und legte sich hin. Mein Bruder und ich setzten uns neben sie, um Wache zu halten. Sie wurde nicht weggebracht. Aber man ließ am Abend auch diejenigen wieder zurück, die von den Bewohnern des Hauses in den Szent István Park hinunter gebracht worden waren. (Hat jemand eingegriffen? Wallenberg oder Giorgio Perlasca?)

Von wem sie das Gift bekommen hat, wollte sie auch später nicht erzählen. Sie sagte nur ausweichend, man hat Freunde. Über die Vergiftung noch so viel: Sie war schon wieder bei Bewusstsein, als ein ehemaliger Kamerad und Freund meines Vaters erschien und geschockt vom Zustand meiner Mutter wegrannte. Als er zurückkehrte, brachte er einen spanischen Schutzbrief und eine Einweisung in ein geschütztes Haus mit, beides auf ihren Namen und den ihrer Kinder ausgestellt.

*

Der gestiefelte Mann im Ledermantel mit dem Pfeilkreuzler-Armband traf am frühen Vormittag im schweizerischen geschützten Haus am Donauufer, das damals vorübergehend unser Zuhause war, ein, um meine Mutter und meinen Großvater mitzunehmen. Das geschah gerade einen Tag, nachdem meine Mutter und E. uns im Lager in der Kolumbusz utca abgeholt hatten. Sie kamen mit einem SS-LKW in Begleitung von zwei jungen SS-Männern.

Es war keine alltägliche Heldentat, die das Legendarium der Familie aber nur meiner Tante E. zuschreibt. Zumindest erzählte es meine Cousine R., die jüngere Tochter des Bruders meiner Mutter, die selbst im Lager mit dabei war, ein halbes Jahrhundert später so.

Die zwei Frauen im Großmütteralter versuchen, ihre Vergangenheit aus den Mosaiksteinen zusammenzusetzen.

Als wäre alles erst gestern geschehen – und obwohl ich ganz genau weiß, dass meine Reaktionen kindisch und grotesk sind –, werde ich ganz aufgeregt, weil man meine Mutter so unwürdig in den Hintergrund drängt und ihr jedes Verdienst abspricht.

Nein! Meine Mutter und E. machten sich an diesem Tag gemeinsam auf den Weg. Was zählte jetzt noch, dass ihre Beziehung in friedlicheren Zeiten immer ambivalent gewesen ist? Sie waren Schwestern und natürlich auch Verbündete. Sie waren einander ähnlich, besaßen viele gemeinsame Züge, Gefasstheit und Entschlossenheit. Sie waren beide schnell in ihren Entscheidungen und Handlungen. Manchmal waren sie auch ungeduldig. Von ihrer Erziehung her war ihnen eine grundsätzliche Anständigkeit, Ehrlichkeit und ein großes Pflichtbewusstsein zu eigen. Und als es um ihre Gören ging, liefen sie in dem von Pfeilkreuzlern regierten Budapest los und kümmerten sich nicht einmal um ihre eigene Sicherheit.

Hatten sie eine bestimmte Vorstellung oder einen konkreten Plan? Selbst wenn sie einen gehabt hatten, gelang es mir nicht, es zu ergründen. Die Geschichten von damals waren kurz und sachlich. Die Erzählenden beschrieben keine Details, die sie entweder für unwichtig hielten oder von denen sie annahmen, dass wir – die Zuhörer – eingeweiht waren und deshalb keine detaillierten Erklärungen brauchten. Eigentlich wussten wir von vornherein schon ganz genau, wie gefährlich eine scheinbar so einfache Handlung, wie von zu Hause loszugehen, war.

War es ein Zufall oder eben nicht, dass sie den zwei jungen SS-Männern gerade in dem Tabakladen in der Sz. utca begegneten, wo man sie aus alten Zeiten gut kannte? Sie fingen an, sich zu unterhalten. Vielleicht tat es den beiden Jungen gut, in ihrer Muttersprache zu reden. Vielleicht hatten auch sie den Krieg schon satt. Vielleicht hatten sie etwas Wagemutiges an sich oder etwas mehr als das, so dass sie bereit waren, ihr Leben für zwei wildfremde Jüdinnen und fünf jüdische Kinder aufs Spiel zu setzen. Ohne Bezahlung. Für einen Pappenstiel, besser gesagt für je eine Stange Zigaretten. All das ist aber nur eine mögliche Version. Fakt ist, dass die Vereinbarung geschlossen wurde, meine Mutter und E. sich zu den beiden SS-Männern in den LKW setzten und uns wenig später dort in dem groß angelegten und für mich völlig chaotischen Lager fanden, das unter dem Schutz des Roten Kreuzes stand. Wir traten aus dem großen Steingebäude, wo sich in einem der Zimmer unser Bett auf einem riesigen Tisch befand. Ich nahm meinen Bruder an die Hand, damit ich ihn nicht verliere. Sie erschienen völlig überraschend und gaben uns auf ihre kantige Art Befehle, wir sollten unsere Sachen schnellstens zusammenpacken, und einige Minuten später lagen wir schon alle fünf – die Kinder meiner

Tante, mein Bruder und ich und die damals fünfjährige R. – auf dem Bauch auf dem LKW und pressten uns an die Gurtrollen.

Abgesehen von seinen Requisiten war an dem Mann nichts Furchterregendes, eine ganz alltägliche Erscheinung. Sein Gesicht war weder attraktiv noch abschreckend. Er sah sich mehr neugierig als feindlich gesinnt in dem Zimmer um, das selbst für uns noch neu war, während meine Mutter und mein Großvater ihre Sachen packten. Mein Bruder und ich lagen noch im Bett.

«Ich komme nach Hause, auch wenn ich dafür durch die Donau schwimmen muss!» Mit diesem Satz verabschiedete sich meine Mutter.

Das war wieder einmal ein Tag, von dem nur einige Filmbilder in meiner Erinnerung blieben. Eine kalte, unfreundliche Küche, ein Wandbrunnen, eine Frau, der ich näher zu kommen versuche. Magda Bese taucht auf. Durch sie lasse ich meiner Tante E. die Nachricht zukommen, dass meine Mutter und Großvater weggebracht wurden.

Das Auf und Ab des Wartens zwischen Hoffnung und Hoffnungslosigkeit.

Zum Schluss nur noch die vollkommene Finsternis und die hilflose Verzweiflung.

Und als nur noch das absolute Nichts übrig bleibt, das Gefühl, dass alles egal ist, die vollkommene Apathie, da finden sich beide gegen halb zehn in der Nacht wieder ein. Meine Mutter und mein Großvater.

Sie mussten zwar nicht durch die Donau schwimmen, aber in der verdunkelten Stadt über die Kettenbrücke gehen, die damals noch stand. Wie meine Mutter später berichtete, wurden sie nach Buda gebracht. Als sie langsam den Rosenhügel hochgingen, sagte mein Großvater, dass die B.s hier wohnen, d.h. meine Tante S. und ihre Familie. Irgendwie kam mein Großvater darauf, dass die Pfeilkreuzler wissen wollten, wo die B.s sind. Als sie in der Villa in der Mandula utca ankamen, wurden die beiden von den Pfeilkreuzlern, die sich inzwischen dort eingenistet hatten, getrennt und einzeln verhört. Sie fragten tatsächlich danach, wo meine Tante S. und ihre Kinder seien. Selbst wenn Mutter und Großvater etwas gewusst hätten, hätten sie es nicht verraten. Aber sie besaßen nicht die leiseste Ahnung, wo sie sein könnten. Nach dem Verhör wurden sie wieder getrennt eingesperrt. Meine Mutter kam in ein Zimmer im Obergeschoss. Sie war schon dabei, sich zu überlegen, wie sie von dort flüchten könnte. Sie dachte daran, den Vorhang herunterzureißen und an diesem improvisierten Seil in den Garten hinunterzuklettern ... aber wie hätte sie meinen Großvater im Stich lassen können? Da teilten ihnen die Pfeilkreuzler mit, dass sie beide entlassen werden. Meine Mutter bat sie, ihnen ein Papier zu geben, einen Nachweis, dass sie hier waren und freigelassen wurden. Dazu waren sie aber nicht bereit. Es war schon spät am Abend und finster. Meine Mutter sagte daher zu dem einen Pfeilkreuzler: «Halten Sie mal Ihre Lampe her!» (Dieser Satz und das «mal» in dieser Situation verraten viel über sie). Und im Licht der Pfeilkreuzler-Taschenlampe trennte sie vor den Augen ihrer Bewacher die Sterne vom eigenen und von Großvaters Mantel ab.

Einige Tage später verließen wir das Haus am Újpester Kai. Wie an die anderen Häuser konnte ich mich auch an dieses Haus später nicht mehr erinnern.

In einem anderen Leben, in einer anderen Zeit begleitete ich meine Enkelin Eszter zum Sport in ein Studio, das sich in einem Haus am Donauufer befand. Einige Monate ging ich auch selbst regelmäßig dorthin. Es ist ein Morgen im Spätherbst oder Winter, vertraute Nebel über der Donau. Ich gehe in das Haus hinein. Plötzlich fallen mir die blauen Majolikafliesen an der Wand im Treppenhaus auf. Ich erkenne es wieder. Es war dieses Haus.

Anna Szász
Anna Szász wurde 1933 in einer jüdischen Familie der Budapester Mittelschicht geboren. Zusammen mit ihrer Mutter und ihrem Bruder überlebte sie die Zeit des Holocaust in Budapest. Ihr Vater kam während des Arbeitsdienstes in Buchenwald ums Leben. 1956 absolvierte sie die ELTE Universität Budapest als Chemikerin. Sie arbeitete als Betriebsingenieurin in einer Textilfabrik. Danach unterrichtete sie einige Jahre. Ab 1969 war sie als Journalistin tätig. Seit ihrer Pensionierung schreibt sie und produziert Radiosendungen. Ihre «unerzählte Geschichte» ist eine Sammlung von Auszügen aus ihrem jüngst erschienenen Buch «Aki zsidónak tartotta magát» [Die, die sich für eine Jüdin hielt] (Argumentum, 2005).

Katalin G. Kállay

NACHWORT
Unerzählte Geschichten jüdischer Frauen

Beim Lesen des vorliegenden Buches ergeben sich für die LeserInnen stets zwei Fragen: 1. Welche Bedeutung kann es haben, wenn aus einer peinlich intimen Erfahrung ein Text wird? 2. Wie wird der Text wiederum seinerseits zu einer bedeutungsvollen – oft peinlich intimen – Erfahrung für die LeserInnen?

Anstatt die Geschichten der Reihe nach durchzugehen, habe ich als Beispiel nur die Titelgeschichte ausgewählt – wobei ich allerdings zugebe, dass jede einzelne Geschichte in diesem Buch ein bleibendes Erlebnis für mich wurde und mich mit alten wie mit neuen Bekanntschaften und Freunden beschenkte.

In diesen Texten beschreiben die Autorinnen Erfahrungen. Sich damit auseinander zu setzen, muss außerordentlich schwer gewesen sein. Die Arbeit der Versprachlichung half ihnen dann, Inhalte in ihre Lebensgeschichten einzuordnen, deren Einordnung eigentlich unmöglich scheint. Die Worte verorten und zähmen die Erfahrung zu Geschichten: an die *Worte* kann man herankommen, man kann sich mit ihnen anfreunden, sie kennen lernen und aus ihnen lernen.

Die Titelgeschichte zum Beispiel ruft in uns den Geschmack des salzigen Kaffees durch einen Scherz hervor, der eigentlich jenseits jeglichen guten Geschmacks ist – auf diese Weise kann die frustrierende Geschichte mit anderen Menschen geteilt und zu einem Exempel werden. Der israelische Ehemann der Erzählerin wettet mit seinen Gästen: Seine Frau, eine Holocaust-Überlebende, würde sich nicht beklagen, wenn sie Salz statt Zucker in ihren Kaffee bekommt. Selbstverständlich gewinnt er die Wette – aber die Gäste (wie auch die LeserInnen) sind von der Erklärung der Frau völlig verblüfft: Es sei immer schön, ein warmes Getränk vom Ehemann zu bekommen, unabhängig davon, wie es schmeckt ... Ganz egal, ob wir schon mal den Geschmack von salzigem Kaffee gekostet haben oder nicht, als LeserInnen versuchen wir, ihn uns vorzustellen, und auf ähnliche Weise beginnen wir auch, all die anderen Worte in diesem Buch zu kosten und zu trinken. Es ist eine Frage des Geschmacks, was uns einen Vorgeschmack auf das Lachen oder Weinen gibt und was einen schlechten Nachgeschmack im Mund hinterlässt. Was zählt, ist die grundlegende Beziehung zwischen Wort und Verstand, erst hinterher sehen wir die Assoziationen, die die Ausdrücke hervorrufen.

Diese Worte «salziger Kaffee» können uns zum Beispiel an «die schwarze Milch der Frühe» in Paul Celans Gedicht *«Die Todesfuge»* erinnern oder an den bitteren Kelch, den wir noch alle leeren müssen. Das Wort «Salz» können wir außerdem mit Tränen in Verbindung setzen wie in der Zeremonie am Seder-Abend, es kann aber auch die Assoziation der reinigenden, desinfizierenden Kraft von Tränen hervorrufen. Ein salziger Trank kann ein heilender Saft, eine Arznei sein – und die Vorstellung einer salzigen Flüssigkeit kann mit dem Blut oder mit dem Meer assoziiert werden, was dieser Geschichte die Dimension der Unendlichkeit eröffnet. Unter den Motiven des kurzen Textes fand ich auch zwei Parallelen zu Shakespeare: Am Ende von *«Der Widerspenstigen Zähmung»* wetten Petrucchio und seine Freunde auf ähnliche Weise auch um den Gehorsam ihrer Ehefrauen; und in *«König Lear»* sagt der gebrochene König zu Cordelia in einem Gespräch am Wendepunkt der Handlung: «Wenn ihr Gift für mich habt, so will ichs trinken».

Diese Assoziationen hat die Autorin vielleicht gar nicht beabsichtigt – deshalb müsste man sie *cum grano salis* betrachten. Ich habe nur meine Reflexionen als Leserin aufgezeichnet, wie ich diesen Text in die Lektüren und in die Geschichte meines eigenen Lebens einordnen könnte. Durch den Prozess des Fühlens und Interpretierens wird die frustrierende Erfahrung zu etwas Persönlichem.

Aber was ist, wenn diese Geschichten, da sie Erinnerungen an Folter und Schmerz sind, nicht nur frustrieren, sondern auch quälen? Das Buch hat einen gut gewählten Untertitel: «Unerzählte Geschichten jüdischer Frauen». Auf den ersten Blick scheint es ein Widerspruch zu sein, weil die Geschichten von den Autorinnen ja gerade erzählt werden – aber nach der Lektüre des Buches muss man zugeben, dass manches doch unerzählt bleibt: In jeder Geschichte gibt es etwas, das nicht erzählt werden kann. Ich denke, die Texte sind auch deshalb authentisch ausgewählt, weil sie den LeserInnen sogar dieses Fehlende vermitteln können. Was die Geschichten nicht erzählen, bezeichnet einen privaten Bereich, der niemanden etwas angeht oder nicht seine Angelegenheit ist, selbst wenn darin einige Gegenstände und Details von großer Bedeutung vorkommen: Schuhe, ein Photo, ein Kleid, ein leerer Strand ... und so weiter. Nennen wir sie die sinnstiftenden Zeichen des *Fehlenden*. Sie verlangen, dass sie den LeserInnen präsent sind und von ihnen beantwortet werden. Wer auch immer ich sein mag, es ermöglicht mir (ohne jede Frustration oder Verlegenheit und auf die ästhetische Macht des Wortes vertrauend) zu sagen: «Das geht mich etwas an, das ist meine Angelegenheit».

Katalin G. Kállay
Katalin G. Kállay ist Literaturwissenschaftlerin und unterrichtet amerikanische Literatur und literarische Übersetzung an der Gáspár-Károly-Universität Budapest.

ANHANG I

Édes Katám – Meine liebste Kata,

ich danke Dir für das Buch. Es hat mich tiefer berührt als alles, was ich in den letzten Jahrzehnten gelesen habe. Ich bin einfach überwältigt von den großartigen Frauen und ihren tragisch-triumphierenden Geschichten. Ich habe weder einen einzigen Freund oder Bekannten noch einen Überlebenden in meiner Familie, dessen Lebensgeschichte meiner eigenen so ähnlich wäre. Wenn ich jünger und mobiler wäre, würde ich nach Budapest fliegen, um sie alle kennen zu lernen.

Ich gratuliere Dir zu diesem wichtigen Buch, Du hast einen historischen und literarischen ungarisch-jüdischen Klassiker geschaffen, der hoffentlich auch in anderen Sprachen erscheinen wird.

Judith Magyar Isaacson
Autorin des Buches «*Seed of Sarah, Memoirs of a Survivor*»

ANHANG II

Liebe Katalin Pécsi,

ich gratuliere Ihnen herzlich zu diesem außerordentlich erfreulichen Ereignis – der Geburt eines neuen Buches, zu den bisher unerzählten Frauengeschichten *«Salziger Kaffee»*.

Ich bin sehr dankbar, dass Sie mich eingeladen haben, an der Entstehung des Buches mitzuwirken, obwohl ich Tausende von Kilometer entfernt in Toronto lebe.

Ich bin – noch – fern, aber ich fühle mich sehr nah, weil wir auf einem gemeinsamen Boden stehen.

Als langjährige Herausgeberin der Website *Women and the Holocaust* ist es mir eine Herzenssache, Frauen zu unterstützen, über ihr Schicksal im Holocaust zu erzählen.

Um zu erkennen, wie wertvoll dieser Moment ist, müssen wir auf den Kontext und die damit in Verbindung stehenden Erinnerungen zurückblicken. Letzten Montag war der 19. März, der 63. Jahrestag des Beginns unserer großen Katastrophe und somit auch des Ursprungs vieler der Geschichten in diesem Buch.

An diesem Tag marschierten Karl Adolf Eichmann und einige hundert seiner SS-Handlanger als Besatzer in Ungarn ein und leiteten mit der begeisterten Hilfe ihrer ungarischen Kollegen, der Sztójai-Regierung, der gefürchteten *Csendőrök* (Gendarmen) und später der *Nyilasok* (der Pfeilkreuzler, der ungarischen Nazis) und noch «einiger anderer» gemeinsam die Maßnahmen zur Vernichtung der Mehrheit der ungarischen jüdischen Frauen, Kinder und Männer ein.

Es gibt unzählige Stimmen und Geschichten, die nie mehr gehört werden, weil sie in kleine Ascheteilchen «verwandelt» in die Stratosphäre zerstreut wurden oder außerhalb unserer Reichweite liegen, in unbekannten Gräbern begraben.

Diejenigen von uns, die zurückkehrten, kämpften jahrelang ums Überleben und hofften, allein dadurch, dass sie am Leben blieben und die Schmerzen für sich behielten und darüber nicht redeten, würde ein Ende kommen. Aber wie Charlotte Delbo in ihrem autobiographischen Buch «*Auschwitz and After*» schreibt: «Ich sitze im Gefängnis der Erinnerung und der Wiederholung eingesperrt.»

Selbst nach langer Zeit kam kein Ende. Und die Vergangenheit – die Macht der Erinnerungen –, die andere Ereignisse außer Kraft setzt und oft sogar als Erbe an unsere Kinder weitergegeben wird, okkupiert weiterhin die Gegenwart.

Immer mehr Frauen, die den Holocaust überlebt haben und im Ausland leben, legen seit geraumer Zeit den Schutzschild des Schweigens ab und zeichnen ihre Erfahrungen entweder für die eigene Familie und/oder für die Nachwelt auf. Diese Geschichten werfen ein wesentlich anderes Licht darauf, wie die Frauen die Todes- und Konzentrationslager, den Kampf um das Überleben und die Folgewirkungen, die Re-Integration in die – oft nicht freundlich gesinnte und einladende – Gesellschaft erlebten.

Während Katalin und mich vorher nur das Internet verband, trafen wir uns 2005 in Budapest persönlich. Sie lud mich zu einem der heute schon berühmten Abende ein, an denen ungarische überlebende Jüdinnen ihre Geschichten erzählten ... der Rest ist selbst schon Geschichte. Dieses soeben publizierte Buch bezeugt, wie wichtig es ist, Zeugnis abzulegen, solange wir noch leben und dazu in der Lage sind. Wir schulden es auch denen, die für immer schweigen.

Ich wünsche dem Buch und der Botschaft, die es auf Ungarisch und Englisch vermittelt, viel Glück und halte Sie alle dazu an, ihre Freunde und Bekannten zu überzeugen, dass es – jetzt, da der globale Antisemitismus und die Holocaust-Leugnung so stark anwachsen – wichtiger denn je ist, ihre Geschichten auch weiterhin zu erzählen.

> *Judy Weiszenberg Cohen*
> ehemalige Debrecenerin
> Überlebende von Auschwitz-Birkenau,
> Bergen Belsen,
> des Arbeitslagers in Aschersleben
> und des Todesmarsches

ANHANG III

Unsere Stimme

Aus Anlass des Erscheinens der «Unerzählten Geschichten» schicke ich mein begeistertes Hurra aus dem fernen Jerusalem.

Diese Geschichten erzählen uns von einer doppelten Minderheit: von Menschen jüdischer Abstammung und von Frauen. Die Geschichten waren nicht nur nicht erzählt, sondern auch zum Schweigen gebracht. Bis jetzt. Ihre Autorinnen waren nicht nur im Bereich des Geschichten-Erzählens abwesend, sondern generell in der Geschichte. Bis jetzt. Sie waren stumm und hatten keine Stimme. Bis jetzt.

Die offizielle Stimme der kollektiven Erinnerung ist die Geschichtswissenschaft. Sie wird auch aus Geschichten konstruiert, obwohl konservative Historiker einen Unterschied zwischen Geschichtsschreibung und Literatur machen und sich von letzterer distanzieren. Aber das, was in die Geschichte (history) aufgenommen werden soll, ist eine politische Frage. Den Geschichten (stories) der Minderheiten und marginalisierten Gruppen ist ihre Aufnahme in die Geschichtsschreibung verwehrt, ihre Stimmen sind nicht zu hören. Es herrscht ein ständiger latenter Kampf zwischen den Herrschenden und den Gruppen am Rande darüber, wo die Grenzen gezogen werden sollen, was aufzunehmen ist und was nicht. Mal fordern die Minderheiten ihren Platz und ihre Stimme, mal geben sie sie auf – je nachdem, wie stark sie sind.

Der jüdischen Psychoanalytikerin und Sozialphilosophin Shoshana Felman zufolge ist die Trennung zwischen Erzählung (story) und Geschichte (history) nicht zu akzeptieren, weil «die Erzählung von etwas erzählt, das geschehen ist, und dass etwas geschehen ist, ist Geschichte». Die Erzählung «erzählt» etwas, das heißt – sie hat eine Stimme.

In den *Unerzählten Geschichten jüdischer Frauen* erzählt unsere Stimme, was uns passierte. Diese Geschichten zu erzählen, zu drucken und zu publizieren, ist wie ein Manifest: Wir sind hier, wir sind Teil der Menschheit, was wir erzählen, wird berücksichtigt, weil unsere Geschichten unabdingbar sind im Konstrukt der kollektiven Erinnerung. Wir haben unsere eigene Stimme.

Die Initiative EszterHáz – die jüdische Frauengruppe –, die Sammlung der Geschichten, ihre Veröffentlichung und Publikation in diesem Buch sind unser Sprachrohr.

Hurra, hurra!

Katalin Katz
Hebräische Universität Jerusalem